Sarko m'a tuer

AUTRES OUVRAGES
DE FABRICE LHOMME

Le Procès du Tour, *Denoël, 2000*
Renaud Van Ruymbeke : le juge, *Éditions Privé, 2007*
Le Contrat : Karachi, l'affaire que Sarkozy voudrait oublier *(avec Fabrice Arfi), Stock, 2010*

Gérard Davet
Fabrice Lhomme

Sarko m'a tuer

Stock

Couverture Atelier Didier Thimonier

ISBN 978-2-234-06951-0

Pour Sylvie, Lisa et Nicolas,
sans qui rien ne serait.
À mes parents, Paule et Daniel,
pour leur soutien constant.

G. D.

À Jane, Emma, Natacha, Billy et Wendy,
pour leur amour et leur patience.
À mon ami Lennart,
pour son courage.

F. L.

Il n'y a pas le pouvoir,
il y a l'abus de pouvoir,
rien d'autre.

Henry de Montherlant,
Le Cardinal d'Espagne

Préface

Ce jour-là, Yves Bertrand avait souhaité nous voir, de toute urgence, dans un café proche du parc Monceau. En cette fin du mois de juillet 2010, rythmée par les innombrables répliques d'un séisme judiciaire nommé Woerth-Bettencourt, on s'y était rendus, un peu circonspects. L'ex-patron des Renseignements généraux, hors du circuit depuis plusieurs années déjà du fait de son statut de chiraquien assumé, avait sérieusement pâti de l'affaire de ses carnets, dans lesquels il consignait les faits les plus anodins ou les rumeurs les plus folles. Bertrand avait sa mine des mauvais jours. Il voulait nous mettre en garde. Des services de renseignements, où il a conservé de précieux contacts, lui remontaient des bruits inquiétants. À en croire ses informateurs, les journalistes en charge des affaires sensibles – particulièrement ceux du *Monde* et de Mediapart – étaient dans le collimateur du président de la République. « Faites vraiment attention à vous, ce n'est pas une plaisanterie, l'Élysée est très remonté », avait lâché Bertrand, avant de conclure sur cette métaphore hyperbolique : « Lorsque Sarkozy prend quelqu'un en grippe, il ne le lâche pas ; il vous "tuera", comme moi il m'a tué. »

Dans le métier de journaliste d'enquête, il convient autant que possible d'écarter toute paranoïa et d'éviter de s'accorder trop d'importance. Mais Bertrand sait de quoi il parle. En prenant le risque de déplaire à Nicolas Sarkozy, au début des années 2000, l'ancien responsable policier, qui avait pactisé avec Dominique de Villepin dès 1995, signa son arrêt de mort professionnel. S'agissant des auteurs de ces lignes, force est de constater, avec le recul, que l'avertissement d'Yves Bertrand n'était, finalement, peut-être pas si farfelu. Des attaques parfois injurieuses proférées par le premier cercle sarkozyste contre les journalistes du site Mediapart, dont le seul tort était d'avoir lancé l'affaire Woerth-Bettencourt en révélant les enregistrements clandestins opérés par un majordome puis les déclarations fracassantes d'une comptable, aux surveillances téléphoniques manifestement illégales perpétrées contre leurs collègues du *Monde*, décidément trop bien renseignés sur les développements de cette même affaire, jusqu'aux soupçons d'espionnage généralisé des reporters un peu trop curieux de savoir ce que cache l'affaire de Karachi, les manœuvres d'intimidation n'ont pas manqué. Sans compter cette troublante épidémie de cambriolages ayant visé les mêmes journalistes, et dont les auteurs restent à ce jour inconnus…

« Sarkozy m'a tué. » Cette petite phrase qui, faute de conjugaison non incluse, fait écho au célèbre « Omar m'a tuer », Yves Bertrand n'est pas le seul à l'avoir spontanément prononcée au cours de cette enquête dont il nous a, bien involontairement, donné l'idée. Ils sont préfets, gendarmes, journalistes, policiers, députés, magistrats…

Ce ne sont certes pas tous des vedettes dans leur domaine, certains d'entre eux traînent même derrière eux quelques casseroles, mais ils ont été victimes du même phénomène – dans les deux sens du terme. Ils forment une drôle de confrérie, celle des damnés du sarkozysme, même si quelques-uns, comme Patrick Devedjian, sont entre-temps revenus en grâce – cela s'appelle la politique. Venus d'univers différents, issus de bords politiques parfois opposés, dotés de personnalités souvent antagonistes, ils ont en commun d'avoir suscité le courroux, puis la vindicte d'un homme à la rancune légendaire. Pour avoir, la plupart du temps à leur corps défendant, contrarié son irrésistible ascension vers le pouvoir, et/ou son exercice, ils ont subi ses foudres. Été placés en quarantaine. « Black-listés ».

Dans un système dont on peut mesurer chaque jour un peu plus le dévoiement présidentialiste, voire monarchique, déplaire au souverain, c'est s'exposer à des mesures de rétorsion d'autant plus redoutables que ces représailles émanent de l'appareil d'État tout entier. Inlassable contempteur de la présidence Chirac, dont il n'a eu de cesse de stigmatiser la supposée faiblesse, Nicolas Sarkozy n'a, en effet, jamais fait mystère de sa volonté de réaffirmer l'autorité de l'exécutif – en l'espèce celle du président de la République, le Premier ministre ayant été publiquement ravalé par lui au rang de simple « collaborateur ».

Il lui fallait, pour atteindre son objectif, mettre en place un dispositif. Ainsi, dès sa nomination au ministère de l'Intérieur, en 2002, puis, surtout, à son arrivée à l'Élysée cinq ans plus tard, Nicolas Sarkozy installa aux postes clés des hommes sûrs, issus de ce réseau qu'il s'était patiemment constitué depuis les années 1980 et ses débuts en politique. Sans états d'âme, ces hommes de confiance, la plupart du temps extrêmement compétents chacun dans leur domaine, ont fait allégeance à leur chef. Ils dirigent la police, la justice, les services secrets, des médias, des officines... Du coup, jamais sans doute un président de la République n'a disposé d'autant d'informations croustillantes. Les procès-verbaux les plus intéressants remontent directement vers les plus proches collaborateurs du chef de l'État, lequel sait tout des petits et grands secrets de ses amis comme de ses rivaux, ainsi qu'en témoigne la mésaventure survenue à la députée socialiste Aurélie Filippetti, narrée dans ce livre.

Mais la mission de ces hommes du président ne se résume pas à la collecte de renseignements sur des adversaires potentiels. Ils sont d'abord là pour ériger un cordon sécuritaire autour du chef de l'État afin de le préserver, notamment, des journalistes, policiers et autres magistrats un peu trop curieux. Et, bien sûr, en cas d'« agression », organiser la riposte...

L'anecdote remonte à la mi-juillet 2010. Au lendemain de la publication par *Le Monde* de déclarations tirées du procès-verbal du gestionnaire de fortune de Liliane Bettencourt, Patrice de Maistre, mettant en difficulté Éric Woerth, Nicolas Sarkozy entre dans une colère noire. Il fait passer un message clair à deux de ses fidèles, placés par lui au sommet de la hiérarchie policière : Frédéric Péchenard, directeur général de la police nationale (DGPN), et Bernard Squarcini, patron de la Direction centrale du renseignement intérieur (DCRI). Exigeant de connaître l'origine de la fuite, il leur lance : « Vous ne me protégez pas ! » On connaît la suite : la DCRI passe au crible les appels téléphoniques des sources supposées du journaliste du *Monde* – sans doute ceux du reporter, également – afin, au mépris de la loi du 4 janvier 2010 sur le secret des sources, de tenter d'identifier des informateurs. Un collaborateur de la garde des Sceaux, David Sénat, qui a eu le malheur d'être en contact téléphonique avec ce journaliste, y a laissé son poste, sa santé, sans doute sa carrière, et beaucoup d'illusions, comme il le raconte dans cet ouvrage. C'est un point commun à celles et ceux qui ont été visés par une fatwa : tous témoignent de l'extrême brutalité du traitement qui leur a été réservé. Comme s'il ne fallait pas seulement casser, mais aussi humilier, avilir. Et, accessoirement, dissuader. Faire peur aux empêcheurs de tourner en rond potentiels. Ceux qui ont eu le malheur d'être l'objet de cette *vendetta* parlent aussi d'acharnement. « Pour ne point rougir devant sa victime, l'homme qui a commencé par la blesser, la tue », écrivait Balzac dans *Le Médecin de campagne*.

La rupture, chère à Nicolas Sarkozy, c'est donc aussi cette inédite violence d'État. Quand il ne prend pas soin de l'exercer lui-même, les plus zélés de ses collaborateurs devancent ses désirs. À cet égard, le harcèlement judiciaire et policier auquel a été soumise Claire Thibout, l'ex-comptable des Bettencourt, qui avait eu l'inconscience d'évoquer un financement illicite de la campagne présidentielle de Nicolas Sarkozy, est exemplaire. Le chef de l'État s'est occupé personnellement du cas de cette femme, définitivement traumatisée d'avoir été déclarée, l'espace d'un été, « ennemie d'État ». Le fait que cette férocité ne soit pas réservée aux hauts fonctionnaires, décideurs politiques et autres personnalités relève davantage du symptôme que de l'anecdote. Car même les anonymes y ont droit, à l'instar de cet homme qui, parce qu'il avait refusé de lui serrer la main au Salon de l'agriculture, en février 2008, s'est fait insulter par Nicolas Sarkozy (le tristement célèbre « Casse-toi, pauvre con »). Aurait-on pu imaginer un seul de ses prédécesseurs, Jacques Chirac, François Mitterrand, Valéry Giscard d'Estaing, Georges Pompidou ou Charles de Gaulle, s'abaisser à une telle sortie ?

En ce sens, les exemples regroupés dans cet ouvrage, loin d'être exhaustifs, permettent de jeter une lumière crue sur le vrai visage du sixième président de la Vᵉ République : un homme clivant, dont on est soit l'ami, soit l'ennemi. Ce trait de caractère a-t-il sa place au sommet de l'État ? Bien plus qu'une idéologie, dont on serait bien en peine de définir les contours, le sarkozysme est d'abord, et surtout, une méthode. L'ancien conseiller général (RPR) des Hauts-de-Seine Didier Schuller n'a pas oublié l'une de ses premières rencontres en tête-à-tête avec celui qui était alors le tout jeune maire de Neuilly-sur-Seine. « Ce devait être en 1986, confie-t-il, j'étais directeur général de l'office HLM du département. Il m'a reçu dans son bureau et, là, m'a lancé presque immédiatement : "Tu sais, j'ai l'intention d'être président de la République." J'étais assez stupéfait, évidemment. Et il a ajouté aussitôt : "Alors, tu seras avec moi ou contre moi ?" » Tout le sarkozysme, alors encore balbutiant, est contenu dans cet incroyable échange, qui fait écho à un autre, encore plus édifiant, rapporté au cœur de cet ouvrage par l'homme d'affaires Jacques Dupuydauby.

Évidemment, le sarkozysme ne saurait se résumer à ses victimes. De même, Nicolas Sarkozy n'est pas un dictateur, et la parole demeure libre en France. Bien entendu, on rétorquera que, dans sa pratique du pouvoir, Nicolas Sarkozy n'a rien inventé. Après tout, aux États-Unis, en vertu du *spoils system*, chaque président nouvellement élu change totalement l'administration. Sauf que, pour éviter toute dérive et garantir la sacro-sainte séparation des pouvoirs chère à Locke et Montesquieu, la Constitution américaine a institué une série impressionnante de contre-pouvoirs (le système des *checks and balances*) dont l'énumération risquerait de ravaler la France au rang de république bananière. On opposera encore que les prédécesseurs de Nicolas Sarkozy ne firent pas beaucoup mieux. Y compris le seul représentant de la gauche à avoir accédé à la magistrature suprême sous la Ve République. Entre la « chasse aux sorcières » déclenchée dès le mois de mai 1981 et les écoutes illégales orchestrées depuis l'Élysée par une cellule qui n'avait d'antiterroriste que le nom, François Mitterrand – pour qui Nicolas Sarkozy n'a jamais caché son admiration – avait, lui aussi, entretenu cette détestable habitude française que l'actuel chef de l'État ne ferait donc que perpétuer. Sauf que jamais, sans doute, un président ne s'était arrogé autant de pouvoirs, tout en s'attaquant simultanément à toutes les formes de contre-pouvoir : volonté de supprimer les juges d'instruction indépendants, renforcement du secret-défense, mainmise sur l'audiovisuel public, pressions diverses sur la presse... En ce sens, la formule prêtée à Nicolas Sarkozy par Dominique de Villepin – « C'est sa phrase favorite », assure-t-il – opère comme un saisissant raccourci du personnage, et de sa conception du pouvoir : « Et pourquoi je me gênerais ? »

Un indice atteste cette dérive : la plupart des personnes sollicitées dans le cadre de cette enquête ont fait part de leur crainte de s'exposer à des représailles si elles venaient à s'exprimer. Bien sûr, certaines d'entre elles avaient déjà commis un livre pour raconter leur disgrâce.

Elles y ont même, à l'occasion, puisé une notoriété facile. Mais s'exposer, c'est aussi se protéger. Elles avaient quitté le système, souvent, et n'avaient pas tout dit, parfois. Quelques années plus tard, alors que Sarkozy, de ministre, est devenu président, la donne a changé. Beaucoup avaient la conviction, à tort ou à raison, d'être surveillées, au minimum écoutées. Certaines ne se sont confiées que sous couvert d'anonymat. D'autres ont demandé à relire et amender leurs propos. Quelques-unes ont même refusé de nous voir. Comme le commissaire divisionnaire Jean-François Gayraud, par exemple, un ancien du contre-espionnage, suspecté par l'Élysée d'avoir trempé dans l'affaire Clearstream et d'en savoir un peu trop sur Bernard Squarcini. Il a vécu quelques années difficiles, vient tout juste de retrouver une affectation... Pas question pour lui de s'exprimer, ni même simplement de nous rencontrer. Trop dangereux. Il a même fait prévenir, par un intermédiaire, un franc-maçon très en cour, la présidence de la République de notre démarche. Pour se couvrir, au cas où. La peur, toujours... Il est vrai que la plupart de ceux qui se sont frottés à lui l'ont appris à leurs dépens : sur le plan politique, Nicolas Sarkozy est un « tueur ». La longue liste de ses victimes en témoigne. Et sa nouvelle image, celle d'un président lisse et sobre, soigneusement mise en scène par ses conseillers en communication, ne saurait le faire oublier.

Qu'importe que les réactions de crainte que nous avons observées relèvent ou non d'une inquiétude excessive, elles traduisent un climat. Les auteurs, familiers de cet univers où tous les coups semblent permis, n'ont pas cherché à identifier tous les bannis de ce sarkozysme-là. Seulement les cas les plus emblématiques. Des hommes et des femmes souvent blessés, déshonorés. Il a fallu les faire parler, les « accoucher », les comprendre, mesurer leur degré d'amertume, de tristesse aussi. Prendre en compte le caractère à la fois partiel et partial de leurs confidences. Et puis gérer leur isolement, leurs angoisses. Cela n'a pas toujours été simple.

Nombre de ces grands témoins, les maudits de la Sarkozie, ont tout de même accepté de s'exprimer à visage découvert, parfois pour la première fois (comme le magistrat David Sénat ou le sous-préfet Gérard Dubois), souvent en livrant des déclarations fracassantes (voir les accusations de la juge Isabelle Prévost-Desprez) susceptibles de provoquer des réactions. Peut-être pour en finir avec une forme d'omerta, sans doute parce qu'ils considéraient n'avoir plus rien à perdre. Qu'ils en soient remerciés. D'autres nous ont confié leurs souvenirs, leurs rancœurs, à condition que leurs propos ne soient pas reproduits, pour que nous puissions, en leur nom, narrer leur histoire.

Ce furent six mois de rencontres parfois étonnantes, d'entretiens discrets, de mises en garde inquiétantes. Évidemment, le téléphone et les mails étaient proscrits. Une plongée en eaux très profondes dont les auteurs ne sont pas revenus totalement indemnes. On n'explore pas la face cachée de neuf ans (2002-2011) de sarkozysme impunément. Il ne s'agit pas d'un livre d'histoire – ou alors au pluriel… –, ni même, *stricto sensu*, d'une contre-enquête, pas plus que d'un improbable « dictionnaire des victimes du sarkozysme ».

Cet ouvrage se veut plutôt le recueil d'une série de témoignages – incluant de multiples révélations – avec, il faut le répéter, leur part de subjectivité, susceptibles d'éclairer le côté obscur d'une hyperprésidence décidément bien française.

DAVID SÉNAT

Vendredi 28 janvier 2011, un box tranquille au fond de la brasserie La Rotonde, à Paris. Bien qu'un peu trop couru, l'endroit est central, l'ambiance chaleureuse et la carte un admirable pied de nez au Dr Dukan... Ce sera notre QG. David Sénat, 46 ans, se faufile jusqu'à nous. L'œil aux aguets, la mine chiffonnée, l'ex-conseiller de Michèle Alliot-Marie semble à bout. Alors, il va parler, pendant des heures. Cet entretien sera suivi de plusieurs autres. Il va tout dire, pour la première fois, de son éviction, et des intrigues dont il a été le témoin – et parfois l'acteur – dans les coulisses du pouvoir sarkozyste. Cet homme sait beaucoup de choses. Trop ?

Il a perdu quelques kilos, des cheveux, et ses dernières illusions. David Sénat erre, soldat perdu de la magistrature, sans réelle affectation. Au purgatoire, pour une durée indéterminée – peut-être pour toujours. Il confie ses tourments à son psy, trouve refuge auprès de sa famille. La droite le honnit, la gauche s'en méfie. Il est un symbole que le pouvoir redoute encore. David Sénat connaît la date de ses funérailles professionnelles : le lundi 26 juillet 2010. « Ce jour-là, dit-il, ils m'ont fait disparaître du radar. » À la Chancellerie, où il est conseiller technique, on l'accuse, sur la base d'une enquête des services secrets, d'avoir pactisé avec la presse, à qui il aurait communiqué des éléments de l'affaire Bettencourt. Et surtout, d'avoir mis en danger le gouvernement, tant la position d'Éric Woerth, ministre du Travail, devenait impossible. Il a été débarqué dans la foulée.

Longtemps, David Sénat a pourtant été invisible. L'un de ces fonctionnaires que les journalistes croisent constamment, lors de conférences de presse ou à l'occasion de déplacements ministériels. Ce genre de type à qui rien ne saurait arriver, dont la trajectoire semble devoir être linéaire et transparente. David Sénat était pour tous cet homme ouvert, bienveillant, disert, suant sous le soleil d'Algérie à l'occasion d'une visite officielle, grignotant au coin des buffets d'honneur, toujours un dossier sous le bras.

Tout cela lui semble déjà si lointain... Terminés les voyages officiels, les journées et les nuits passées à plancher sur des projets de loi. Sa carrière est fichue, et il en a parfaitement conscience. « D'un point de vue extérieur, oui, elle est foutue. Mais je ne suis pas carriériste. En cas d'alternance, je n'irais pas me vendre à la gauche, j'ai fait sept ans de cabinet dans des gouvernements de droite. » L'affaire Bettencourt est passée par là. « Je suis désormais premier substitut au ministère de la Justice, dit-il, j'ai un bureau à Javel, je suis payé à ne rien faire. Je fais des photocopies. De temps en temps, on me file une mission, comme en mars 2011 sur l'exécution des peines. Lorsque j'interroge la Direction des services judiciaires, on me dit : "Non, non, vous n'avez rien à faire, c'est comme ça." Cette affaire m'a paniqué, j'ai perdu près de dix kilos, je ne parlais même plus au téléphone à ma femme. Je vois toujours un psy. Il faut dire que le système est paranoïaque, clanique. Mes enfants ont morflé. Le pouvoir essaie de me saper, de me pousser au pire, surtout depuis que j'ai fait condamner Brice Hortefeux pour avoir piétiné ma présomption d'innocence. Et dire que mes enfants vont dans la même école que ceux d'Hortefeux... »

Ce lundi 26 juillet 2010, David Sénat, conseiller pénal de Michèle Alliot-Marie, la garde des Sceaux, reçoit la visite du directeur adjoint du cabinet de la ministre, Alexandre Jevakhoff. Ce dernier l'informe que les services secrets ont la certitude qu'il a communiqué au *Monde* des pièces de procédure dans l'affaire Bettencourt. « Il monte me voir dans mon bureau, raconte David Sénat. Il me parle concrètement des fadettes [factures téléphoniques détaillées] obtenues par le contre-espionnage. Il jubile. "Il y a eu des réquisitions, il y a même eu des écoutes", me lance-t-il. Je lui réponds : "Que voulez-vous que je fasse, que je me jette par la fenêtre ?" Je lui demande aussi si cette enquête illégale ne le gêne pas. Je n'oublierai jamais sa réponse : "Tu as été au ministère de l'Intérieur, tu sais comment ça se passe." Après sa visite, j'étais assommé. Comment, moi, j'avais été l'objet d'une enquête ? Je ne m'étais douté de rien... » David Sénat a compris, avec le recul, que tout avait été fait pour éviter au scandale Woerth-Bettencourt de prospérer. « Ils ont voulu mettre un terme à cette affaire, à son exploitation médiatique. Mais ils ne sont pas tombés sur moi par hasard, il y a eu un ciblage par le patron du contre-espionnage, Bernard Squarcini, dû à mes relations avec l'un de ses ennemis, le commissaire divisionnaire Jean-François Gayraud, un ancien de la DST... »

David Sénat a été déchargé de ses fonctions, sur instruction claire et directe de Nicolas Sarkozy. Sur la base tronquée d'une enquête confidentielle bâclée qui fait désormais l'objet d'une information judiciaire à Paris, après que *Le Monde* s'est constitué partie civile pour « violation du secret des sources ». Accusé sans preuve – un comble pour un magistrat – d'avoir aidé la presse, et donc en particulier *Le Monde*, dans l'affaire Bettencourt... Un crime de lèse-majesté, alors que le ministre du Travail, Éric Woerth, à l'été 2010, présentait une réforme cruciale, celle des retraites, dans laquelle le président de la République avait mis tout son poids. Il est vrai que l'affaire Bettencourt, plus que l'histoire d'un déchirement familial, c'est d'abord celle du financement de la droite française par la dynastie fondatrice du géant des cosmétiques, l'Oréal. Un dossier plus que gênant pour l'Élysée : Éric Woerth a longtemps été le trésorier de l'UMP. Et Nicolas Sarkozy un familier de l'hôtel particulier des Bettencourt, au cœur du quartier le plus cossu de Neuilly-sur-Seine. Un dossier si délicat que l'Élysée ne va pas craindre d'éliminer un magistrat suspecté d'être à l'origine de fuites embarrassantes pour le pouvoir. « Ils ont sacrifié la sentinelle Sénat, car c'était aussi un moyen de déstabiliser le commandant du camp, MAM... », glisse-t-il.

Jusqu'alors, avant d'être exfiltré vers une mission fictive de « préfiguration de la cour d'appel de Guyane », David Sénat était donc un simple substitut, magistrat lambda, homme d'une droite modérée. D'allure banale, toujours en costume-cravate, le crâne légèrement dégarni. Un bon vivant, passionné de football, père de deux enfants. Un fin juriste aussi, auteur de plusieurs livres. Dès 2002, il s'engouffre dans le sillage de Dominique Perben, avant de prendre la roue de Michèle Alliot-Marie, qu'il ne quittera plus jusqu'à son éviction. MAM, il ne l'admire pas vraiment, mais apprécie sa posture, sa droiture. Il la suit dans tous ses postes régaliens : ministère de la Défense (2002-2007), d'abord, puis l'Intérieur (2007-2009), et enfin la Chancellerie (2009-2010). Il est conseiller technique, toujours en charge de déminer les procédures à risques. C'est à David Sénat que revient le sale boulot. C'est son rôle : il fait à la fois office de filtre, de garde-fou et de rempart.

Au-dessus de lui, deux personnages clés : Alexandre Jevakhoff, directeur adjoint du cabinet. Avec une belle brochette d'autres personnalités, M. Jevakhoff figura, en 2003, sur les fameux listings Clearstream trafiqués par Jean-Louis Gergorin et/ou Imad Lahoud. Drôle de type, ce Jevakhoff. Tout Paris bruisse de rumeurs le concernant. Une procédure dans laquelle son nom est cité a même été gérée par le parquet de Paris, sur fond d'opérations immobilières dans les administrations. L'homme, ancien d'HEC et de l'ENA, est du genre téméraire. Une affaire, jamais ébruitée jusqu'alors, en témoigne. En 2009, il décida de saisir la Direction centrale du renseignement intérieur (DCRI), afin d'enquêter sur l'éventuelle appartenance d'une magistrate, Alexandra Onfray, à l'Église de scientologie. Mme Onfray était à l'époque en poste au parquet du Tribunal aux armées de Paris (TAP). Cela ne dérangea pas M. Jevakhoff. Déjà, les services secrets furent mis à contribution, hors de toute procédure judiciaire. David Sénat ne s'est jamais entendu avec son supérieur. Il lui déconseilla d'ailleurs de saisir la DCRI dans l'affaire Onfray. Et tenta de bloquer quelques initiatives très privées de M. Jevakhoff, trop proche à son goût du petit monde des expatriés russes.

Il y a donc cet homme, au profil controversé, mais aussi une jeune femme, Ludivine Olive, nièce de Michèle

Alliot-Marie. Elle a rang de chef de cabinet, et sa mission est d'organiser l'agenda de la ministre. En réalité, elle est avant tout là pour protéger sa tante. Cette dernière, d'une prudence proverbiale, s'est fixé pour règle de ne jamais intervenir dans quelque dossier que ce soit. Elle fuit les ennuis, rejette les risques, afin de se créer une trajectoire politique immaculée. Elle lorgne sur Matignon, qui serait le point d'orgue de sa carrière. Encore faut-il pour cela qu'elle ne soit pas mise en cause dans une affaire, la hantise de tout politicien un peu ambitieux. En 2004, pas de chance, apparaissent les germes du scandale Clearstream.

Son subordonné au ministère de la Défense, le conseiller pour le renseignement et les opérations spéciales (CROS) Philippe Rondot, est mandaté par Dominique de Villepin, alors au Quai d'Orsay, pour enquêter sur les fameux listings, qui contiennent, entre autres, les références bancaires de supposés comptes attribués à Nicolas Sarkozy. Le militaire en réfère à sa hiérarchie. Mme Alliot-Marie a-t-elle couvert la mission du général Rondot ? Elle jure que non. En tout cas, elle s'en sort de justesse et évite les foudres de Nicolas Sarkozy qui, pourtant, ne l'apprécie pas. Et c'est à Ludivine Olive, mais aussi à David Sénat, qu'elle doit d'être miraculeusement passée entre les gouttes. « Je suis allé au charbon pour elle, dans les affaires de Bouaké et Poncet, en Côte-d'Ivoire, et Clearstream bien sûr... Mon bureau a même été perquisitionné », confirme David Sénat. Il s'arrête un instant sur cette affaire Clearstream, qui a déchiré la droite ces dernières années, et sur le rôle de MAM qui, comme toujours, est parvenue à éviter toutes les balles. Ses révélations ne feront pas plaisir à tout le monde, surtout pas à celle qui l'a tant déçu, en le sacrifiant, lui, le fidèle conseiller sans états d'âme, sur l'autel de ses ambitions. Avant de chuter, elle aussi, vaincue par ses propres démons tunisiens – et ses insuffisances. « À partir du début 2006 et jusqu'à la présidentielle de 2007, on m'a demandé de bosser sur Clearstream, explique Sénat. À l'époque, MAM était ministre de la Défense. Sa hantise était que l'implication du général Philippe Rondot ne finisse par l'éclabousser. Déjà que certains sarkozystes disaient qu'il y avait un cabinet noir place Vendôme... Il fallait absolument faire apparaître que Dominique de Villepin avait traité avec Rondot directement, que l'on parle le moins possible d'elle. L'objectif était donc de saper la position de Villepin, et ce, dans le but de la protéger elle. MAM était bien sûr parfaitement au courant de tout cela, mais elle laissait le cabinet gérer. Elle ne met jamais les mains dans le cambouis, ce qui explique d'ailleurs son étonnante longévité à des postes régaliens. » Très vite, des procès-verbaux circulent, ils posent Sarkozy en victime des agissements de Villepin. La presse s'en fait l'écho...

David Sénat livre une autre anecdote édifiante, remontant au début du mois de juin 2010. « Je suis contacté par Jean-Pierre Picca, qui avait remplacé en février Patrick Ouart à l'Élysée comme conseiller justice de Nicolas Sarkozy. Il me dit : "Dis donc, David, pourrais-tu obtenir des éléments sur l'affaire Despallières ?" Cela ne me disait rien du tout. Alors, il me précise que c'est un type soupçonné d'un assassinat, qui présente la particularité d'être proche de l'avocat Olivier Metzner. » À cette date, Me Metzner n'est pas loin d'être considéré à l'Élysée comme l'homme à abattre. Le célèbre avocat, défenseur de Françoise Bettencourt Meyers, est par ailleurs le conseil de Dominique de Villepin, en faveur duquel il a obtenu en première instance, lors du procès Clearstream, une retentissante relaxe, en janvier 2010. « Sur le coup, je n'ai pas pensé à tout ça, se souvient David Sénat. Je me suis donc renseigné sur l'affaire. C'était vraiment glauque, on voulait à l'évidence attaquer la vie privée de l'avocat, alors j'ai fait comprendre à Picca qu'il ne fallait pas qu'il compte sur moi. Je n'ai plus eu de ses nouvelles, j'ai bien senti dès le départ qu'il était lui-même embarrassé. Manifestement, la commande venait de plus haut. Et, par souci de discrétion, plutôt que de solliciter la DACG [Direction des affaires criminelles et des grâces], ce qui eût été plus naturel, il avait essayé de passer par moi. J'ai oublié tout ça et puis, au début du mois de juillet, je découvre un article du *JDD* qui révèle toute l'histoire. Là, j'ai compris. Je me suis dit que le pouvoir était vraiment prêt à tout pour régler ses comptes. » De fait, à l'époque, alors que l'affaire Bettencourt venait d'éclater, plusieurs médias avaient été encouragés par des proches du Château à s'intéresser à cette affaire. Titré « Le gigolo, le testament et le paracétamol », l'article du *Journal du Dimanche*, paru le 4 juillet 2010, provoqua une vive réaction de Me Metzner, qui expédia un courrier au vitriol à l'hebdomadaire, dans lequel il dénonça une « manipulation ».

C'est dans ce contexte délétère donc que, au printemps 2010, éclate, ou plutôt explose, l'affaire Bettencourt. Le site Mediapart publie le mercredi 16 juin à l'aube les enregistrements clandestins opérés par le majordome de Liliane Bettencourt, Pascal Bonnefoy, au domicile de la milliardaire. L'Élysée, d'abord inquiet, est bientôt aux abois. Le Château compte sur Philippe Courroye, procureur de Nanterre, notoirement proche du chef de l'État, pour éteindre l'incendie. David Sénat est aux premières loges. C'est lui qui supervise, depuis le ministère de la Justice, les aléas de la procédure. Il n'a pas que des amis dans la sphère sarkozyste. L'un de ses proches, le commissaire divisionnaire Jean-François Gayraud, a été viré de la Direction centrale du renseignement intérieur (DCRI), l'entité née de la fusion de la Direction de la surveillance du territoire et des Renseignements généraux. Soupçonné d'avoir participé à l'enquête des services secrets sur les listings Clearstream, il est l'objet de la vindicte de Bernard Squarcini. Gayraud en sait beaucoup sur « le Squale », ses liens avec un homme d'affaires intrigant, Alexandre Djouhri, proche tout à la fois de Dominique de Villepin et de Claude Guéant... Le patron de la DCRI est un fidèle du premier cercle, convié chaque semaine à des réunions réunissant les « flics du président », à l'Élysée, autour de Nicolas Sarkozy et, jusqu'en février 2011, de son secrétaire général, Claude Guéant. Place Beauvau, David Sénat a déjà eu maille à partir avec Bernard Squarcini, imposé à sa ministre de l'Intérieur Michèle Alliot-Marie par Nicolas Sarkozy dès son élection, en 2007. Sénat sait que la DCRI l'a dans son viseur, surtout depuis que l'Intérieur veut réglementer le marché des sociétés de sécurité privées, milieu dans lequel Squarcini compte des amis. Pas question de commettre une erreur, donc.

Mais l'affaire Bettencourt se présente mal. « Philippe Courroye, qui gère l'enquête préliminaire, n'en fait qu'à sa tête, explique David Sénat. Il ne transmet des informations qu'à l'Élysée, en ligne directe. Même son supérieur, Philippe Ingall-Montagnier, procureur général de Versailles, est obligé de convier Courroye à dîner afin de lui extorquer, après quelques bonnes bouteilles, des éléments d'information sur la procédure ! Mon travail, c'est de savoir ce qui se passe. Je dois donc aller aux renseignements. » Se joue à ce moment-là une guerre feutrée, entre les proches de Nicolas Sarkozy, qui redoutent les évolutions de l'enquête, et les troupes de Michèle Alliot-Marie, qui tentent de faire leur métier sans trop se mouiller, et si possible en évitant d'entrer dans des considérations politiciennes. Tant bien que mal, David Sénat se fait transmettre des pièces de procédure. Et gère le reste de la boutique, dans la tension la plus extrême. Les relations avec les journalistes font partie de sa mission. Il les « traite », selon l'expression consacrée à cette part obscure du métier de conseiller technique. Et il lui arrive, en retour, d'obtenir de précieux renseignements. Au cabinet de Michèle Alliot-Marie, personne ne se précipite pour lui donner un coup de main. Sénat fait le métier, et cela semble arranger tout le monde. En apparence, MAM affecte de laisser la justice travailler. Mais, dans ce domaine, ne rien faire, c'est déjà agir. Ainsi, elle prend bien garde de ne pas demander l'ouverture d'informations judiciaires, ce qu'elle pourrait pourtant faire. Car saisir un ou plusieurs juges d'instruction, cela signifie lancer des enquêtes indépendantes, avec tous les risques que cela comporte. Mieux vaut laisser l'affaire pourrir, sous le contrôle d'un parquet institutionnellement inféodé à l'exécutif, et en l'espèce dirigé par un proche du président. Secrète par nature (aucun avocat n'y a accès), l'enquête préliminaire présente en outre l'avantage de limiter les risques de fuites gênantes. Mais les dispositifs les mieux huilés présentent des failles.

Dans son édition datée du 18-19 juillet 2010, *Le Monde* publie un long article qui révèle le contenu des principales déclarations de Patrice de Maistre, placé en garde à vue quelques jours plus tôt. Ses propos, consignés sur procès-verbal, mettent à mal la défense d'Éric Woerth, qui s'attend à être convoqué d'un jour à l'autre. En quelques mots, tout est dit du renvoi d'ascenseur opéré par M. de Maistre. Il a bien embauché Florence Woerth pour « faire plaisir » au trésorier de l'UMP. Ce dernier a permis à ce gros contributeur financier de l'UMP qu'est Patrice de Maistre d'obtenir la Légion d'honneur. Panique à l'Élysée et au cœur des plus hautes instances judiciaires. Comment *Le Monde* a-t-il pu obtenir aussi rapidement ces extraits de procès-verbaux fort dérangeants, alors que tout a été précisément prévu pour qu'il n'y ait aucune fuite ?

Nicolas Sarkozy entre dans une violente colère lors du week-end du 17-18 juillet. Il ordonne que soit identifié l'auteur des fuites. Frédéric Péchenard, son directeur général de la police nationale, un ami d'enfance du président, est mis dans la boucle. Tout comme Claude Guéant, qui somme alors Bernard Squarcini de se livrer à une rapide enquête. À la DCRI, celui-ci dispose de tout l'attirail technique pour géolocaliser les téléphones portables intéressants, et il peut compter sur une petite équipe soudée, vouée aux besognes discrètes. Très vite, il est orienté vers David Sénat, à qui il ne veut pas que du bien. À en croire Squarcini, un magistrat et un journaliste l'auraient mis sur la piste du conseiller technique. Mais il faut s'appuyer sur du concret. La DCRI commet alors une erreur majeure : elle se procure les factures téléphoniques détaillées de David Sénat auprès de l'opérateur téléphonique Orange, en dehors de toute procédure judiciaire. Elle trouve la trace d'appels entre le conseiller technique et l'auteur de l'article publié par *Le Monde*. De fait, le numéro de téléphone du journaliste apparaît à de nombreuses reprises sur les listings. Mais, ce faisant, la DCRI prend un risque considérable. Celui d'être en porte-à-faux avec une loi, pourtant votée par la majorité en janvier 2010, dont l'article 1 consacre comme un principe général le droit pour le journaliste à la protection de ses informateurs, en prévenant toute « atteinte directe ou indirecte » au secret des sources, « sauf impératif prépondérant d'intérêt public », et précise que, en tout état de cause, le journaliste ne pourra pas être mis en demeure de révéler de qui il tient ses informations. Votée à l'initiative du gouvernement Fillon, défendue au Parlement en décembre 2009 par… Michèle Alliot-Marie, cette loi, très imparfaite, avait au moins le mérite d'exister. Les services de renseignements vont, bien involontairement, montrer son inadéquation. En attendant, David Sénat va faire les frais de l'opération.

« Le lundi 26 juillet, François Molins, directeur du cabinet de MAM, reçoit un coup de fil alors que je suis à côté de lui, lors d'une réunion, se souvient David Sénat. Il me regarde sans me regarder, je sens qu'il y a un truc, j'ai l'intuition que ça me concerne. Après la réunion de cabinet, il me dit : “Je suis ennuyé, il y a des éléments qui établissent que tu as des relations avec le journaliste du *Monde*.” Il ajoute : “J'ai eu Frédéric Péchenard, il m'a parlé de conversations téléphoniques.” Molins me laisse par ailleurs entendre qu'il y a eu une enquête de la DCRI. Il me dit aussi que Claude Guéant a eu MAM à ce sujet au téléphone. Je lui réponds que le journaliste, bien sûr que je le connais, que je le traite. Et alors ? Lui me dit : “C'est une faute déontologique.” Moi je lui réponds : “Mais il n'y a pas de faute, c'est normal de voir les journalistes.” »

En sortant du bureau de François Molins, David Sénat, passablement tourneboulé, tente de faire le tri entre ses émotions. Remonte le fil de l'histoire. Des coups de fil du journaliste du *Monde* ? Oui, il en a reçu, et plusieurs. Ont-ils pour autant valeur de preuve ? Peut-on incriminer un homme sur la base de simples factures téléphoniques, obtenues de manière plus que discutable, et qui, en outre, ne permettent pas d'étayer la thèse de la transmission des procès-verbaux ? Dans l'après-midi, il est convoqué chez MAM. « Ça se passe de façon étrange, puisqu'elle me parle d'abord de ma carrière. C'est la première fois qu'elle le fait depuis sept ans. » À sa façon, froide et distante, sourire de façade, elle lui assure d'emblée : « Je suis soucieuse du reclassement de mes collaborateurs, je tiens à ce que vous ayez un déroulement de carrière normal. J'ai pensé à vous faire nommer procureur général à Cayenne où je crée une cour d'appel. » Cayenne. Le bagne. Le symbole est fort, tout de même ! David Sénat souhaitait quitter le cabinet depuis quelque temps déjà, mais jamais la ministre n'avait songé à lui trouver un poste intéressant. « Elle ajoute que cela va se faire très vite, que tout doit être bouclé avant la fin de l'année, relate David Sénat. Elle semble très mal à l'aise. Je lui réponds que ce n'est pas simple, que cela me pose des difficultés familiales. Puis, enfin, elle me demande : "C'est quoi cette histoire avec le journaliste du *Monde* ?" Je lui réponds, en employant le pronom personnel indéfini exprès : "On le connaît très bien, on travaille avec lui depuis longtemps." Je lui explique que c'est quelqu'un que je rencontre régulièrement sur divers sujets. Elle fait l'étonnée : "Ah bon ?" Je lui dis que c'est d'autant plus important que, dans cette affaire Woerth, on n'a pas eu beaucoup de remontées d'infos, que Courroye joue "perso", etc. Je lui fais aussi observer qu'un journaliste ne fait pas que recueillir des informations, il en donne aussi. Elle me dit : "Mais il est quand même très bien informé, quelles sont ses sources ?" Je lui dis que, comme tout bon journaliste qui se respecte, il a plusieurs sources, mais que je ne les connais pas et que je n'ai jamais cherché à les connaître. J'ai failli lui dire : "Et du temps de Clearstream, Michèle, tu ne te rappelles pas ? Là, la publication de PV dérangeants pour

Villepin, ça ne te gênait pas…" Avec le recul, je m'en veux de ne pas lui avoir balancé ça à la figure. »

La conversation porte maintenant sur les relations du conseiller avec le journaliste du *Monde*. MAM se fait insistante. « Je lui rappelle qu'on était à la ramasse dans cette affaire. Je lui dis que j'ai fait croire au journaliste qu'il ne fallait pas extrapoler à partir des seules déclarations de Patrice de Maistre. Elle me répond, guère convaincue : "Oui, mais c'est quand même extraordinaire de voir la rapidité avec laquelle sortent les PV." J'insiste encore sur le fait que les journalistes ne se contentent pas d'une source, surtout au *Monde*. Elle semble frustrée, s'attendant sans doute à ce que je m'allonge. La discussion, au cours de laquelle elle a pris toutes les précautions pour ne pas évoquer la DCRI ou le recours aux fadettes, finit par tourner en rond. » La ministre de la Justice met un terme à cet entretien surréaliste sur cette magnifique antiphrase, à l'adresse de son collaborateur : « Je vous garde ma confiance. »

David Sénat ne se sent guère rassuré. À sa sortie du bureau ministériel, François Molins lui glisse, à propos de sa nomination à Cayenne : « C'est vu avec Guéant, il n'y a pas de problème. » « Il n'avait pas compris à qui il avait affaire, soutient David Sénat. Et lorsque je lui demande si l'info de ma mutation ne va pas fuiter, il me dit que non, que là encore tout est calé avec Guéant. » Il croise ensuite Ludivine Olive, qui semble elle aussi bien au fait de l'enquête de la DCRI. Le 26 juillet, Alexandre Jevakhoff fait rédiger une décision, signée par la Direction des services judiciaires, qui entérine la nomination du conseiller à Cayenne, en résidence à Fort-de-France, en Martinique. « Il me dit qu'il faut que je trouve immédiatement une école pour les enfants, que je dois être à Fort-de-France le

1er septembre ! On m'interdit par ailleurs d'être en contact avec le journaliste du *Monde*. » David Sénat se trouve dans une situation impossible. Il a des soucis familiaux, l'un de ses fils ayant une santé particulièrement fragile. Et puis, pour sa femme, juriste, pas question de quitter son poste, pour aller si loin, si vite. Il part en congés comme prévu le 4 août. De son lieu de villégiature, il appelle Molins pour lui signifier clairement son refus de partir sur-le-champ à Fort-de-France. « Il me dit : "Je comprends tout à fait, tu as raison." Pour rappel, j'avais demandé auparavant des postes à Beauvais, Auxerre, voire Douai. Sans succès. »

Début septembre, au retour des vacances, catastrophe : l'affaire Sénat éclate publiquement, relayée par le nouvelobs.com et *L'Express*. La Chancellerie, comme à son habitude, tente de maquiller sa gêne : M. Sénat avait « depuis plusieurs mois émis le souhait d'être chargé de la mission de préfiguration de la cour d'appel de Cayenne, ce qui avait été accepté » par Mme Alliot-Marie, déclare à l'Agence France-Presse le porte-parole du ministère de la Justice, Guillaume Didier. « Cette mission commençant le 1er septembre, il a donc quitté le cabinet à cette date, ajoute-t-il, dans un parfait exercice de langue de bois. Pour autant, il est évident que, dans le contexte actuel, s'il était encore au cabinet, il aurait été suspendu de ses fonctions le temps que cette affaire soit éclaircie, Michèle Alliot-Marie ne souhaitant pas que des soupçons puissent peser sur un membre de son cabinet. »

Les bruits les plus fantaisistes courent sur le conseiller Sénat. À l'Élysée, on laisse ainsi filtrer que la transmission des PV a été effectuée sur ordre du cabinet de la garde des Sceaux, dans le but d'évincer Éric Woerth, éventuel rival de MAM dans la course à Matignon. Une accusation sans fondement, selon David Sénat : « C'est complètement faux, je n'ai jamais eu d'instructions du cabinet en ce sens. Au contraire, la ligne fixée par la garde des Sceaux, que je défendais, c'était de relativiser au maximum l'implication d'Éric Woerth. MAM n'avait aucune stratégie politique dans la gestion de ce dossier, elle n'a jamais fait ce genre de chose dans sa carrière. Elle était simplement informée des évolutions de l'affaire, par des notes de synthèse. »

Mais il faut charger la barque. Et couler définitivement David Sénat. Celui-ci a fait preuve d'une certaine imprudence, d'un point de vue administratif du moins, dans un autre dossier. Il va la payer au prix fort. C'est l'affaire Visionex. L'automne 2010 est terrible. David Sénat est en dépression. Tous ceux qui naguère le courtisaient lui ont tourné le dos. Un grand classique. Il lui reste sa famille, son avocat, quelques amis. Et son psy. Le mardi 28 septembre, il est placé en garde à vue dans les locaux de la brigade de répression du banditisme (BRB). On ne lui épargne rien. Il en ressort deux jours plus tard, pour, dans le bureau d'un juge, être mis en examen pour « complicité d'infraction à la législation sur les jeux ». Il lui est reproché d'avoir facilité les desseins de Visionex, une société suspectée de fabriquer des bornes internet permettant de réaliser des paris clandestins. Aucun enrichissement personnel ne peut lui être imputé. Mais, au cabinet de MAM, il est exact que le conseiller a contourné sa hiérarchie, estimant que celle-ci faisait fausse route dans son appréciation du dossier. Pire, lors d'écoutes téléphoniques réalisées par les policiers de la BRB, ceux-ci l'entendent déprécier leur travail. Ils ne lui font donc aucun cadeau. « Peut-être ai-je fait preuve d'une certaine imprudence, d'une relative naïveté, concède-t-il. Voire d'un manque de discernement. Mais tout cela, je le rappelle, venait à l'origine d'une intervention de Rachida Dati, je devais traiter ce dossier... »

Déchargé de ses fonctions à la Chancellerie, mis en examen, David Sénat est à deux doigts de sombrer. Mais l'homme est combatif. Le 17 octobre 2010, il entend, ébahi, le ministre de l'Intérieur Brice Hortefeux tenir des propos particulièrement imprudents au cours de l'émission « Le Grand Jury » RTL-LCI-*Le Figaro*. Interrogé sur les conditions dans lesquelles David Sénat avait été identifié par les services du contre-espionnage comme source possible du *Monde* dans l'affaire Bettencourt, le ministre répond qu'« un haut fonctionnaire, magistrat, membre de cabinet ministériel, ayant donc accès à des documents précisément confidentiels, alimentait, selon ces sources, vérifiées, un journaliste sur des enquêtes ». « Ça tombe sous le coup du non-respect du secret professionnel », tranche M. Hortefeux. Les propos du ministre de l'Intérieur tombent, eux, de manière beaucoup plus évidente, sous le coup de la loi : l'atteinte à la présomption d'innocence semble flagrante.

L'ex-conseiller s'interroge. S'en prendre à Brice Hortefeux, c'est agresser l'un des plus proches amis du président de la République. Un geste fort, d'autant que le ministre de l'Intérieur est déjà sous le coup d'une première condamnation judiciaire pour « injure raciale », prononcée le 4 juin 2010 suite à ses propos sur les Arabes (« C'est quand il y en a beaucoup qu'il y a des problèmes », avait-il déclaré). David Sénat se souvient : « Je prenais des coups depuis trois mois, j'étais comme un boxeur au onzième round, saoulé de coups, au bord du K-O. Il fallait riposter. Je me suis substitué à MAM, qui n'a pas assumé sa charge de garde des Sceaux, elle aurait dû me défendre. Hortefeux incarnait la procédure illégale des services secrets. Et puis, je voulais aussi montrer à ma famille que j'étais encore vivant. »

Le 19 novembre 2010, il assigne le ministre de l'Intérieur en référé, pour « atteinte à la présomption d'innocence », et lui réclame 10 000 euros de dommages et intérêts. Faut-il y voir un rapport de cause à effet ? En tout cas, le 15 décembre 2010, David Sénat est à nouveau placé en garde à vue, cette fois dans les bureaux de la brigade de répression de la délinquance contre la personne (BRDP), dans le cadre de l'enquête préliminaire du parquet de Paris sur les fuites dans l'affaire Bettencourt. Il passe une nuit avec les policiers. « Ils ont été corrects avec moi. S'ils m'ont placé en garde à vue, c'est parce que j'ai refusé de m'expliquer. J'ai tout simplement dit que cette enquête de la DCRI était entachée de graves irrégularités. Peut-être que le pouvoir en a profité pour en remettre une couche sur mon dos... »

Il tient sa revanche le 17 décembre 2010. Ce vendredi-là, Brice Hortefeux est condamné à 1 euro de dommages et intérêts pour atteinte à la présomption d'innocence de David Sénat, six mois donc après une première condamnation pour injure raciale. Pour un ministre de l'Intérieur, ça la fiche tout de même mal... Les propos de M. Hortefeux étaient « attentatoires à la présomption d'innocence de David Sénat », assure le jugement. Le tribunal juge que, « par les propos qu'il a tenus, Brice Hortefeux a manifesté, de manière explicite et non équivoque, une conviction tenant pour acquise la culpabilité de David Sénat ». « Il l'a exprimée dans des conditions ne pouvant laisser subsister aucun doute sur cette culpabilité dans l'esprit des auditeurs », poursuit le jugement – dont M. Hortefeux a fait appel. David Sénat est par ailleurs débouté dans une action en référé intentée contre *Le Figaro*, qu'il accusait également d'avoir attenté à sa présomption d'innocence. Mais la décision est paradoxalement très favorable au magistrat. Le quotidien avait écrit le 6 novembre 2010 que Michèle Alliot-Marie avait été fragilisée dans la course pour Matignon « par la démission de David Sénat », qui « donnait des informations sensibles à la presse ». Le tribunal a relevé l'absence d'éléments de contexte dans cette phrase, mais a jugé, très malicieusement, « qu'un conseiller exerçant ses fonctions dans un cabinet ministériel peut légitimement être appelé à fournir des informations, le cas échéant sensibles, à des journalistes ».

Intéressant. Voire même décisif pour David Sénat. Car le combat du magistrat ne fait que commencer. Il suit avec attention les initiatives procédurales du *Monde*, qui entend faire acter en justice que l'enquête menée par la DCRI, à l'encontre de l'ex-conseiller et de sa relation journalistique, était hors des clous. « Je donnerai toutes les explications qu'il faut devant la justice », assure David Sénat.

Il attend encore un hypothétique poste, à l'étranger. À la Chancellerie, on lui a fait comprendre que Michel Mercier, l'actuel garde des Sceaux, n'était pas pressé de lui trouver une porte de sortie honorable. David Sénat sent toujours le soufre. Il ne fait définitivement pas partie du clan. Il a suivi de loin la disgrâce de Michèle Alliot-Marie. Sans vraiment s'en réjouir. « Elle m'a déçu, je ne le cache pas. Elle a joué à "même pas mal", en faisant semblant de croire que mon affaire ne la touchait pas. Si elle avait fait preuve de courage politique, en disant à Sarkozy que l'enquête de la DCRI était illégale, en défendant ses valeurs gaullistes, elle aurait montré une vraie force, elle se serait posée en recours moral. Mais tout est tellement cloisonné autour d'elle, elle ne sait pas communiquer. Elle s'est écrasée, et mise en position de faiblesse. »

Comme un sentiment de déception, presque affective. « Oui, je lui en ai voulu. Elle ne m'a jamais donné signe de vie. Alors que je me suis dévoué à elle pendant sept ans. J'ai pris des coups pour elle, j'en ai oublié ma carrière. J'en conclus qu'en fait, il n'y a pas de contenu chez MAM, pas de valeurs. » David Sénat, ou l'histoire d'un conseiller ministériel qui en savait trop sur les « affaires », et pas assez sur les mœurs politiques.

Aurélie Filippetti

Samedi 29 janvier 2011, 21 h 30, La Rotonde est bondée. Sourire charmeur, Aurélie Filippetti, 38 ans, s'installe à notre table. Elle n'a plus trop de souvenirs précis de cette année 2009, qui a viré au cauchemar. Mais, au fur et à mesure de la conversation, elle se rappelle. Honte, désespoir, fureur, tout s'entremêle... Eva Joly vient de s'installer derrière nous, c'est sa cantine, à elle aussi. Toute à son récit, Aurélie Filippetti la remarque à peine. La députée de Moselle est concentrée sur son objectif, Nicolas Sarkozy, et sa cohorte de « flingueurs », à qui elle doit l'un des pires moments de sa vie...

Comme souvent, tout avait débuté par un coup de fil, au cœur de l'hiver 2009. L'interlocuteur était digne de foi, implanté dans le système UMP, proche de l'Élysée et de la police. L'un de ces informateurs que l'on soigne, tout en s'en méfiant. Un rendez-vous avait suivi. « Regarde, j'ai un truc qui va bien emmerder Ségolène... », lâche l'homme, rigolard. Sur la table, le résumé d'une plainte, pour violences volontaires, déposée par la députée Aurélie Filippetti, conseillère à l'époque de Ségolène Royal, contre son ancien compagnon, l'économiste de renom Thomas Piketty, lui aussi membre du cercle fermé des proches de la rivale de Sarkozy, en 2007. Coups, haine, scènes d'une vie commune en décrépitude. Le genre de document qui ne circule pas, d'habitude. À moins de vouloir déstabiliser deux cibles privilégiées. Au *Monde*, on ne donne pas suite. Il est des informations que l'on s'honore à ne pas publier.

Le Figaro n'eut pas cette pudeur. Le 3 mars 2009, un entrefilet, non signé, s'affiche en tête de la rubrique des « Confidentiels » – l'une des plus lues. Voici ce que rapporte l'articulet : « Rien ne va plus entre Aurélie Filippetti, députée socialiste proche de Ségolène Royal, et Thomas Piketty, un des économistes les plus écoutés au PS. Le 6 février dernier, elle a déposé plainte à Paris contre son compagnon pour "violences entre conjoints". L'enquête préliminaire a été confiée à la brigade de répression de la délinquance contre la personne. » Ces quelques lignes vont avoir un effet dévastateur sur la jeune femme. D'un coup, le microcosme sait tout de sa vie, de ses amours, de ses emmerdes. Le grand public s'invite dans sa chambre à coucher, avec l'autorisation express de l'Élysée. « Il faut être pervers pour faire ça et en tirer une jouissance, estime Aurélie Filippetti. Ce sont des méthodes de voyous. Mais c'est la marque d'un pouvoir médiocre, quand on ne peut agir sur les grandes choses, on se contente des petites. » Elle a mis longtemps à s'en remettre. Pas sûr qu'elle soit guérie, d'ailleurs. Mais elle se rappelle, maintenant…

Février 2009, c'est d'abord une époque de grande colère pour Aurélie Filippetti. Cette fille d'un mineur communiste, députée d'une circonscription pauvre, la Moselle ouvrière, ne digère pas l'épisode Gandrange. Un an plus tôt, le 4 février 2008, à l'issue d'une visite très médiatisée, Nicolas Sarkozy s'est engagé à faire prendre en charge par l'État « tout ou partie des investissements nécessaires » pour maintenir le site d'ArcelorMittal en activité en Moselle. Douze mois plus tard, les ouvriers attendent toujours. Sur Canal +, le 6 février 2009, la jeune femme se fâche : « À Gandrange, l'année dernière, Nicolas Sarkozy avait promis que l'État allait mettre de l'argent pour sauver l'aciérie, pour sauver les emplois. Un an après, rien n'a été fait », accuse-t-elle, en reprochant au président de la République d'avoir « trahi sa parole ». Elle insiste : « Il a fait des effets de manches, il a donné des coups de menton d'adjudant-chef, et puis ensuite il n'y a pas eu les actes à la hauteur de ses promesses. Il faudrait qu'il revienne à Gandrange [...]. Aujourd'hui, les salariés l'attendent non pas avec des grains de riz, comme l'année dernière pour son voyage de noces, mais [...] avec des boulons. »

Cet épisode est gênant pour l'Élysée. Coincer Sarkozy sur une promesse non tenue, qui plus est vis-à-vis de la classe ouvrière, c'est mettre à mal son électorat, entacher sa réputation, raboter sa popularité déjà déclinante. Ce 6 février 2009, Aurélie Filippetti doit aussi composer avec le tumulte d'une vie privée bien compliquée. Sa relation avec Thomas Piketty s'étiole. Jalousie, rancœurs, tout cela vire au mauvais drame. Au point de pousser la jeune femme à consulter l'avocat Tony Dreyfus, par ailleurs député socialiste. Elle porte les stigmates de ces disputes d'une extrême violence. Surtout la dernière en date, dans la nuit du 1er au 2 février. Une plainte pour coups et blessures volontaires est envisagée. « J'hésitais, se souvient-elle, je ne voulais pas que cette affaire sorte, qu'elle soit exploitée. Il nous fallait des garanties de confidentialité. » Elle est mère d'une petite fille, il faut aussi songer à la protéger. La plainte pour « violences volontaires aggravées » est rédigée, et remise en mains propres au procureur de Paris, Jean-Claude Marin. Celui-ci transmet le dossier, en prenant le maximum de précautions, à un service de police, la brigade de répression de la délinquance contre la personne (BRDP). Le magistrat prévient sa hiérarchie, mais *a minima*. Surtout, éviter les fuites. « Longtemps, j'ai attendu pour être convoquée, mais je ne voyais rien venir. J'avais peur que ma plainte ne soit ignorée, ou pire, utilisée. » Sans nouvelles des policiers, elle se résout à partir en vacances au ski. Où elle reçoit un coup de téléphone, finalement. Rendez-vous est pris à la BRDP pour le 2 mars. Elle revient de vacances, quand un journaliste l'appelle. Et lui parle de sa plainte. Effroi. « J'étais effondrée, je voulais tout arrêter, je regrettais mon acte, je n'étais pas en mesure d'affronter ça. » Heureusement, le journaliste ne publie pas l'information.

« J'étais une cible intéressante, se souvient Aurélie Filippetti, porte-parole du groupe socialiste à l'Assemblée nationale, très en pointe dans l'affaire Gandrange où je mets directement en cause Sarko. J'étais encore aux côtés de Ségolène Royal, notre motion avait failli l'emporter au congrès de Reims. À travers moi, c'est à elle qu'ils ont voulu s'en prendre… » Ce qu'elle ne dit pas, par excès de modestie, c'est qu'elle est aussi l'une des rares à oser s'attaquer directement au pouvoir, à ne pas mâcher ses mots, quand elle s'exprime au Palais-Bourbon…

Le 2 mars, quand elle se déplace rue du Château-des-Rentiers, dans le XIIIe arrondissement de Paris, c'est le patron du service en personne qui vient l'accueillir. Un commissaire divisionnaire extrêmement chaleureux qui lui jure, sincère semble-t-il, que rien ne sortira de son service. Pendant plus de trois heures, elle se confie aux policiers. C'est le même commissaire qui la raccompagne en voiture chez elle, lui donne son numéro de portable, et tente de la rassurer : « Il n'y aura pas de fuites, vous avez été prise en mains par la cellule VIP, on est habitués... » Quelques heures plus tard, l'information est pourtant ébruitée par *Le Figaro...* Aurélie Filippetti est au siège du PS, à Paris. Elle est assaillie de textos. Elle se réfugie dans une pièce, s'effondre, en larmes. Le soir même, elle doit répondre aux questions de Jean-Michel Aphatie, au « Grand Journal » de Canal +. Ségolène Royal lui déconseille de s'y rendre. Trop fragile. « Je me suis dit que j'avais fait une énorme connerie. Et j'ai tout de suite pensé à une manipulation de l'Élysée. Ils avaient attendu le lendemain de mon audition pour publier l'info ! J'ai voulu retirer ma plainte, mais il était trop tard. » Elle appelle le patron de la BRDP. Qui lui assure que la fuite doit provenir du parquet. Mauvaise piste. Elle se renseigne. Apprend que, chaque jour, le préfet de police fait au ministre de l'Intérieur un compte rendu des événements marquants des dernières heures. Elle a compris, maintenant. Elle a remisé ses illusions.

Mais les dégâts sont considérables. *Le Figaro* n'a même pas pris la peine de l'appeler. « J'ai ressenti un sentiment de viol, d'humiliation. Piketty m'a laissé un message d'insultes. Tout cela par la faute d'un cabinet noir, d'une machine à fabriquer des affaires. Ainsi, tout ce que l'on racontait était vrai, Sarko rabaisse la politique vers le bas. Le pire, c'est que ces gens t'amènent à raisonner comme eux, ils font appel aux plus bas instincts. » Ce jour-là, elle tient quand même à honorer son invitation au « Grand Journal ». Où on ne lui pose aucune question sur sa vie privée.

Six mois plus tard, Jean-Claude Marin revoit Tony Dreyfus. L'enquête est terminée. Un renvoi devant le tribunal correctionnel est envisageable. Mais qui dit procès dit déballage de linge sale en public. Aurélie Filippetti n'a pas envie que sa vie soit examinée, décortiquée. Elle aimerait transiger. Les avocats des deux parties se rencontrent en terrain neutre, au cabinet de Jean-Pierre Mignard, un avocat réputé pour sa finesse et proche, à l'époque, de Ségolène Royal. Piketty, lui aussi sérieusement affecté par les répercussions médiatiques de l'affaire, accepte de signer une reconnaissance de culpabilité. Aurélie Filippetti retire sa plainte. L'économiste s'en sort avec un rappel à la loi, qui lui est signifié le 6 septembre 2009. « Compte tenu des circonstances, écrit le procureur, j'ai décidé de ne pas exercer dans l'immédiat des poursuites à votre encontre. Néanmoins, cette décision est révocable à tout moment. Elle constitue à votre égard un avertissement... »

Depuis, Aurélie Filippetti tente de se reconstruire. Elle fait face. S'apprête à entrer dans la bataille présidentielle. Elle a intégré le staff de campagne de François Hollande. Ce seront des temps d'une grande dureté, les coups bas vont pleuvoir. La jeune femme sait maintenant que l'équipe au pouvoir est prête à tout pour s'y maintenir. Au début de l'été 2011, elle dénonce une manipulation médiatico-politique visant à l'impliquer, en compagnie de François Hollande, dans l'affaire DSK/Banon. Elle est écœurée, aussi – mais guère surprise –, de découvrir que Martine Aubry est attaquée sur sa vie privée. Des rumeurs d'abord propagées sur le Net, puis relayées dans la presse papier, jusqu'à s'étaler en une du *Journal du Dimanche*, le 10 juillet. La première secrétaire du PS, scandalisée, désigne clairement l'entourage de Nicolas Sarkozy, selon elle à l'origine de cette campagne de dénigrement fondée sur des ragots particulièrement abjects. De fait, depuis plusieurs semaines, des journalistes politiques, dans différents médias, sont alimentés par des proches du chef de l'État en « tuyaux », tous plus glauques les uns que les autres, destinés à discréditer la leader socialiste. Les mêmes qui, quelques mois plus tôt, distillaient aux journalistes – y compris aux auteurs – des « informations » compromettantes portant sur la vie privée de Dominique Strauss-Kahn, dont la vie intime n'avait, grâce à la diligence de certains services de police, pas de secret pour le Château. Finalement, ce dispositif se révéla inutile : l'obscure affaire du Sofitel de New York suffit à éliminer DSK de la course…

Quelle que soit l'issue de la présidentielle, ensuite, inévitablement, il y aura des élections législatives. Le dernier redécoupage des circonscriptions n'a pas été favorable à Aurélie Filippetti. Un coup dur de plus. Ce n'est pas le fruit du hasard. Elle s'en doute. La naïveté ne fait plus partie de son catalogue. Et puis, en 2007, elle l'avait emporté de quelques voix, dans un secteur dévolu à la droite. Rien n'est jamais définitivement perdu, en politique. Sauf l'innocence.

Jean-Hugues Matelly

Lundi 31 janvier 2011, le Café Français, place de la Bastille à Paris. Jean-Hugues Matelly, 45 ans, veste rouge et chapeau, prévient : il veut bien nous livrer quelques « éléments de contexte », mais pas question de revenir dans le détail sur ce fameux décret présidentiel qui le radia des cadres de la gendarmerie, en 2010. Car, entre-temps, il a été réintégré dans son corps d'origine. Alors, puisqu'il n'a plus le droit de s'exprimer, il va falloir raconter son histoire, avec nos mots. Qui sont aussi un peu les siens…

Avec le chef d'escadron Matelly, les choses sont carrées. Regard franc, poignée de main ferme, coupe de cheveux réglementaire. Service, service. D'ailleurs, lorsqu'on lui demande de se confier, le gendarme, premier officier de l'armée à avoir été radié par un décret du président de la République, se retranche derrière le devoir de réserve. Tout juste consent-il à lâcher : « Avec le recul, vu tous les soucis que ça m'a apportés, si c'était à refaire, je ne referais pas la même chose, je prendrais moins de risques, je ne me mettrais plus en première ligne. Maintenant, je ne veux plus d'ennuis. »

Jean-Hugues Matelly n'a pas toujours été aussi prudent. Il s'est épanché en détail sur sa mésaventure dans de nombreux médias, jusqu'à publier un livre (*L'Affaire Matelly*, Jean-Claude Gawsewitch, octobre 2010). Sauf qu'entre-temps, le militaire victime des foudres de Nicolas Sarkozy a été réintégré dans la gendarmerie. Le pouvoir l'a, quelque part, contraint au silence. Désormais, il entend faire profil bas. Rentrer dans le rang. En janvier 2011, le Conseil d'État a annulé sa radiation des cadres, intervenue en mars 2010, sanction qualifiée de « manifestement excessive » par la haute juridiction administrative. Dans son arrêt, elle relève que « M. Matelly a effectivement manqué à ses obligations en faisant état publiquement, dans les médias, de son opposition à la politique d'organisation des deux grands services français dédiés à la sécurité publique », mais elle observe que cette critique a été « formulée en termes mesurés et sans caractère polémique », tout en mettant en exergue « l'excellente manière de servir de l'intéressé ».

Le crime de Jean-Hugues Matelly ? Avoir critiqué publiquement le dogme sarkozyste sur les chiffres de la délinquance, ainsi que le rapprochement police-gendarmerie initié par l'actuel chef de l'État lors de son premier passage à l'Intérieur (2002-2004). Chercheur associé au CNRS, cofondateur de l'association Gendarmes et citoyens, auteur d'essais et de romans, Matelly ne correspond pas forcément à l'image que l'on se fait du gendarme. Il a payé cher son insolence. Une radiation à vie, ça vous marque un homme. Surtout un militaire.

Le 30 décembre 2008, le site internet Rue 89 met en ligne une tribune titrée : « La gendarmerie enterrée, à tort, dans l'indifférence générale ». Le texte, publié lui-même dans une indifférence polie, la veille du réveillon, est co-signé par Jean-Hugues Matelly, Laurent Mucchielli et Christian Mouhanna. Les trois hommes sont membres du Centre de recherches sociologiques sur le droit et les institutions pénales (CESDIP), rattaché au CNRS. À quelques jours du rattachement officiel de la gendarmerie au ministère de l'Intérieur, le trio ne se prive pas d'écrire tout le mal qu'il en pense. « Sous prétexte d'une recherche de la rentabilité à court terme, et pour que les gendarmes s'inscrivent mieux dans le modèle actuellement prôné de la police d'autorité – par opposition à une police de dialogue –, la gendarmerie va donc fusionner (sans le dire) avec la police nationale », commencent les auteurs. Ils ajoutent : « La nouvelle majorité issue des élections de 2002 en profita pour enterrer aussitôt cette police de proximité et entamer le démantèlement de la présence gendarmique, via la création de "communautés de brigades" permettant la fermeture périodique des "brigades de proximité". Il faut croire que ce modèle de proximité convient mal à une époque qui privilégie les rapports de force, la gestion statistique déréalisée et les démonstrations médiatiques, même si c'est aux dépens de l'efficacité concrète et quotidienne. » Le texte se conclut sur cette phrase, en forme de coup de grâce : « C'est véritablement une régression historique qui s'achève sous nos yeux, dont on mesurera les effets délétères dans les années et les décennies à venir. » Et pour être certain que le message soit bien passé, Jean-Hugues Matelly enfonce le clou sur Europe 1, le soir du réveillon. La gueule de bois est pour bientôt.

Les fêtes passées, le chef d'escadron reprend ses fonctions au sein de l'état-major de la région de gendarmerie de Picardie, comme si de rien n'était. Il ne se fait aucun souci. Il a bien pris soin d'indiquer que ses interventions étaient faites en sa qualité de chercheur, et non d'officier. Et puis, pourquoi s'inquiéter, n'avait-il pas publié en octobre 2007 un livre (*Police, des chiffres et des doutes*, Michalon) stigmatisant l'instrumentalisation des statistiques de la délinquance ? Il avait écopé d'un simple blâme du ministre de la Défense pour « manquement à l'obligation de discrétion professionnelle et au devoir de réserve ». Une peccadille. Sauf que, cette fois, il est allé trop loin. Il a ouvertement critiqué une décision qui tient à cœur au chef de l'État. Il est convoqué début janvier 2009 par le général qui commande la région Picardie. « On a reçu une demande de Paris, ils ne sont pas contents du tout », lui lance le haut gradé. C'est une litote. Matelly, d'abord contraint de s'expliquer par écrit, découvre que le directeur général de la gendarmerie en personne a diligenté une procédure disciplinaire et demandé une sanction dite du « 3e groupe », le niveau le plus élevé. Matelly, ahuri, apprend que « Paris » réclame la punition maximale : sa radiation pure et simple des cadres ! Ses supérieurs évoquent la fureur de l'Élysée, et même la « raison d'État ».

Au début, Jean-Hugues Matelly tente de se rassurer, il pense que sa hiérarchie cherche à l'intimider, à lui mettre la pression. « Ils veulent que je la ferme », confie-t-il à ses proches. Même s'il vit assez mal d'être considéré, selon ses propres termes à l'époque, comme « le vilain petit canard » dont on doit se débarrasser, il ne croit pas une seconde à une possible radiation. Ce serait trop gros. Certains de ses collègues s'inquiètent tout de même pour lui. L'un d'eux lui lâche un jour : « Jean-Hugues, tu vas être laminé parce que, face à toi, tu n'as pas la hiérarchie, mais le président de la République. » Bien vu. Pendant un an, Matelly va ferrailler devant le conseil d'enquête chargé d'instruire la procédure disciplinaire. Le gendarme garde confiance, d'autant que les soutiens en sa faveur se multiplient. Même le très influent Alain Bauer, qui a l'oreille du président, en sa double qualité de criminologue et de hiérarque franc-maçon, plaide la cause de Jean-Hugues Matelly auprès de l'Élysée. En vain. À la présidence de la République, on semble déterminé à faire un exemple. Le couperet tombe le 12 mars 2010. Il prend la forme d'un décret, signé de Nicolas Sarkozy, qui se conclut par cette phrase lapidaire : « Le chef d'escadron Matelly (Jean-Hugues, René) est radié des cadres par mesure disciplinaire pour manquement réitéré au devoir de réserve. » Contresigné par le Premier ministre François Fillon et le ministre de la Défense Hervé Morin, le décret, dans ses considérants, souligne que le gendarme Matelly « a critiqué la politique gouvernementale en remettant en cause le rattachement de la gendarmerie nationale au ministère de l'Intérieur », qu'« il a émis des doutes sur le devenir de la gendarmerie nationale et l'efficacité de la politique de sécurité publique » et finalement « porté atteinte à l'image de la gendarmerie nationale et à la politique du gouvernement ».

Jean-Hugues Matelly est dévasté lorsqu'il prend connaissance du diktat présidentiel. Il pense au capitaine Dreyfus, publiquement déshonoré, le sabre brisé... Vingt-cinq années de sa vie consacrées à servir son arme se trouvent balayées, comme ça, d'une simple signature sur un bout de papier. La sanction est tout simplement démesurée. Pour un tel motif, c'est même une première historique : en plus de deux cents ans, jamais aucun officier, sous-officier ou simple soldat d'aucune armée de la République n'avait été l'objet d'une radiation des cadres pour un banal manquement au devoir de réserve. Dans son ouvrage, Jean-Hugues Matelly rappelle qu'il s'agit de la pire des sanctions disciplinaires et qu'« elle n'est utilisée que contre les auteurs de manquements gravissimes : soldats ayant ouvert le feu accidentellement contre des civils spectateurs et occasionnant mort et blessures ; gendarmes condamnés pour des vols avec récidive ; militaires, à bord de véhicules de service et en état d'ébriété, ayant causé plusieurs accidents de la circulation... ». La radiation – ni aucune autre sanction disciplinaire – n'avait même pas été envisagée pour les « gendarmes-pieds nickelés » qui, en 1999, mirent le feu à une paillote corse – et bientôt au gouvernement Jospin – à la demande du préfet Bernard Bonnet... Le forfait perpétré par le chef d'escadron Matelly était manifestement bien plus grave : avoir tourné en ridicule des mesures auxquelles le chef de l'État était personnellement très attaché. « Comment un président de la République française, en l'occurrence Nicolas Sarkozy, a-t-il pu en arriver à sanctionner si lourdement l'expression d'une idée différente ? » fait mine de s'interroger, dans son livre, Jean-Hugues Matelly.

Passé le choc de l'annonce de sa radiation, Matelly, soutenu par de nombreux collègues, les médias, des députés, mais aussi des anonymes, va se battre pour obtenir sa réhabilitation. Ce sera chose faite donc, en janvier 2011, lorsque le Conseil d'État annulera le décret inique. Réintégré dans la foulée à la gendarmerie d'Amiens, au contrôle de gestion, Jean-Hugues Matelly attend sans illusions sa prochaine affectation. Même s'il porte toujours la gendarmerie dans son cœur, quelque chose s'est brisé, définitivement. Il a constaté que, dans son arme, aux yeux des plus haut gradés notamment, sa réputation était entachée, sa carrière compromise. Il sera pour toujours « celui qui a été radié à vie ». Infamant. Il dit ne plus rien vouloir publier, ni livre, ni tribune. Désormais, Jean-Hugues Matelly n'attend qu'une chose : avoir cumulé assez d'annuités pour prendre sa retraite, ce qui ne saurait tarder.

Il pense souvent à la réaction de ses parents lorsqu'il leur annonça sa radiation. Leur stupéfaction, puis leur désarroi. Eux, fidèles… sarkozystes. Son père a fini par comprendre. Sa mère, elle, est décédée en 2010, sans avoir connu la réhabilitation de son fils. De cela, le chef d'escadron Matelly ne se remettra jamais.

Jean Charbonniaud

Mardi 1er février 2011, retour à La Rotonde. Bruits de couverts, vieux couples, touristes trop bruyants... Sur le canapé rouge sang capitonné, une place vide. Celle de Jean Charbonniaud, 60 ans, éphémère préfet de la Manche, de juin 2008 à janvier 2009. Le portable vibre. « M. le préfet ne pourra malheureusement pas vous rencontrer », lâche, laconique, la secrétaire...

Finalement, l'idée de revenir sur ses mésaventures préfectorales a effrayé Jean Charbonniaud. Il fallait remuer trop de mauvais souvenirs. Et puis, il fait toujours partie de la haute administration. Il est des règles de silence et de neutralité auxquelles on ne peut déroger. « J'ai été meurtri... », avait-il dit simplement au téléphone, lors d'une première prise de contact. Meurtri. On le serait à moins. Préfet de la Manche jusqu'en janvier 2009, il a fait brusquement les frais d'un déplacement raté de Nicolas Sarkozy, accueilli par des sifflets et privé d'un bain de foule à l'occasion de ses vœux aux personnels de l'Éducation nationale. Le voilà désormais chargé d'une mission d'inspection et de conseil pour les préfets et sous-préfets dans les régions Nord-Pas-de-Calais, Picardie, Champagne-Ardenne, Lorraine et Alsace. Une vraie galère administrative, à 60 ans passés. Et le fait qu'il ait été chef du cabinet de Dominique de Villepin, à Matignon, n'est évidemment qu'un pur hasard...

Quelques jours après ce rendez-vous avorté, une lettre anonyme nous était parvenue. Elle récapitulait le bilan de cette journée du 12 janvier 2009 et visait à restituer les « événements et éléments dans leur réalité ». Évidemment, nous avons quelques soupçons quant à l'identité de l'auteur. Un corbeau désireux de ne pas se faire connaître, mais très enclin à relater, avec une froideur toute administrative, ce jour de mécontentement populaire. Bien loin de la version officielle délivrée par le ministère de l'Intérieur à l'époque. Il faut se mettre dans le contexte. En ce début d'année 2009, le président Sarkozy multiplie les visites sur le terrain. Déjà, sa popularité s'effrite. Chaque déplacement est l'occasion d'un impressionnant déploiement de forces. Tout est organisé, planifié. Il ne doit pas y avoir d'images gênantes, encore moins d'accrocs. Des équipes de reconnaissance de l'Élysée anticipent toutes les difficultés éventuelles, règlent le ballet des véhicules officiels, délimitent les périmètres de sécurité. Les préfets, eux, fournissent les forces de sécurité, se préparent aux soulèvements syndicaux. Une machine parfaitement huilée, pour assurer tout à la fois la sécurité du chef de l'État et sa communication auprès des Français.

Ce 12 janvier 2009, Nicolas Sarkozy se rend donc à Saint-Lô, dans la Manche. Il doit présenter ses vœux aux personnels de l'Éducation nationale. Deux annonces importantes sont prévues, afin de calmer les ardeurs des syndicats et des lycéens, en révolte contre les projets du pouvoir : le directeur de Sciences-Po, Richard Descoings, doit prendre la tête de la commission de réforme du lycée, tandis que Martin Hirsch devient haut-commissaire à la jeunesse. Aucun grain de sable ne doit parasiter ces annonces présidentielles. Le préfet Charbonniaud a été installé six mois plus tôt, en juin 2008. C'est un haut fonctionnaire à l'ancienne, calme et discret. Expérimenté. Il a servi Alain Juppé, puis Dominique de Villepin, il connaît les rouages de l'État, il a conscience que ce parcours quasi politique lui interdit tout faux pas.

Le parcours du cortège présidentiel est clairement établi, pour une visite éclair comme les affectionne le chef de l'État : deux heures de présence au maximum. Nicolas Sarkozy doit atterrir à l'aéroport de Caen-Carpiquet, effectuer en hélicoptère le trajet jusqu'à Saint-Lô, au stade des Ronchettes. Il est censé ensuite visiter l'école élémentaire Calmette-et-Guérin, puis gagner le centre culturel pour adresser ses vœux. Départ vers 13 heures pour rentrer à Paris. Évidemment, un comité d'accueil est prévu. Enseignants, lycéens et parents d'élèves doivent converger sur Saint-Lô pour dire leur opposition aux réformes en cours dans l'Éducation nationale, qui prévoient entre autres la suppression de 13 500 postes à la rentrée 2009, la diminution des RASED (réseaux d'aides spécialisées aux élèves en difficulté), les modifications des programmes dans les lycées... Le tout sur fond de fermetures de collèges dans le département, à Saint-Pois/Juvigny, Le Teilleul et Sourdeval. Un rassemblement de protestation est donc attendu devant l'hôtel de ville vers 10 h 30. Les anti-THT devraient aussi faire entendre leurs voix. S'ils ne sont pas opposés par principe à la ligne très haute tension Cotentin-Maine, ils exigent, au nom du principe de précaution, que le tracé de la « 400 000 volts » soit éloigné des habitations et bâtiments agricoles.

Quand Nicolas Sarkozy débarque à Saint-Lô, ce 12 janvier 2009, il tombe donc sur 4 000 manifestants en colère, difficilement contenus par les 500 policiers et gendarmes mobilisés. Il n'est pas surpris, c'est son lot quotidien. Mais, d'ordinaire, le tri effectué en amont de sa visite est plus efficace. Cette fois, les protestataires sont nombreux et bruyants. Quand il sort de sa berline, il est copieusement sifflé. Les caméras de télévision se régalent de l'incident, et la belle opération de com' est déjà à l'eau. Cela ne fait qu'empirer ensuite, pendant le discours officiel, lorsque cris et sifflets finissent par couvrir sa voix. Le président fulmine. Cela se voit, il se tend, son entourage s'inquiète. Ses proches ordonnent de fermer les volets du centre culturel, afin de couvrir les lazzis d'une foule déchaînée. Les syndicats, en outre, choisissent de boycotter la rencontre prévue avec le chef de l'État. À l'extérieur du centre culturel, les forces de sécurité sont à l'œuvre. Heurts, gaz lacrymogènes, une vitrine vole en éclats. Chaussures et projectiles divers volent. Rien de dramatique, mais cela fait tache sur la photo. À 13 heures, Sarkozy repart. Il peste, livide, au bord de l'explosion. Seuls une vingtaine de fans ont pu s'approcher de lui. Le bain de foule espéré n'aura pas lieu.

Et le préfet Charbonniaud est en danger.

L'ire présidentielle n'est pas feinte. Michèle Alliot-Marie, ministre de l'Intérieur, est sommée de débarquer ceux qui, selon l'Élysée, ont fauté. Comme souvent, c'est à l'issue du Conseil des ministres que l'on apprend les mises au rancart. Mercredi 28 janvier, quinze jours après les faits, le préfet Charbonniaud et le directeur de la police départementale, Philippe Bourgade, sont froidement évincés. Appelés à d'obscures tâches. Officiellement, ils n'auraient pas su assurer la sécurité des autorités, et les violences policières auraient été disproportionnées. Protestation des élus locaux : même le député de la Manche, Philippe Gosselin, pourtant encarté UMP, dénonce le « fait du prince ». Il ajoute : « Cette mutation n'est pas une surprise mais je la regrette. Très clairement, le président a été très énervé le jour de la visite, non pas tant qu'il y ait des manifestants mais par les sifflets pendant son discours. Le préfet est victime d'une perception exagérée de cette manifestation. » Le maire (UMP également) de Saint-Lô, François Digard, trouve aussi cette décision « très sévère et plutôt injuste ». Enfin, le président du conseil général de la Manche et sénateur – toujours UMP ! – Jean-François Le Grand paraît remonté. « Lors de la visite du président, dit-il, le préfet a cherché à assurer la sécurité et il l'a fait. Cette décision est disproportionnée. Je trouve que c'est aussi faire fi avec beaucoup de légèreté de la représentation de l'État dans les départements. Et c'est aussi très contre-productif sur le plan politique. »

Bridé par son statut, le préfet Charbonniaud ne peut s'exprimer, encore moins se défendre. Il reste l'anonymat d'une plume bien intentionnée… et très informée, qui tient à rectifier la vision proposée par l'Élysée. « Aucune image ou témoignage d'un contact forcé imposé au président ni d'un convoi empêché ou atteint par projectile ne peuvent être montrés ou allégués par une source crédible », indique l'auteur du courrier, à l'évidence aux premières loges le 12 janvier 2009. « De fait, à aucun moment la sécurité personnelle du président n'a été menacée », indique ce vrai-faux corbeau. Quant aux violences policières mises en avant, elles seraient peu importantes, assure la lettre. Neuf manifestants ont été soignés, dont sept pour des incommodités liées aux gaz lacrymogènes. « Aucune blessure sérieuse ni interruption temporaire de travail ne sont à déplorer », conclut le correspondant anonyme. Tout cela, indique l'auteur, serait « affaire de politique ».

Plutôt d'une certaine politique.

Christine Boutin

Mardi 1er février 2011, quai André-Citroën, dans le XVe arrondissement de Paris, Christine Boutin, 67 ans, reçoit dans les bureaux mis à la disposition de la mission « sur les conséquences sociales de la mondialisation », qu'elle conduit. Affable et volubile, elle jure qu'il ne s'agit pas seulement d'un lot de consolation offert par Nicolas Sarkozy après son éviction du gouvernement en 2009. Elle est indéniablement plus convaincante lorsqu'elle décrit les conditions de son renvoi brutal.

Faire toujours bonne figure, positiver en toutes circonstances, feindre l'indifférence lorsque les événements viennent à être défavorables. Bref, donner le change, quoi qu'il arrive. Christine Boutin, qui connaît ses classiques, n'entend pas déroger à cette règle d'or de la vie politique, dont l'inobservation porte généralement un coup fatal à toute ambition. Éphémère ministre du Logement au début du mandat de Nicolas Sarkozy, qui l'a congédiée sans un mot d'explication, « la mère Boutin » accueille ses visiteurs dans un petit bureau, situé tout en haut d'une tour sans âme du sud de Paris. Pourtant, les sommets de l'État ne lui ont jamais paru aussi lointains.

En plein exercice d'autosuggestion, elle clame, sur un ton un peu trop assuré : « Aujourd'hui, je suis dans une situation de plénitude comme je n'en ai jamais eu dans ma vie. En fait, même si on a abîmé mon image, ceux qui ont fait ça m'ont fait du bien sans le savoir. Ils m'ont fait prendre conscience de la souffrance de ce pays. » Comme pour mieux s'en persuader, elle martèle à plusieurs reprises : « Je ne suis pas morte, ils ne m'ont pas tuée. » Mais la méthode Coué a ses limites. Au bout de quelques minutes, l'armure se fendille. Elle laisse entrevoir une plaie toujours à vif. « J'ai été vidée le 23 juin 2009, je ne risque pas d'oublier la date », lâche-t-elle finalement.

Christine Boutin est une personnalité plutôt anticonformiste au sein de la droite française. À la fois insupportable et attachante. Surnommée par *Libération* « la catholique cathodique » de l'Hémicycle, elle s'est fait connaître du grand public à la faveur du débat sur le PACS, en 1998, auquel elle s'était opposée avec ferveur. Personne n'a oublié sur les bancs du Palais-Bourbon sa longue plaidoirie contre le droit au mariage – puis à l'adoption – pour les homosexuels, ses larmes, cet ouvrage tenu à bout de bras que tout le monde prit pour une bible, alors qu'il s'agissait du règlement interne de l'Assemblée... Ajoutée à ses précédentes sorties contre l'avortement, sa croisade contre le PACS lui valut de finir dans « Les Guignols de l'info »... sous les traits d'une truie, ce qui l'affecta terriblement. Mais Christine Boutin ne se résume pas à sa caricature. C'est aussi cette femme qui milite pour un meilleur partage des richesses, rendre leur dignité aux détenus ou aider les plus démunis à obtenir des logements décents.

Marginale, sa candidature à l'élection présidentielle de 2002 (elle obtient 1,19 % des voix) va toutefois conforter sa stature naissante. Bien conscient qu'il ne pouvait se permettre de s'aliéner l'électorat catholique traditionnel, Nicolas Sarkozy, pour éviter qu'elle ne se présente et ne lui chipe des voix au premier tour, en 2007, l'appelle à ses côtés à l'orée de sa campagne victorieuse. Et la récompense en octroyant à cette représentante de la droite sociale le poste de ministre du Logement et de la Ville, dans le premier gouvernement de François Fillon. « Rien n'obligeait le président à me mettre dans son gouvernement, sauf à ce que je représente, peut-être, un calcul purement électoral, glisse, légèrement perfide, Christine Boutin. C'était ma première expérience ministérielle, mais, pour moi, ce n'était pas une consécration, je ne rêvais pas d'être ministre. » Très vite, la novice doit déchanter. « J'ai été chargée du Logement et de la Ville, mais, dans les faits, seulement du Logement : ma secrétaire d'État avait le soutien politique, pas moi. » Sa secrétaire d'État, dont elle évite soigneusement de prononcer le nom, c'est Fadela Amara. Boutin-Amara, ou l'alliance de la carpe et du lapin, couple improbable, condamné à l'échec. Quoi de commun entre la fondatrice de Ni putes ni soumises, symbole de ces « jeunes-des-banlieues-issus-de-l'immigration » que la France semble incapable d'intégrer et l'élue de la chic et verdoyante commune de Rambouillet (Yvelines), dont la foi chrétienne guide l'action depuis toujours ? Le télescopage de ces deux fortes personnalités, aux tempéraments, parcours et convictions si différents, ne pouvait faire que des étincelles. « Si on a retiré la Ville de mes attributions, ce n'était pas un manque de confiance, mais un choix politique en faveur de ma secrétaire d'État avec qui je n'avais pas la même vision, résume-t-elle diplomatiquement. Je savais qu'en cas de conflit avec elle, je perdrais, ce qui n'a pas manqué de se produire. » Elle ajoute immédiatement, preuve qu'une catholique pratiquante ne tend pas forcément l'autre joue lorsqu'elle essuie un affront : « C'est vrai que je suis indépendante et que, moi, on ne peut pas m'acheter. »

Les deux femmes passent très vite un accord tacite, qui sera officialisé en janvier 2009 : la ministre se concentrera uniquement sur le Logement, sans se mêler des attributions de sa secrétaire d'État, protégée par l'Élysée au nom de la fameuse diversité. Las, Christine Boutin va vers une nouvelle désillusion. « J'ai toujours eu le sentiment de n'avoir aucun soutien politique, ni du président ni du Premier ministre. Mon action ne suscitait aucun intérêt, tout simplement parce que le logement n'intéressait personne. J'ai trouvé cela ahurissant. Ce ministère, c'était vraiment la cinquième roue du carrosse. » Elle ajoute, lucide : « En fait, les ministres du Logement n'ont jamais été de grandes personnalités, je crois. Ce n'est pas un hasard. »

Le désintérêt manifeste de l'Élysée comme de Matignon pour l'action de leur ministre se traduit de multiples façons. « Dès que le président fait une conférence de presse, ou prend simplement la parole, je peux vous dire que chaque ministre est particulièrement attentif, rapporte-t-elle. Eh bien, avec Sarkozy, le mot "logement" n'est, je crois, jamais sorti de sa bouche ! Je mets au défi quiconque de prouver le contraire. Il y avait vraiment un manque d'intérêt total, alors que j'ai travaillé comme une dingue. » Pour cette femme plus sensible qu'elle ne le laisse paraître, ce dédain flagrant est vécu comme une humiliation. « Franchement, quand on est aussi peu soutenu, être ministre, c'est terrible, inhumain même. D'ailleurs, je n'ai même pas eu de remontrances. Rien, tout simplement. L'indifférence absolue. »

Tenue pour quantité négligeable au sein du gouvernement, Christine Boutin le sera logiquement aussi au moment de son renvoi, qu'elle n'a visiblement pas pardonné à Nicolas Sarkozy – quoiqu'elle soutienne le contraire. « Les relations entre le président et moi sont paradoxales, c'est je t'aime, moi non plus, commence-t-elle, pour ajouter aussitôt : À partir du moment où il m'a vidée, je constate que sa cote de popularité n'a fait que descendre. C'est peut-être un hasard, mais peut-être pas. »

Pour Christine Boutin, le couperet est donc tombé le 23 juin 2009, jour de remaniement ministériel. Elle peut reconstituer cette journée maudite à la minute près. « Fillon me demande de venir le voir à Matignon, à 16 h 15, après les questions d'actualité. Il me dit : "Tu ne peux pas rester au Logement, ça ne va pas avec le président." J'accuse le coup. Puis je lui réponds que, dans ce cas, je suis prête à m'investir sur le dossier des prisons. Il me dit qu'il va en parler au président à 18 heures. Je n'aurai plus jamais aucune nouvelle... Ensuite, j'ai appris la composition du nouveau gouvernement, comme tous les Français, en voyant Guéant [secrétaire général de l'Élysée] à la télévision. Lorsque j'ai entendu ça, j'ai dit à mon équipe : "On n'a plus qu'à faire nos cartons." J'avais compris. Ils n'avaient pas eu le courage de me rappeler. » L'ordre, évidemment, est venu de l'Élysée. Six mois avant de la limoger, Nicolas Sarkozy aurait d'ailleurs confié au journaliste Franz-Olivier Giesbert, patron du *Point* : « Je n'en peux plus de cette connasse de Boutin. Je vais la virer très vite » (in *M. le Président*, Flammarion, 2011).

Désormais lâchée, on n'arrête plus Christine Boutin : « Je n'ai aucune envie de redevenir ministre, ça m'a vaccinée. Ne serait-ce que sur la forme, je continue de trouver la façon dont j'ai été virée complètement inadmissible.

On était en 2009, on commençait à pointer du doigt les patrons qui vident leurs employés de manière brutale. Mais si, au plus haut niveau de l'État, on se comporte comme ça, alors il ne faut pas s'étonner. Il y a une valeur d'exemplarité quand même. L'exemple vient d'en haut, n'est-ce pas ? Ils m'ont vidée, violemment. Oui, humainement, la façon brutale dont on m'a traitée est inacceptable et scandaleuse. » Lorsqu'on lui demande si cette brutalité est la marque du sarkozysme, elle semble embarrassée. En politique expérimentée, elle s'en tire finalement par une pirouette : « Je ne sais pas comment ça se passait avec les autres présidents. » Une chose est certaine, elle n'a eu droit à aucune explication, surtout pas du chef de l'État, lui dont elle dit, faussement maternelle : « C'est un enfant. » « Pourquoi il m'a virée ? Je n'en sais rien du tout, personne n'a été capable de me le dire. Dans cette violence que j'ai vécue, j'ai surtout essayé de recaser mes collaborateurs. Je suis sans doute un dégât collatéral car il fallait rééquilibrer le gouvernement. Peut-être aussi que j'agace le président. Ce qui est sûr, c'est que Sarkozy a voulu me voir rapidement après. »

Dès le lendemain de son limogeage, Christine Boutin est contactée par le directeur du cabinet du chef de l'État qui lui propose de la recaser comme ambassadrice auprès du Saint-Siège. La ficelle est un peu grosse. Elle décline poliment. « Puis, très rapidement, début juillet 2009, le président m'a reçue et il m'a dit : "Pourquoi tu as refusé le Vatican ?" Je lui ai répondu : "Je ne veux pas être la catho de service." Il avait l'air navré. Alors, il a dit à Guéant, qui était là : "On va donner une très belle mission à Christine." Et on m'a proposé une mission sur la mondialisation, à la fin du mois d'août 2009. J'ai dit OK, car ça m'intéressait. » Les semaines qui suivent, Christine

Boutin, qui n'a pas digéré les conditions de son départ, multiplie les attaques contre l'exécutif, pour le plus grand déplaisir de Nicolas Sarkozy. Finalement, elle signe sa lettre de mission « sur les conséquences de la mondialisation » en décembre 2009. Elle est à pied d'œuvre le 1er janvier 2010. Au moment même où son traitement de ministre – 14 000 euros par mois – arrive à son terme réglementaire... Pour la presse, Nicolas Sarkozy aurait voulu s'assurer que son ex-ministre garde sa langue dans sa poche qu'il ne s'y serait pas pris autrement. Elle le contestera vivement. En juin 2010, elle dément ainsi, sur France Info, s'être « fait acheter par le président Sarkozy ». Lyrique, elle ajoute au micro de la radio publique : « J'ai une superbe mission, une responsabilité majeure qui va sans doute participer à la pacification mondiale. » *Le Canard enchaîné* vient alors de révéler que, pour cette mission, elle a été discrètement élevée au grade de « collaborateur de cabinet » auprès du ministre du Travail Éric Woerth, avec la rémunération afférente : 9 500 euros net par mois. Une somme à ajouter à son indemnité d'élue au conseil général des Yvelines (2 600 euros environ) et à sa retraite de parlementaire (à peu près 6 000 euros), soit plus de 18 000 euros au total, ce qui fait beaucoup.

Trop. L'affaire fait scandale. Sous la pression de Matignon et du ministre du Travail, Christine Boutin doit faire publiquement acte de contrition et annoncer qu'elle renonce aux 9 500 euros. Elle effectuera sa mission à « titre gracieux ». L'humiliation est totale. Elle pense aujourd'hui savoir à qui elle la doit.

« L'histoire du salaire, ça reste le moment le plus pénible de ma carrière politique, confie-t-elle d'une voix blanche, émue. On me dit que cette saloperie est venue de la droite, ce qui ne m'étonne pas. De l'Élysée directement ? C'est tout à fait possible. La politique est un univers impitoyable dans lequel on cherche sans arrêt à vous faire des crasses. Heureusement, j'ai réagi très vite. Il y a eu une tempête médiatique de quarante-huit heures seulement. » Elle dit avoir toujours en travers de la gorge les déclarations du ministre du Travail : « Interrogé chez Elkabbach sur Europe 1, Woerth m'a lâchée. Pourtant, quand il a été à son tour pris dans la tornade, avec l'affaire Bettencourt, moi je ne l'ai pas accablé, ce n'est pas mon genre. C'est dans ces moments-là que la personnalité des gens se révèle. » Éric Woerth appréciera le compliment.

Reste à savoir quel intérêt avait l'Élysée à torpiller la présidente du petit Parti chrétien-démocrate... En privé, elle confie à ce moment-là à son entourage que sa possible candidature à la présidentielle de 2012 constitue un mobile évident. « Il ne serait pas étonnant qu'ils aient voulu se débarrasser de moi car je peux prendre des voix à Sarko au premier tour. D'ailleurs, il est clair que ces 9 500 euros mensuels me manquent pour mon action politique, c'est là que je les aurais investis. En tout cas, j'ai vu la différence avec Woerth, le soutien dont il a bénéficié, alors que, moi, j'ai été lâchée en rase campagne, bien comme il faut, peste-t-elle, amère. S'ils avaient été malins, ils m'auraient gardée au gouvernement, pour me neutraliser. En plus, je suis une femme loyale. »

Christine Boutin a remis, dans une totale indifférence, son rapport intermédiaire sur la mondialisation en décembre 2010. Elle a annoncé, quelques mois plus tard, sans beaucoup plus d'écho médiatique, sa candidature à l'élection présidentielle de 2012. « Pour peser par rapport à certaines de mes convictions », dit-elle.

Elle précise aussitôt : « Même si je ne fais que 2 %, ils sont indispensables » – sous-entendu, à la réélection de

Nicolas Sarkozy. Elle croit devoir préciser, en guise de conclusion : « Je n'ai vraiment pas de sentiment de revanche, je ne suis plus blessée, j'ai complètement tourné la page. » Positiver, toujours...

Pierre de Bousquet de Florian

Jeudi 3 février 2011, préfecture d'Arras. Pierre de Bousquet de Florian, 57 ans, toussote. Un froid glacial nimbe la capitale historique du Pas-de-Calais. Et la splendide cheminée qui orne le salon où le haut fonctionnaire reçoit dégage une fumée particulièrement âcre. Alors, l'ancien patron du contre-espionnage tisonne, ouvre les fenêtres. Et fixe les règles du jeu : il ne s'exprimera pas publiquement, surtout pas sur Nicolas Sarkozy, qui lui a causé tant d'ennuis. Ce n'est pas grave, les faits parlent d'eux-mêmes.

Ce mercredi 7 janvier 2009, jour de Conseil des ministres, une source très proche de l'Élysée appelle, un par un, tous ses contacts dans la presse parisienne. Le message, adressé aux journalistes jugés de confiance, est toujours le même : « Tu as vu ? On a dégagé Bousquet, on l'envoie dans le Pas-de-Calais... » Clair, précis, vengeur. « Bousquet », c'est le préfet Pierre de Bousquet de Florian. Un grand type, à la fois raide et avenant, nature et secret, sarcastique et lucide. Un homme plus simple surtout que la double particule de son nom le laisserait supposer. Ce 7 janvier, donc, il est violemment exfiltré des Hauts-de-Seine, département chéri par le président de la République, pour rejoindre Arras et les plaisirs du Nord de la France. Statutairement, c'est une promotion. Il devient préfet hors classe. Mais, dans la haute administration, personne n'est dupe. PBF – on le surnomme par son acronyme – paie l'addition de l'affaire Clearstream. Il n'aura passé qu'un an et demi dans les Hauts-de-Seine. Et son parcours dit tout de sa disgrâce : cinq ans à la tête de la Direction de la surveillance du territoire, le contre-espionnage français, dix-huit mois à Nanterre, et maintenant le Pas-de-Calais. D'habitude, on emprunte plutôt le chemin inverse. C'est une claque, et un vrai message.

D'où ce coup de fil auprès des rédactions, émanant du premier cercle de la Sarkozie, histoire de souligner la déchéance de PBF. Du reste, il y aura bien quelques articles dans la presse. À Arras, Bousquet de Florian vit maintenant dans une belle préfecture, au cœur de la vieille ville. Une vaste cheminée chauffe l'immense salon de réception, en hiver. L'homme a pris à bras-le-corps les difficultés du département, et elles sont nombreuses. Il est apprécié des élus, a gardé tous ses contacts dans les hautes sphères. Mais il ne veut pas s'exprimer sur son sort personnel. Il n'est pas du genre à s'épancher, et puis, surtout, il appartient toujours à la haute administration. Il s'est pourtant confié à ses proches, à ses relations de la « préfectorale », cette grande maison qui, aujourd'hui, craint Nicolas Sarkozy et ses méthodes expéditives. À chacun, il a fait part de sa rancune, dénoncé les mesures « vexatoires » dont il a été l'objet, cette terrible « volonté d'humiliation » de Nicolas Sarkozy. « Il m'a tellement maltraité », dit-il souvent. Le pire, ce sont ces accusations de déloyauté, qui l'ont profondément blessé. Il n'a pas de mots assez forts pour fustiger le « mépris » présidentiel pour ce grand corps de l'État qu'est l'administration préfectorale, dire son regret de voir le chef de l'État « casser tous les corps intermédiaires », préfets, magistrats, conseillers d'État, diplomates...

PBF paie donc le prix de ses supposées accointances. C'est un aristocrate, énarque, présent dès 1995 dans l'équipe de Jacques Chirac à l'Élysée, en tant que conseiller technique chargé de l'outre-mer et de l'aménagement du territoire. Il sera même son représentant spécial dans la principauté d'Andorre. Il a connu Dominique de Villepin lors de ses études, sans pour autant devenir son ami. Deux intelligences aiguës issues d'une certaine France, deux façons de faire, au service d'un seul homme. PBF est nommé en septembre 2002 patron de la Direction de la surveillance du territoire, le contre-espionnage français, à l'orée du second mandat de Jacques Chirac, qui voulait un homme « sûr » à la tête de la « ST ». Un poste stratégique, aux confins de la politique, des affaires, de la diplomatie, où l'on sait tout sur tout. Mais où l'on dépend d'un homme : le ministre de l'Intérieur. En l'occurrence, Nicolas Sarkozy.

C'est peu dire que celui-ci n'apprécie guère les nominations qu'il ne contrôle pas. Certes, sa garde rapprochée veille sur ses intérêts, les Squarcini, Lambert, Péchenard... Des policiers volontaires, compétents, et surtout dévoués. Mais le secteur du renseignement lui échappe. Yves Bertrand règne encore sur les Renseignements généraux (RG). La DGSE, les services secrets extérieurs, n'est pas de son ressort, puisque rattachée à la Défense. Et voilà maintenant qu'on l'oblige à cohabiter avec PBF... C'est que, côté chiraquien, on ne veut rien céder à l'impatient, il faut éviter que l'ambitieux Sarkozy prenne trop d'importance. Surtout, l'ancien bras droit d'Édouard Balladur ne doit rien savoir de certains secrets de famille. Dès l'arrivée de Pierre de Bousquet de Florian à la DST, dès ses premiers rendez-vous avec son ministre de tutelle, le ton est donné : « Vous m'avez été imposé », lance Sarkozy, qui finira par tutoyer, comme d'habitude, son interlocuteur. Pas PBF, peu susceptible d'être séduit par un personnage qui, selon la description qu'il livre alors à son entourage, « exige une adhésion totale, qu'on lui soit inféodé ». Mais il fait son travail, en évitant de prendre des risques inutiles. Bref, il agit en professionnel, de l'avis de ceux qui ont bien connu cette période trouble. En tout cas, jusqu'à l'affaire Clearstream…

En avril 2004, Dominique de Villepin est nommé ministre de l'Intérieur. À son tour, il a autorité sur la DST. Nicolas Sarkozy, lui, est désormais à Bercy. Il n'est plus protégé par sa cohorte de fidèles, ne sait pas tout ce qui se trame. En juillet 2004, PBF accompagne Dominique de Villepin à Londres, pour un voyage officiel. Sur le tarmac de l'aéroport militaire de Villacoublay, son ministre lui glisse à l'oreille : « Qu'est-ce que c'est que cette affaire de corbeau de Clearstream ? Regarde ce qu'il y a derrière. » Des listings circulent, quelques initiés, journalistes, policiers, politiques, s'en délectent… On y trouve de supposés comptes occultes attribués à des personnalités, dont Nicolas Sarkozy. Des courriers anonymes ont été adressés quelques semaines plus tôt au juge Renaud Van Ruymbeke, relayant les accusations d'un corbeau, toujours à l'appui de ces listings, que la presse commence à évoquer. Mais Villepin se garde bien d'en dire plus à PBF. Pas un mot sur la réunion du 9 janvier 2004, six mois plus tôt, au cours de laquelle Jean-Louis Gergorin, haut dirigeant d'EADS – le fameux corbeau – est venu parler à Villepin des listings falsifiés. Pas un mot non plus sur l'enquête parallèle confiée alors au général Philippe Rondot par ce même Villepin, rien encore sur les premières investigations du militaire qui évoquent déjà l'hypothèse d'un montage. PBF est en terrain très miné, mais il ne le sait pas encore. Alors, dès son retour de Londres, il s'exécute. Il fait procéder à de discrètes vérifications.

Le 22 septembre 2004, le préfet avise son ministre. Interrogé comme témoin lors du second procès Clearstream, en mai 2011, le haut fonctionnaire va décrire le flou de la situation dans laquelle il se trouvait. Il se doute bien, en septembre 2004, que Gergorin est l'auteur des missives anonymes. « Pas de certitude, mais, légère nuance, une conviction [...] ; pas le fruit d'un raisonnement scientifique, mais on était assez sûrs de nous [...] ; c'est toute la différence entre une information orale qu'on partage et un document écrit qui peut rester dans une affaire où tout le monde est prompt à porter plainte pour diffamation ou dénonciation calomnieuse. » Durant toute cette période, Sarkozy est tenu au courant des investigations par le patron de la DST : « Je l'ai fait d'initiative, par loyauté, M. Sarkozy ayant été mon ministre avant M. de Villepin. »

Reste que Sarkozy est fou furieux. « Vers la mi-octobre, déclare PBF à la barre, j'ai reçu plusieurs appels un peu pressants, qui me furent désagréables, de Nicolas Sarkozy. Ses reproches tenaient en trois points : 1. La DST aurait rédigé un rapport l'innocentant dans Clearstream, ce qui n'est pas exact. Si ce rapport avait existé, il serait sur la place publique. 2. Selon l'article 40 du Code de procédure pénale, nous aurions dû saisir la justice. Mais j'estimais ne pas disposer de suffisamment d'éléments probants. De plus, cela aurait exposé notre source. Et il existe une règle d'airain dans nos services : on ne trahit pas une source. Celle-ci était, de surcroît, bonne et ancienne. 3. Il fallait purger la campagne présidentielle de ses miasmes. J'ai recommandé à mon ministre de rencontrer Nicolas Sarkozy pour en sortir. Cet entretien a eu lieu. À cette occasion, j'ai été de nouveau mis en cause vigoureusement sur le terrain de la loyauté. Il est très difficile de se défendre contre pareille accusation. »

De fait, il ne semble pas que PBF ait joué ce double jeu dont l'accusent les sarkozystes. Il a donc rendu compte de ses enquêtes à Michel Gaudin, le directeur général de la police nationale, un intime de Claude Guéant, directeur du cabinet de Sarkozy place Beauvau. Bousquet a de l'estime pour Michel Gaudin, ce dernier lui doit même d'avoir conservé sa place : Villepin voulait absolument s'en débarrasser, et Bousquet avait plaidé sa cause avec succès. En tout cas, le 15 octobre 2004, une entrevue entre Sarkozy et Villepin est organisée. Cela se passe mal. Les deux hommes, rivaux de toujours, s'écharpent, et PBF se trouve coincé entre eux. À l'issue de la réunion, il est convenu que Bousquet de Florian saisisse la justice de la falsification des listings. Ce qui est fait, le 25 octobre 2004.

Mais Sarkozy, touché par ces accusations, a aussi senti tout le potentiel de l'affaire. Se poser en seule victime, cela peut rapporter gros auprès de l'opinion publique... et porter un coup fatal au rival honni. Peu importe, au fond, que Villepin ait eu ou non un rôle actif dans la machination. Nicolas Sarkozy, en fin tacticien, va donc jouer avec habileté de la situation. Deux hommes vont en faire les frais, outre Villepin lui-même : le juge Renaud Van Ruymbeke, intoxiqué par Gergorin, et Pierre de Bousquet de Florian, à qui il reproche de ne pas l'avoir tenu au courant de la manipulation. Mauvaise pioche pour le patron de la DST : en mai 2005, Sarkozy est de retour place Beauvau. Bousquet de Florian va le voir, lui dit qu'il a besoin de sa confiance. Mais il se heurte à de puissants intérêts.

Avec Sarkozy, c'est la franc-maçonnerie qui fait aussi son come-back aux affaires. Alain Bauer, ex-grand maître du Grand Orient de France ; Émile Pérez, ancien secrétaire général du principal syndicat des commissaires de police ; Henri Proglio, patron de Veolia ; Alexandre Djouhri, intermédiaire controversé et puissant aux talents multiples... PBF n'est pas de cette caste, il ne fréquente pas les coteries, encore moins les maçons. Il stigmatise même leur mainmise sur le pouvoir, jusqu'à ce concours des commissaires, dont il dénonce un jour le trucage par un réseau franc-maçon lors d'une grande réunion à la DGPN. Il découvrira vite que la plupart des participants étaient des « frères trois points »... Une délégation de policiers influents viendra même le trouver pour lui expliquer qu'il valait mieux qu'il oublie cette histoire de concours truqué. Évidemment, il suscite quelque courroux. On lui demande aussi de congédier Jean-François Gayraud, brillant commissaire de la DST. Son seul tort, apparemment : en savoir trop sur le numéro deux des RG, sarkophile convaincu, Bernard Squarcini, et notamment ses relations avec Djouhri, ou avec Proglio. PBF résiste, mais il n'a pas de protecteur. Gayraud paiera les pots cassés et devra quitter la DST.

Villepin, devenu Premier ministre, soutient encore PBF, mais pour combien de temps ? Quand Bousquet de Florian se rend place Beauvau, il entend toujours le même refrain, de plus en plus insistant, voire menaçant : « Pierre, il faudra que vous choisissiez, il faudra vous mouiller, ne plus vous tenir à l'écart... », lui dit Sarkozy. Mais PBF s'entête à rester sur une prudente réserve, une seconde nature chez lui. Courant 2004, alors que Sarkozy, ministre des Finances, présidait le département des Hauts-de-Seine, il refusa même les propositions réitérées de Claude Guéant : « Viens voir le ministre au conseil général, viens déjeuner… » De la distance, toujours. Un peu d'inconscience, aussi. Mais Bousquet ne voulait pas se trouver en porte-à-faux vis-à-vis de son ministre de tutelle de l'époque, Dominique de Villepin.

À partir du début de l'année 2007, il apparaît de plus en plus évident que ses jours sont comptés. Naïf, PBF ne se prépare pas de point de chute, n'essaie pas de se recaser, ne négocie aucun poste. Lui, il veut réussir la fusion DST-RG, dont il a eu l'idée, il veut rester à la barre, même après la présidentielle à venir, même quand Nicolas Sarkozy sera à l'Élysée. Finalement, il connaît mal le futur maître de la France.

Le 1er février 2007, plus d'un millier de fonctionnaires de police sont rassemblés au Paradis Latin, le célèbre cabaret parisien, pour fêter les cent ans de la police judiciaire parisienne. Martine Monteil, patronne à poigne de la PJ, dans son allocution publique, souhaite à son ministre pour 2007, « à titre personnel », de pouvoir faire autant pour le pays qu'il a fait pour la PJ. Elle rêve même que le « courage et l'énergie » de Nicolas Sarkozy soient mis demain « au service de la France ». On ne saurait être plus clair. Applaudissements frénétiques. Ambiance enfiévrée de précampagne, avec un Sarkozy en sueur, entouré des siens. Le champagne est de qualité, on se presse autour de lui, on l'admire, on l'aime. Il est heureux. Dans un coin, PBF. Seul, ou presque. À distance, encore. Sarkozy va le voir, l'encourage à se joindre à la liesse. Sans succès. Décidément, cet homme-là n'est pas fiable. Il faut s'en méfier. Et, très vite, lui faire voir du pays.

Sarkozy est élu, sans surprise. Dès juin 2007, Pierre de Bousquet de Florian est muté comme préfet des Hauts-de-Seine. Un joli poste. C'est intelligemment fait. Difficile du coup de parler de règlement de comptes. Mais Bousquet est placé sous étroite surveillance à Nanterre. Où il commet une nouvelle erreur regrettable : il sympathise d'emblée avec Patrick Devedjian, le président du conseil général, en guerre ouverte avec Isabelle et Patrick Balkany, plus sarkozystes que Sarkozy lui-même, et le propre fils du président de la République, Jean Sarkozy. « Bousquet de Florian est un type très bien, très intègre, rigoureux. Il l'a payé », confie Patrick Devedjian. Effectivement, un an et demi plus tard, en janvier 2009, voilà PBF prié de refaire ses valises, direction le Pas-de-Calais cette fois.

Depuis, chaque début d'année, là-haut, dans ce Nord dont il apprécie l'authenticité, bien loin des fastes parisiens, entre déplacements sur le terrain, réceptions d'élus et autres joies de la préfectorale, Pierre de Bousquet de Florian reçoit immanquablement les vœux de Patrick Ouart, l'ex-conseiller justice de Nicolas Sarkozy, resté très proche du chef de l'État. PBF ne lui a jamais répondu. Naïf, peut-être. Mais pas idiot.

Alain Genestar

Vendredi 4 février 2011, au cœur du quartier du Marais, à Paris. On retrouve Alain Genestar, 61 ans, au siège de Polka, *la revue de photojournalisme qu'il a créée en 2008. Il semble heureux. Il a de beaux projets, artistiques, familiaux. Une seconde carrière qu'il s'est imaginée tout seul, après son départ forcé de* Paris Match. *Détendu, il revient six ans en arrière, lorsqu'il était incontournable dans l'empire Lagardère. C'était avant. Avant que, sacrilège, il publie des photos de Cécilia Sarkozy en galante compagnie. Son ton se fait plus grave au souvenir d'un coup de fil de Nicolas Sarkozy, particulièrement violent…*

Un dimanche d'août 2005, en Normandie. L'après-midi s'annonce tranquille. Le téléphone portable d'Alain Genestar, directeur tout-puissant de *Paris Match*, sonne. C'est Nicolas Sarkozy au bout du fil. En furie. « Tu seras responsable d'un drame, éructe-t-il. Jamais je n'oublierai ce que tu as fait. » Le ministre de l'Intérieur, candidat autoproclamé à l'élection présidentielle de 2007, n'a pas supporté de voir en une de l'hebdomadaire le mieux vendu de France une photographie de sa femme, Cécilia, au bras de son amant Richard Attias. Épanouie, semble-t-il, déambulant sur un trottoir de l'Upper East Side new-yorkais, à la recherche d'un appartement. Le titre, on ne peut plus people : « Cécilia : l'heure du choix ». Humiliation en public. Les ventes du numéro sont exceptionnelles : 508 000 exemplaires. Les malheurs de Sarkozy font le bonheur des gazettes. L'homme politique le plus médiatique de l'Hexagone, habitué à contrôler son monde, n'est plus qu'un mari trompé, moqué, dont les déboires sentimentaux s'étalent à la face de la planète. Il a ruminé sa colère, ressassé ses aigreurs, trois jours durant, avant de décrocher son téléphone pour menacer l'effronté patron de presse. Et, bien sûr, Nicolas Sarkozy a tenu parole. Comme toujours dans ces cas-là.

Alain Genestar a dû se résoudre à quitter *Paris Match*, en 2006, contraint et forcé. Poussé dehors par son patron, Arnaud Lagardère, un proche de Sarkozy. Il n'a jamais retrouvé un poste de cette envergure, une telle influence. « C'est attristant, ce climat de peur qu'il fait régner, dit-il à propos de Nicolas Sarkozy. Depuis, c'est dur à vivre. Il m'a viré, il a marqué son territoire. J'ai fait jurisprudence. Après, il ne s'est plus rien passé pour moi. Il y avait l'oukase sarkozyste. On ne m'appelle plus, je suis un pestiféré... » Postulant plus tard à la direction du *Monde*, il sera évidemment recalé par Alain Minc, influent conseiller de Sarkozy. Il est heureux, aujourd'hui, malgré tout. Du moins l'affirme-t-il. Il a monté *Polka*, le magazine de photojournalisme de ses rêves. Il travaille en famille, éditorialise avec talent et retenue sur RFI ou France Info – radio qu'il a finalement dû quitter à l'été 2011. Mais il lui reste une trace, des regrets. Et quand il raconte cette conversation téléphonique d'août 2005 avec Sarkozy, Genestar a encore des frissons, des gestes d'incompréhension. Une sorte de mal-être. Il n'a pas su endiguer ce déferlement de violence verbale. Est-on jamais préparé à cela, même après avoir dirigé pendant douze ans *Le Journal du Dimanche* ? Il emploie une formule imagée, pour illustrer le sentiment laissé par le coup de fil ministériel : « Un harpon planté dans un iceberg. » Il se revoit encore, encaissant les insultes, les menaces.

Il croyait pourtant tout savoir de Nicolas Sarkozy. Les deux hommes se connaissent si bien. Fascination. Dégoût. Admiration. Mépris. Comme tous les journalistes qui ont fréquenté Nicolas Sarkozy, Genestar a constamment oscillé entre ces différentes sensations. Il ne peut détester complètement cette bête politique. « Un jour, je lui ai dit : "Jamais les Français ne voteront pour un flic." J'ai eu tort. Sarkozy a la camaraderie facile. Heureusement, j'avais une secrétaire vigilante, qui m'évitait les convocations et les tête-à-tête avec lui. Mais c'était facile de bosser avec Sarko, il était demandeur. À *Match*, on entrouvrait la porte des hommes politiques, on les mettait en scène. On a fait beaucoup de "covers" avec lui et Cécilia. » Quelques pages dans *Match*, c'est la garantie de toucher la ménagère, de l'attendrir, avec de belles photos, soigneusement retouchées. Cela ne se refuse pas. Nicolas Sarkozy a toujours su composer avec cette presse mi-people, mi-politique. Il accepte les mises en scène, tant qu'elles lui semblent aller dans son sens. Et puis, il n'ignore rien du petit monde du journalisme parisien. Il connaît tous les noms des reporters, et tutoie les patrons des grands journaux. Il a les clés de cet univers, à qui il ne cache pas grand-chose de sa vie.

Il propose des coups de main, utilise son entregent. À Jean-Pierre Elkabbach, alors patron bien intentionné d'Europe 1, il souffle des noms de journalistes appelés à couvrir sa campagne électorale. C'est tout un système qui fonctionne ainsi. La presse écrite va mal ? Sarkozy laisse filtrer, en 2009, le montant des campagnes de publicité financées par le gouvernement et publiées dans les journaux : 28,9 millions d'euros. Il s'estime maltraité ? Il peut toujours compter sur Étienne Mougeotte, le patron du *Figaro*, pour vanter ses mérites. En témoigne cet incroyable éditorial publié dans le quotidien de la droite française, en octobre 2010 : « Pendant que la plupart des pays, petits ou grands, mobilisent leurs énergies pour vaincre la plus grande crise économique que le monde ait connue depuis cent ans, nos sympathiques compatriotes se délectent d'un petit jeu de massacre aux cibles tournantes. De la vidéo de Brice Hortefeux aux écrits passés de Frédéric Mitterrand, en passant par l'élection de Jean Sarkozy à la tête de l'EPAD, c'est tout de même bien l'écume des jours qui nourrit ces polémiques publiques. Comme si, un peu à la manière dont les chansonniers traitaient de l'actualité au siècle dernier, on ramenait le débat politique à l'apparence et au dérisoire pour éviter de traiter les vrais sujets. Le président de la République s'efforce dans l'interview que nous publions vendredi de siffler la fin de la récréation, alors qu'il aborde son "mi-mandat" dans une bien meilleure situation personnelle que chacun de ses prédécesseurs de la Ve République. »

Et si, par malheur, Étienne Mougeotte est en vacances, que la presse devient trop critique, Nicolas Sarkozy fait donner directement l'artillerie côté UMP. Impossible de comptabiliser, en dix ans de sarkozysme, le nombre de salves anti-médias déversées par les lieutenants du président de la République. Il y eut l'actuel secrétaire d'État à la consommation, Frédéric Lefebvre, dénonçant au micro de Jean-Michel Aphatie, sur RTL, la horde des journalistes, improbable meute accusée de tenter, « par tous les moyens, de détruire le président de la République ». Ou Xavier Darcos, à l'époque ministre de l'Éducation nationale, stigmatisant « cet effort de déstabilisation de notre camp organisé par les médias », voire Xavier Bertrand, ex-patron de l'UMP, critiquant le « déversement politico-médiatique ». Jusqu'à Jean-François Copé, désormais responsable du parti présidentiel, qui a pointé « des campagnes dans les médias d'une violence absolument inouïe ». Selon ce dernier, les relations entre médias et politiques devraient être « revisitées, modernisées, comme cela s'est fait dans d'autres pays ». « Revisitées » ? Comme lorsque Nicolas Sarkozy convoque au printemps 2010 Éric Fottorino, alors président du *Monde*, pour lui demander de bloquer l'offre de rachat du trio Bergé-Niel-Pigasse, jugé trop à gauche ? Ou quand il somme ses troupes de comparer le site Mediapart à la presse fasciste, à l'été 2010, parce que les journalistes du site internet lancé par Edwy Plenel, antisarkozyste assumé, sont trop en pointe dans l'affaire Woerth-Bettencourt ?

Genestar n'a jamais été pris en flagrant délit de courtisanerie. Ces méthodes le rebutent, ce monde n'est pas vraiment le sien. Il le fréquente, en connaît chaque recoin. Mais il sait dire non. Il lui arrive aussi de ressentir de la répulsion. Dans son livre *Expulsion* (Grasset, 2008), Genestar relate ainsi ce déjeuner organisé chez Taillevent à Paris, à la mi-2002. Sarkozy venait d'être nommé ministre de l'Intérieur, alors qu'il rêvait de Matignon. Il débarque tout fulminant, il ne décolère pas. Devant

Genestar et son patron de l'époque, Jean-Luc Lagardère, il dégomme tous azimuts : Raffarin, Chirac, Villepin. Un festival de méchancetés et d'outrecuidances. « J'ai eu honte », se souvient Genestar. Il lui faudra pourtant bien composer avec le personnage, qui prend de l'ampleur. « À mes journalistes, je disais : “Faites attention, il faut déjeuner avec lui comme avec le diable, avec une longue cuillère.” J'ai vu tant de bons journalistes tomber sous le charme d'un Bernard Tapie, par exemple. Moi, j'avais eu la chance de connaître l'époque de Jean-Luc Lagardère et Daniel Filipacchi, ils étaient jalousement indépendants du pouvoir. » Arrivé le 1er juillet 1999 à *Paris Match*, Genestar ne tarde pas à se faire remarquer. Comme avec ce reportage publié sur les vacances très onéreuses de Jacques Chirac, alors président de la République, à l'île Maurice. L'Élysée est très remonté. Mais chez Lagardère, on tient bon. Le fondateur de l'empire militaro-médiatique avait des principes. « À l'époque, Jean-Luc Lagardère m'avait dit, alors que je le prévenais d'un écho que j'allais publier sur Matra : “Vous me transformez en complice en me prévenant… Publiez, et parlez-m'en après…” Je pensais que cet accord serait valable avec le fils, Arnaud… »

En mai 2005, les rumeurs parcourent Paris. Cécilia souhaite quitter Nicolas. Les paparazzis sont aux aguets. La femme du ministre de l'Intérieur se laisse photographier avec Richard Attias, à New York donc, mais aussi sur la Riviera, et même en terrasse du très couru café parisien L'Esplanade, aux Invalides. *Match* achète toutes les photos. Pas forcément pour les publier d'ailleurs, mais plutôt pour décourager la concurrence. « Je prends la décision de publier quand j'apprends que le *Sunday Times* a eu la même idée, se rappelle Genestar. Je savais que ça allait chauffer. Je demande le mardi 23 août à mon équipe de préparer la couv', avec six pages consacrées à ce sujet. Je ne préviens pas Arnaud Lagardère, pensant que l'accord était toujours d'actualité. Je croyais qu'il était de la même veine que son père. Je le préviens quand le journal part à l'impression, le mercredi matin. Il est aux USA, il se réveille. »

Le dialogue est bref. « Ça va chauffer, mais si tu penses que tu devais le faire..., commence Lagardère. – J'appellerai Sarko jeudi, propose Genestar. – Non, moi, je vais le faire, insiste Arnaud Lagardère. – Mauvaise idée, ne le fais pas », rétorque Genestar. Peine perdue. Le résultat ne se fait pas attendre. Une heure après, l'héritier du groupe Lagardère rappelle le patron de *Paris Match* : « Il faut qu'on se voie, ça va être très compliqué... »

Genestar s'empoigne avec son supérieur chez Lagardère, Gérald de Roquemaurel, alors P-DG de Hachette Filipacchi Media (HFM). Celui-ci, dans son livre *La Presse dans le sang* (Robert Laffont, 2007), rapporte qu'il l'aurait mis en garde contre son initiative, qui, selon lui, causerait trop d'ennuis à Arnaud Lagardère : « Vous allez le faire passer, vis-à-vis de Nicolas Sarkozy, pour un salaud ou pour un con. Un salaud qui le trahit en exposant l'amant de sa femme ; ou un con qui est incapable de savoir ce qui se passe dans ses journaux. » L'hebdomadaire paraît le jeudi 25 août 2005. Scandale. Fortes ventes. Et Genestar sent que les mois à venir vont être délicats. « Il fallait publier ces photos, il y avait une vraie incidence politique. Mais je n'avais pas senti qu'Arnaud Lagardère allait me lâcher pour mieux se libérer lui-même. » Le patron de l'hebdomadaire tente de joindre Nicolas Sarkozy, le jour de la parution. Impossible. Le conseiller en communication du ministre de l'Intérieur le prend au téléphone : « Il te rappellera, là, il est chaud comme une poêle brûlante... » Et c'est l'épisode, le dimanche suivant, du coup de fil menaçant, dans la torpeur normande. « Comme si j'avais un contrat sur ma tête... Plus tard, je revois Arnaud Lagardère : “Il faut que tu partes”, me dit-il. Le journal marchait bien, j'avais pourtant les félicitations du jury, on était à + 10 % en termes de ventes. Mais il me dit : “Je ne peux imaginer que tu fasses la campagne présidentielle à *Match*.” J'ai répondu que je préférais être viré que de quitter moi-même *Paris Match* ou, pire, intégrer un placard doré aux États-Unis ou ailleurs. Alors, j'ai pris un avocat... »

Difficile de se débarrasser d'un Genestar, même sur instruction de Nicolas Sarkozy. L'affaire fait du bruit. Même si le patron de *Paris Match* ne croule pas sous les coups de fil de soutien de ses collègues directeurs... « Je m'étais pourtant trouvé courageux », s'amuse-t-il. Son mentor, Daniel Filipacchi, l'appellera, lui. Pour le féliciter : « Je me demandais quand tu allais te décider à sortir ces photos », rigole le président d'honneur de *Paris Match*. Pendant quelques mois, Genestar reste encore à la tête de l'hebdomadaire. Et tente, pour le bien de son magazine, de renouer les fils avec Sarkozy. Un jour, celui-ci finit par accepter de le revoir. Rendez-vous est pris place Beauvau. C'est l'hiver, la cheminée est mise à contribution. Genestar tisonne, pendant que le ministre passe son temps au téléphone. C'est la première fois qu'ils se rencontrent depuis « l'affaire Cécilia ». Entre-temps, celle-ci est revenue auprès de son époux, pour sauver les apparences en vue de la campagne présidentielle. Nicolas Sarkozy finit par s'approcher de Genestar, dans son beau bureau ministériel. Presque amical. « Il me passe la main dans le dos, me dit : “C'est fini, c'est oublié...” Je me sens comme dans un roman lors de cette entrevue, spectateur d'une scène surréaliste. “On se réconcilie, me dit-il, tu m'invites au journal et on fait une interview...” »

Il y aura bien un nouvel entretien politique dans *Paris Match*, mais pas question d'une invitation dans les locaux de l'hebdomadaire, qui aurait signifié qu'il fallait à tout prix se faire pardonner, tel un gamin honteux faisant amende honorable. « Je suis un être humain quand même, dit Genestar, je n'avais pas oublié son coup de fil haineux... » En juin 2006, on verra aussi des clichés du couple Sarkozy, en pirogue, sur les eaux du Maroni, en Guyane. Scène d'une félicité conjugale artificielle. Genestar est dans une position intenable, qui l'amène à commettre des erreurs. Comme cette saillie de Yannick Noah : « Si Sarkozy passe, je me casse ! » lâchée lors d'une interview, et que Genestar fait sauter au moment du bouclage du journal, histoire de ne pas envenimer davantage ses relations avec l'occupant de la place Beauvau. L'autocensure, stade ultime de la censure...

Et puis, Genestar ne pardonne pas son attitude à Arnaud Lagardère. Les concessions faites à Sarkozy, cet intime qu'il présenta, un jour, lors d'un séminaire d'entreprise, en ces termes : « Plus qu'un ami, Nicolas est mon frère. » Au cours d'un meeting, à La Baule, des journalistes entendront même Sarkozy revendiquer, haut et fort : « J'ai eu la tête de Genestar. » Sa « tête », peut-être. Mais pas sa liberté. Genestar finira par quitter *Paris Match*, moyennant de confortables indemnités. Discrètement. À la presse, il dira sobrement : « Je tiens à préciser que le ministre de l'Intérieur, quand il affirme n'être pour rien dans mon licenciement, ne dit pas la vérité. »

Depuis, Nicolas Sarkozy a fait le tri dans ses relations journalistiques. Il tolère le *JDD*, à qui il accorde quelques apartés, parce qu'il a le sentiment d'avoir affaire à des « professionnels », des journalistes qu'il connaît depuis sa traversée du désert, avant 2002, quand il s'ennuyait à

La Baule, tentant d'apprendre l'anglais, conviant en week-end ces chroniqueurs de la vie politique, eux-mêmes désireux de trouver une excuse pour ne pas honorer l'invitation… Il méprise souverainement les autres, tous ceux qui aimeraient avoir accès à lui, ou ceux qui lui cherchent des noises et qu'il saluera d'un « amis pédophiles » en pleine affaire de Karachi.

Ces temps-ci, il arrive encore à l'ancien patron de *Match* de croiser Nicolas Sarkozy, quand le président sort de la superbe villa parisienne qu'il occupe avec sa nouvelle épouse, Carla Bruni. Vitres teintées, allure pressée. Genestar, lui, déambule, achète la presse. Jette un œil toujours journalistique et curieux sur le cortège présidentiel. Ils sont voisins. Mais ils n'ont vraiment plus rien en commun. Quelque chose s'est brisé, définitivement. Cette fois, il n'y aura pas de réconciliation devant la cheminée.

Jacques Espérandieu

Lundi 7 février 2011, un café, tout près de l'école militaire, à Paris. Jacques Espérandieu, 61 ans, s'assoit. Il vient de traverser Paris à pied. Homme de peu de mots, son regard est furtif, presque inquiet. Il parle de ses filles, de Jean Ferrat, de son Ardèche. Et puis du Journal du Dimanche, *parce qu'il faut bien revenir sur ce qui lui est arrivé. La blessure est toujours là, béante…*

Il cherche toujours du travail, mais à son âge… « Est-ce à cause de Nicolas Sarkozy si je ne trouve rien ? s'interroge Jacques Espérandieu. Je n'ai aucune preuve formelle, mais beaucoup de gens me le disent. On me donne aussi des conseils. Du genre : "Si tu veux être à nouveau dans ses petits papiers, demande la Légion d'honneur. Comme ça, tout le monde verra que tu es bien avec lui." Ce serait surtout la meilleure façon de lui être redevable… » Espérandieu n'a pas réclamé de médaille. Pas son genre. Cet Ardéchois taiseux et bon vivant a toujours préféré les bouclages tardifs aux cérémonies officielles. Il est d'un autre temps, il sait ce qu'est une odeur d'imprimerie, il a connu les reportages solitaires, sans téléphone portable, les heures de gloire professionnelle, les échecs, aussi. Il a du recul.

Mais il s'ennuie. Et quand on est réputé focaliser sur soi les rancœurs d'un Nicolas Sarkozy, les propositions ne se bousculent pas. Aujourd'hui, nulle haine ni agressivité dans les propos de ce petit bonhomme qui regarde ses interlocuteurs droit dans les yeux. Rien que les doutes d'un journaliste, ex-patron d'une rédaction, empêtré dans ses relations obligées avec le président de la République. Il a été viré du *Journal du Dimanche* en 2008, deux ans et demi après y avoir été embauché, le 16 décembre 2005. Officiellement pour « divergence de vues sur la stratégie de développement du journal », comme l'indiqua le groupe Lagardère, dans un communiqué, le 7 mai 2008. En vérité, c'est son indocilité qui l'a perdu. Son refus de travailler avec Christian de Villeneuve, un patron de rédaction réputé proche de l'Élysée, ne l'a pas aidé. Et les réticences du pouvoir à son endroit ont achevé de ruiner sa carrière...

En France, être à la tête d'un grand média sans frayer avec le pouvoir reste un défi. C'était déjà vrai sous de Gaulle, sous Mitterrand... Sarkozy n'a pas dérogé à la règle. Avec une différence notable : l'actuel président de la République connaît et tutoie tous les patrons de presse, et cet univers l'attire autant qu'il le révulse. Une fascination absolue. Il manipule, fait et défait les rédactions, convoque, engueule, met d'office à la retraite... On est dans son camp ou dans celui de l'adversaire, pas de demi-mesure. Et ça marche, dans un pays où le journalisme politique évite souvent la confrontation, où le président Sarkozy reçoit les intervieweurs en son Château, quand il le souhaite, parfois après les avoir choisis. Où il ordonne à ses services de découvrir les sources d'organes de presse un peu trop curieux. De mauvaises habitudes qui valent d'ailleurs à la France une peu flatteuse 44e place au classement mondial de la liberté de la presse établi en 2010 par Reporters sans frontières. Juste derrière la Papouasie.

Mais frayer ne signifie pas nécessairement courber l'échine. Patrick de Carolis, l'ex-patron de France Télévisions, peut en témoigner. Il a été exfiltré en douceur à la fin de son mandat. Trop indépendant. Trop chiraquien, aussi, peut-être. Jacques Espérandieu a subi un sort plus violent. Pourtant, ce n'est pas un va-t-en-guerre. Il était donc le patron du *Journal du Dimanche*. Un beau produit journalistique, qui parvient, chaque semaine ou presque, à faire du « buzz ». Les politiques se bousculent pour y causer. Une bonne interview dans le *JDD*, c'est l'assurance de faire parler de soi durant le week-end, et même le lundi, puisque les quotidiens reprendront les phrases essentielles. Nicolas Sarkozy, à qui rien n'échappe en matière de médias, connaît l'importance stratégique du *JDD*. L'hebdomadaire appartient à l'empire Lagardère, c'est logiquement une garantie de tranquillité, puisque l'héritier du groupe, Arnaud Lagardère, a présenté le président de la République comme son « frère ». Mais l'épisode Genestar, ex-patron de *Paris Match*, renvoyé en 2006 pour avoir publié la photo de Cécilia Sarkozy avec son amant, a laissé des traces. Il faut tenir ces journalistes qui se piquent d'indépendance, voire d'insolence. Jacques Espérandieu arrive au *JDD* en décembre 2005. Quelques mois après la fameuse une de *Paris Match* avec Cécilia Sarkozy et Richard Attias.

Autant dire que les nerfs sont à vif, chez Lagardère. Espérandieu est adjoint, d'abord, puis, trois mois après le départ de Jean-Claude Maurice, prend la direction de la rédaction de l'hebdomadaire. Il a fait l'essentiel de sa carrière à *L'Express*, puis au *Parisien*. Avant d'être obligé de quitter le quotidien populaire, victime de son rival historique, Christian de Villeneuve, à l'époque directeur de la rédaction du quotidien généraliste de la famille Amaury. C'est là-bas que leur rivalité s'est nouée. Villeneuve, authentique mondain, sait évoluer en eaux troubles, mais n'a jamais décroché ses lettres de noblesse journalistiques. Il a l'appui des journalistes de base, aime les coups, les reportages à l'étranger, les enquêtes bien senties. L'attelage aurait pu être complémentaire, ils profitent l'un de l'autre, puis en viennent à se détester. Villeneuve, fort de ses appuis, finit par l'emporter.

En débarquant au *JDD*, Espérandieu pense être enfin à la bonne place au bon moment. Manque de chance, Christian de Villeneuve, dont les sympathies pour la droite sont notoires, se fait bombarder directeur des rédactions du groupe Lagardère. Un poste dont Genestar n'a pas voulu, préférant sa liberté. Voilà Espérandieu chaperonné, cornaqué. Il s'en ouvre à Didier Quillot, le patron de Lagardère Active Média. Un cordon sanitaire est mis en place, mais le directeur du *JDD* comprend que tout faux pas lui est désormais interdit. D'autant que la France se prépare à une campagne présidentielle des plus violentes. « Au *JDD*, j'avais des pressions permanentes des sbires de Lagardère, se souvient Espérandieu, mais rien d'explicite. Ils voulaient surtout savoir ce qu'il y avait dans le journal. » L'histoire Cécilia est passée par là. C'est que le *JDD* ne fait pas le jeu de Sarkozy. Espérandieu adore la politique, sent les coups. « J'avais fait en une : “La sensation Bayrou”. Un titre qui n’avait pas fait plaisir. On était les premiers à sentir que Bayrou montait dans les sondages. » Nicolas Sarkozy n’hésite pas à décrocher son téléphone pour s’en prendre à la politique éditoriale du *JDD*. « Sarkozy m’a appelé plusieurs fois pour me dire qu’il était maltraité. Exemple, ce titre : “Sarkozy, la cible”, avec une interview musclée de Jean-Louis Debré, le très chiraquien président du Conseil constitutionnel. La photo de une faisait apparaître Nicolas Sarkozy comme un petit garçon… » Du coup, c’est Laurent Solly, alors chef du cabinet du ministre de l’Intérieur, avant d’être recasé à TF1, qui se charge de convoquer Espérandieu. « Il m’a proposé de venir rencontrer Sarkozy. J’y suis allé. »

On parle sondages dans le bureau du ministre. Espérandieu se défend de toute volonté de nuire au candidat. Officiellement, une rencontre banale, comme Sarkozy adore en provoquer avec les patrons de presse. Il soliloque dans ces moments-là, laisse paraître ses sentiments, son agressivité. Il ne prend pas de risques à être lui-même, puisqu’il sait bien que toutes ces conversations sont *off the record*, destinées à ne pas être reproduites. En réalité, ce type de rendez-vous vaut avertissement. Espérandieu est dans le viseur de l’Élysée. Même si Sarkozy affecte de le soutenir quand les choses se corsent chez Lagardère. « Lorsque Quillot a voulu me virer, se souvient le journaliste, Sarkozy m’a fait appeler pour me demander : “Qu’est-ce que je pourrais faire pour vous ? – Rien, merci”, lui ai-je répondu. » Surtout, ne pas accepter le coup de main ministériel. Mais s’approcher de trop près de Sarkozy, voire même répondre à ses convocations, c’est déjà tomber dans un piège, faire douter ses collaborateurs du *JDD*.

C'est Cécilia, une nouvelle fois, qui va, sans le vouloir, déclencher le scandale.

Peu après le second tour de l'élection présidentielle, un journaliste du *JDD* apprend que l'épouse du futur chef de l'État n'a pas voté, dimanche 6 mai 2007. Joli scoop : on sait le couple en proie à des difficultés, même si madame a réintégré le giron familial, délaissant opportunément Richard Attias, le temps de la campagne. Elle serait malade, prétend-on dans son entourage.

Et pourtant, cette information ne paraîtra jamais dans le *JDD* du 13 mai, c'est le site internet Rue 89 qui la révélera. « J'étais en séminaire et je reviens au journal le samedi 12 mai, raconte Espérandieu. On m'annonce deux papiers : Cécilia est malade, puis Cécilia n'a pas voté. J'ai décidé de prendre le second article, à condition d'avoir confirmation et qu'on ait Cécilia Sarkozy au téléphone. C'était le matin. L'après-midi, j'ai des coups de fil de gens me disant que Cécilia est au plus mal. Vers 17-18 heures, je reçois le papier expliquant que Cécilia n'a sans doute pas voté. C'était l'attaque du papier. Le journaliste me dit qu'il en est sûr, mais que, en revanche, il n'a pas eu Cécilia au téléphone. J'hésite, j'appelle mes adjoints, et je décide finalement de ne pas le publier. En fait, si je n'ai pas passé le papier, c'est parce que j'avais peur que Cécilia Sarkozy ne fasse une connerie. Et puis c'est vrai, je n'avais sans doute pas saisi l'importance du truc. »

Vif émoi au sein de la rédaction, d'autant que Jacques Espérandieu n'a jamais été pris en flagrant délit de censure. Christian de Villeneuve ne manque pas d'envenimer la situation. Espérandieu a fauté, il faut en profiter pour l'abattre. Il fallait voir ces deux-là, aux obsèques du journaliste Bernard Mazières, durant l'hiver 2010-2011, s'éviter dans l'église Saint-Sulpice, tout en s'épiant du coin de l'œil. La détestation est totale. Reste que Jacques Espérandieu survit à l'épisode, même si sa réputation en a pris un coup. « Je n'ai pas revu Sarkozy après cette histoire. Mais, en juillet, on a fait une demande d'interview. Le président accepte et nous annonce plein de trucs. Mais ça se passe mal, il arrive de mauvaise humeur, il cartonne le *JDD* car on avait révélé quinze jours avant qu'il achetait ses costumes à Venise. Il y avait son chargé de com', Franck Louvrier, sa directrice de cabinet, Emmanuelle Mignon, Claude Guéant sans doute… "Alors, Jacques, c'est pas possible vraiment, le *JDD*. J'ai jamais acheté de costumes à Venise", me lance-t-il d'entrée. Et ça dure un quart d'heure. Je menace de partir, alors il se calme, puis l'entretien se déroule normalement. Il m'a appelé après la parution, très content. » Tout semble rentré dans l'ordre. D'autant que les chiffres de ventes tiennent la route. Et Nicolas Sarkozy a autre chose à faire, durant sa première année de présidence, que s'occuper des affaires internes du *JDD*. En tout cas jusqu'au printemps 2008.

Le 26 avril, le *JDD* publie une interview du Premier ministre François Fillon. Celui-ci a déjà opté pour une technique qu'il reprendra souvent les années suivantes : la prise de distance un rien méprisante avec Sarkozy. Le titre de la manchette : « Fidèle mais pas courtisan ». On lit, dans les pages intérieures, ces propos de Fillon : « Le président me connaît assez pour savoir que je suis fidèle, loyal, sans être courtisan. Qu'il y ait eu, entre nous, des moments de tension compte tenu de la charge de travail qui est la nôtre, c'est normal. Qu'il y ait eu des débats préalablement à l'élaboration de positions communes, là aussi, c'est normal. » Les photos illustrant l'entretien hérissent l'Élysée. « On voyait la tête de Fillon en une. D'après ce que l'on m'a rapporté, cela aurait mis Sarkozy dans un état pas possible, et ça a fortement aggravé mon cas. »

À l'époque, 51 % des Français, selon une étude d'opinion publiée par le *JDD*, trouvent le président convaincant. Un score dont il ferait grand cas, aujourd'hui. « Mais on n'avait mis le sondage que sur le site internet. Du coup, Sarkozy a prétendu que j'avais fait exprès de ne pas le publier dans la version papier du journal. » D'autant que l'Agence France-Presse préfère relayer un autre sondage, qui donne 51 % de Français mécontents. Le *JDD* est accusé d'avoir mal vendu ses chiffres. Pire, de jouer contre le camp Sarkozy.

La fin de l'ère Espérandieu approche. Il ne se fait pas d'illusions. Quelques jours plus tard, il est débarqué. Et c'est Christian de Villeneuve qui le remplace, dès le 13 mai 2008. Le coup de pied de l'âne. C'est de loin qu'Espérandieu observera, sans déplaisir, Villeneuve se prendre les pieds dans le tapis, en tentant une expérience de publication le samedi, vouée à l'échec. Puis être débarqué à son tour. Christian de Villeneuve passera ensuite par *France-Soir*, racheté par un oligarque russe suspecté de rouler pour Nicolas Sarkozy. Jacques Espérandieu a effectué une mission pour France Telecom. Ce n'est plus du journalisme, évidemment. Il lui reste ses souvenirs de reportages, et ce journal, *Le Parisien*, dont il avait contribué à améliorer la réputation. Le téléphone sonne moins souvent.

Marc Robert

Mardi 8 février 2011, un estaminet de la place Dauphine, derrière le palais de justice de Paris. Marc Robert, 60 ans, s'attable. C'est rare, un magistrat à la libre parole. Il est de cette espèce, et ne se gêne pas, après avoir refusé un croissant, pour dire ce qu'il pense de Nicolas Sarkozy. Le pouvoir a tout fait pour le débarquer, mais cet indocile par nature vient de remporter une bataille administrative pour retrouver son poste de procureur général en Auvergne. Bourru, têtu, Marc Robert se lâche.

Une grande gueule. Un regard direct, des propos qui le sont tout autant. Procureur général près la cour d'appel de Riom, Marc Robert détonne un peu dans la haute magistrature. En ce début d'année 2011, le voilà qui vient de clore une tournée de ses tribunaux auvergnats. Il est content, il a retrouvé ses collègues. Il n'est pas en odeur de sainteté à Paris ? À vrai dire, il s'en fiche complètement. Il a gagné sa bataille personnelle, ça lui suffit. L'Élysée voulait le muter d'office à la Cour de cassation, l'interdire de parole.

Trop indépendant, Marc Robert. Trop écouté au sein de sa corporation. Mais le Conseil d'État en a décidé autrement. « On ne gagne rien à vouloir transformer les hauts magistrats en béni-oui-oui ou en instruments dociles, dit-il. Il faut au contraire des gens de caractère, qui disent ce qu'ils pensent, fassent ce qu'ils disent, courageusement, ce qui n'exclut en rien la loyauté que l'on doit en attendre. Il y a aujourd'hui, au sommet de l'État, comme un mépris de tout ce qui concerne la fonction publique, de tout ce qui sert précisément l'État, du droit aussi, comme s'il était un obstacle. Quel paradoxe et quel gâchis ! » Ils sont peu nombreux, ceux qui se sont dressés contre Nicolas Sarkozy. Surtout dans l'administration.

Il a requis dans le procès Papon, qui parlait précisément du devoir d'obéissance. Il connaît absolument tous les rouages de l'administration française. Il décrit si bien ceux qui rampent devant le pouvoir. Quelques-uns se dressent, pourtant. Marc Robert en fait partie, et n'en tire nulle gloriole. Il ne fallait pas venir le titiller, c'est tout. Il était bien, à Riom, depuis neuf ans, il voyait approcher la retraite avec sérénité. C'était l'un des derniers procureurs généraux nommés par la gauche, en 2001. Président de la Conférence des procureurs généraux européens, il distillait épisodiquement son savoir. Sans faire trop de vagues, même si son souhait d'aligner le statut du parquet, soumis hiérarchiquement au pouvoir, sur celui des juges d'instruction, indépendants, en avait agacé beaucoup. Il n'avait pas arrangé son cas, en 2003, en manifestant bruyamment son soutien au procureur général Jean Volff, injustement sanctionné dans l'affaire Alègre. Mais on n'avait pas osé s'attaquer à ce symbole. « On m'a simplement écarté de toute intervention à l'École nationale de la magistrature... », se souvient-il.

Jusqu'à l'accession au pouvoir de Nicolas Sarkozy, en 2007. Celui-ci, dès son arrivée à l'Élysée, exige une réforme de la carte judiciaire. Ministre de la Justice, Rachida Dati est chargée de son application, surveillée de près par Patrick Ouart, tout-puissant conseiller de l'ombre du président de la République. Premier coup de gueule de Marc Robert : il s'oppose à la suppression du tribunal de Moulins, décidée place Vendôme. La Chancellerie n'apprécie pas. Deuxième incartade, en 2009 : lors d'une audience, il fait part de sa désapprobation s'agissant du projet de suppression des juges d'instruction, une initiative de Nicolas Sarkozy. C'en est trop pour le pouvoir, il faut calmer ce procureur général un peu trop fougueux, des fois qu'il déclencherait des vocations dans la magistrature. À l'époque, Rachida Dati est en grâce, il ne fait pas bon la contrarier. Marc Robert décrit la justice sous Dati : « Très vite, s'est instauré un système fait d'un curieux mélange d'autoritarisme et de phénomène de cour ; toute tentative de discussion était assimilée à une rébellion et seuls trouvaient grâce les courtisans, qui furent pléthore. Le paroxysme fut atteint lorsque Rachida Dati décida d'écarter un certain nombre de procureurs généraux en les envoyant autoritairement à la Cour de cassation afin d'achever le renouvellement du corps, déjà bien commencé dès 2002, et cela en ne tenant aucun compte tant des desiderata des intéressés que de leurs compétences professionnelles. » Il fait partie du lot. La Chancellerie décide de faire un exemple. « Mon éviction prit pour prétexte les réticences que j'avais exprimées, d'ailleurs avec juste raison car le Conseil d'État censura par la suite la suppression du tribunal de Moulins, à propos de la réforme de la carte judiciaire. Puis il y eut, début 2009, l'annonce faite par le président de la République de la disparition pure et simple du juge d'instruction. Une telle suppression d'un juge indépendant, alors même que le statut du parquet n'était pas modifié, m'est apparue contraire à l'intérêt bien compris des justiciables et non dénuée d'arrière-pensées. Je l'ai dit dans mon discours de rentrée de janvier 2009 sans me faire trop d'illusions sur les conséquences, même si, en principe, la liberté de parole est garantie. Mais si les hauts magistrats ne défendent pas l'indépendance de l'institution et certains principes de justice, à quoi servent-ils ? » On le somme de signer sa mutation à la Cour de cassation, un lieu fort paisible, où l'on fait du droit dans une absolue discrétion. « J'ai refusé, n'admettant pas ce genre de procédé », raconte Marc Robert, qui conserve une rancune toute particulière à l'encontre de l'ancien secrétaire général de la Chancellerie, Gilbert Azibert, dont, dit-il, « le caractère partisan n'était un secret pour personne ». Nous sommes en 2009, l'affaire Marc Robert ne fait que débuter.

Le procureur général saisit le Conseil d'État. Pas question de se laisser faire. Comme pour toute nomination d'importance, le Conseil supérieur de la magistrature (CSM), encore présidé à l'époque par le président de la République, est amené à se prononcer. Son avis, concernant les nominations au parquet, n'est que consultatif. La séance du 4 juin 2009 demeurera dans les annales. Quelques semaines plus tôt, la ministre de la Justice s'est déplacée en Auvergne. « Contre toute attente, Rachida Dati m'a annoncé, sans explication, qu'elle renonçait à ma mutation ; vraisemblablement pas pour mes beaux yeux, mais pour se venger de sa propre éviction, imminente, en embarrassant l'Élysée et son ennemi intime, Patrick Ouart. » À l'époque, Rachida Dati est en guerre ouverte avec Patrick Ouart, conseiller justice de Nicolas Sarkozy, elle se sait sur le départ. Autant laisser une belle épine dans le pied du conseiller du président Sarkozy.

Le 4 juin 2009, donc, l'audience du CSM tourne à la foire d'empoigne. Rachida Dati, qui préside la séance, indique qu'elle retire de l'ordre du jour la mutation d'office du procureur général de Riom à la Cour de cassation. Les membres du CSM sont surpris, d'autant que, le matin même, ils ont émis à bulletins secrets un avis favorable à cette mutation, un mois après avoir donné... un avis négatif. Entre-temps, l'Élysée avait joué de son influence. Patrick Ouart, exceptionnellement présent, s'éclipse, passe un coup de fil à l'Élysée, puis intervient pour préciser que l'ordre du jour est fixé par le président de la République. Dans une étonnante passe d'armes, la ministre réplique que c'est elle qui préside, et elle procède sans plus attendre à l'examen des autres nominations. Officiellement, faute de délibération, et donc d'avis rendu, la mutation de Marc Robert n'existe plus.

Pourtant, trois semaines plus tard, le jour même du départ de Rachida Dati de la Chancellerie, Marc Robert apprend, par un décret présidentiel, sa mutation définitive à la Cour de cassation : « Par décret du président de la République en date du 23 juin 2009, vu l'avis du Conseil supérieur de la magistrature du 4 juin 2009, M. Marc Robert, procureur général près la cour d'appel de Riom, est nommé avocat général à la Cour de cassation. » L'Élysée a décidé de passer outre à la décision du CSM. « À cette époque, certains se croyaient vraiment tout permis s'agissant de la justice, rappelle Marc Robert. Muter un haut magistrat sans avis véritable du CSM, en violation des garanties constitutionnelles ; des pressions ouvertes exercées par un conseiller présidentiel, qui se permet d'écarter d'un revers de main un ministre toujours en exercice ; un décret même pas signé par ce même ministre de la Justice, en violation de toutes les règles ; des membres du Conseil supérieur de la magistrature, chargés de défendre l'indépendance de la justice, qui se plient sans protester aux desiderata politiques, à l'exception notable des magistrats syndiqués élus toutes tendances confondues… » Quoi qu'il en soit, le décret est publié. Les syndicats s'émeuvent, dénoncent la politique du fait accompli, certains magistrats évoquent un « putsch » judiciaire, la gauche proteste… Les trois représentants syndicaux décident le 25 juin de ne plus siéger au CSM et condamnent « de telles pratiques, inconcevables dans un État de droit », en exhumant l'étrange procès-verbal de la réunion, qui omet de rendre compte du retrait de la mutation de Marc Robert de l'ordre du jour. L'intéressé, lui, décide de s'en tenir à l'avis du Conseil d'État, qu'il a saisi. Il patiente, de longs mois. Situation intenable, stressante.

La haute juridiction se prononce finalement le 30 décembre 2010. Même si le rapporteur public avait, le 17 décembre, sévèrement stigmatisé l'intervention de Patrick Ouart, le Conseil d'État se contente du premier moyen de nullité de la nomination, et c'est bien suffisant aux yeux de Marc Robert : « Le Conseil supérieur de la magistrature ne peut être regardé comme ayant donné son avis sur la nomination en litige […]. Dès lors, sans qu'il soit besoin d'examiner les autres moyens de la requête, M. Robert est fondé à demander l'annulation du décret attaqué du 23 juin 2009. » Clair, net et précis. Un désaveu cinglant pour l'exécutif et ses méthodes expéditives. Marc Robert est réintégré dans ses fonctions de procureur général de Riom. Son successeur désigné va devoir trouver une nouvelle affectation. Il est des règles de droit dont on ne peut s'exonérer en république. « Ce n'est pas tant pour moi que j'ai intenté cette action devant le Conseil d'État, car je n'aime pas être au-devant de la scène, affirme Marc Robert. Mais c'était pour donner un coup d'arrêt à cette agression systématique contre la justice en général et le ministère public en particulier. Il faut savoir parfois dire non ! »

On l'entendra, encore, dans les années à venir, vitupérer, au nom d'une certaine idée de la justice. Et de la démocratie. Il dit : « Depuis quelques années, il y a eu une violence particulière de l'exécutif vis-à-vis de la justice, faite de dénigrement et de reprise en main, comme si le rapport de force devait, seul, guider les rapports entre institutions. D'autres responsables, d'autres présidents, n'aimaient pas la justice : ils avaient au moins la courtoisie de ne pas l'exprimer tout haut. Et tout leur semble permis pour une telle reprise en main, comme si les justiciables avaient à y gagner… » Il est ravi que, en cette fin de quinquennat, « la parole se soit un peu libérée », mais il ne se fait aucune illusion, notamment sur les conséquences des attaques réitérées de l'exécutif contre les magistrats : « Tout cela laisse des traces, notamment dans l'opinion publique, car une certaine forme de populisme est toujours ravageuse. »

En vieux sage, pas encarté, à l'écart de tout, il observe. Il reste malgré tout fortement attaché à cette magistrature dont il regrette le conformisme. Il faut selon lui y voir la marque de la « crainte », ou l'empreinte d'une certaine « habitude de l'obéissance ». Mais Marc Robert veut rester optimiste : il n'est jamais trop tard pour changer les mauvaises habitudes.

Yannick Blanc

Jeudi 17 février 2011, siège du conseil régional d'Île-de-France, Paris VIIe. Yannick Blanc, 56 ans, fines lunettes et calvitie prononcée, vient nous chercher. On se faufile dans des couloirs labyrinthiques pour enfin gagner son bureau de directeur adjoint du cabinet de Jean-Paul Huchon, président (PS) de la collectivité. Il est avenant, bavard. Il ne risque plus rien, bien installé au cœur d'un bastion socialiste. Une heure de conversation, pour revenir sur « sa » période délicate. Cinq années plus tôt, il s'est heurté frontalement à l'administration sarkozyste. Un choc violent.

Il règne, depuis trois ans, sur 1250 fonctionnaires de la préfecture de police de Paris lorsque, en ce début d'année 2008, un texte laconique signe son renvoi. Comme souvent dans ces cas-là, le *Journal officiel*, le « JO », est le vecteur de la mauvaise nouvelle : « Par décret du président de la République en date du 16 janvier 2008, il est mis fin aux fonctions de directeur de la police générale à la préfecture de police exercées par M. Yannick Blanc, administrateur civil hors classe. Il sera réintégré dans son corps d'origine. » Yannick Blanc est muté. En langage courant, on appelle cela un enterrement, une éviction, une sanction... Dans l'administration, on ne s'en remet pas, en général. On passe des années à errer dans les dédales de services plus obscurs les uns que les autres, de missions peu glorieuses en placards poussiéreux. « Sarkozy ne pardonne pas, rien, explique aujourd'hui Yannick Blanc. Il y a de l'impatience dans le sarkozysme. Les types, dans la fonction publique, sont morts de trouille. Mais nous ne sommes pas des robots, des contremaîtres. Lui fonctionne au mépris, à l'intimidation. Et cela ne fait que poser le problème de sa capacité à exercer son métier, celui de président de la République. »

L'ancien responsable de la police générale à la préfecture de police de Paris, celui qui, aime-t-il à le rappeler, n'était que « le général d'une armée de guichets », a quand même su rebondir. Auprès de la gauche. Il occupe désormais les fonctions de directeur adjoint du cabinet de Jean-Paul Huchon, président du conseil régional d'Île-de-France. Mais il ne peut effacer de sa mémoire cet été 2006 qui a vu le cours de sa carrière basculer. Rien ne lui aura été épargné, même pas les affres d'une garde à vue, pour une affaire dans laquelle il sera finalement innocenté. Il n'avait commis ni crime ni larcin, il n'avait pas insulté sa hiérarchie, non, il avait juste interprété logiquement une circulaire administrative, et en avait tiré les conséquences sur le plan de l'immigration. Sauf que Nicolas Sarkozy n'en avait pas la même vision...

Yannick Blanc n'a rien d'un dangereux révolutionnaire. Allure passe-partout, langage policé, c'est un technicien, qui s'affirme républicain avant tout. « J'avais été au cabinet de Jean-Pierre Chevènement, ministre de l'Intérieur dans le gouvernement Jospin, se souvient-il. J'étais donc marqué à gauche. Toutefois, Sarkozy, en 2002, m'avait conservé. J'avais assuré une sorte de relais, et j'étais même resté, jusqu'en 2005, responsable du service des affaires politiques à Beauvau. » Un poste hautement stratégique, où l'on a la main sur le système électif français. Un job de confiance. C'est que Yannick Blanc connaît bien Claude Guéant, à la tête du cabinet du ministre de l'Intérieur, rencontré alors qu'il était directeur général de la police nationale. « J'avais même des relations cordiales avec Frédéric Lefebvre », s'amuse Yannick Blanc. Lefebvre, le porte-flingue, celui qui, à l'époque, soigne les relations parlementaires de Sarkozy. C'est le début de la conquête, il faut savoir flatter l'élu, lui faire comprendre où est son intérêt. Lefebvre est un expert dans ce domaine. Justement, en juin 2006, c'est lui qui est à la manœuvre.

La France est alors secouée par la polémique sur la reconduite à la frontière des enfants de sans-papiers en instance d'expulsion. Le Réseau éducation sans frontières (RESF) mène la fronde, les parents d'élèves entrent dans la danse, les instituteurs également, et certains sénateurs de droite, qui doivent examiner le projet de loi sur l'immigration, semblent sensibles aux arguments développés. Les médias parlent de « rafles », il est question d'enfants arrêtés à la sortie des écoles, le sujet devient extrêmement sensible. Yannick Blanc est au cœur du débat. Fin 2005, sans même qu'il ait été demandeur, il a été nommé à la tête de la police générale, le service qui délivre les titres de séjour à la préfecture de police de Paris, la « PP ». Les demandeurs de papiers, c'est son lot quotidien, ses subalternes traitent des centaines de cas.

Le 13 juin 2006, une circulaire est adressée aux préfets par Nicolas Sarkozy. Le ministre de l'Intérieur leur demande de commencer à proposer « systématiquement » aux familles une aide au retour. Le montant de cette aide pourra être doublé lors des deux mois suivants, et atteindre 7 000 euros par couple, plus 2 000 euros par enfant jusqu'au troisième, puis 1 000 euros par enfant supplémentaire. Si ce dispositif « ne permet pas de convaincre certaines familles », les préfets sont invités à réexaminer la situation de celles-ci « dans le cadre de [leur] pouvoir d'appréciation ». Ils pourront admettre au séjour, « de manière exceptionnelle et humanitaire », les familles dont l'un des parents est en France depuis au moins deux ans et dont l'un des enfants est « né en France ou réside habituellement en France depuis qu'il a atteint au plus l'âge de 13 ans » et est scolarisé, « y compris en maternelle », au moins depuis septembre 2005. Les préfets devront également prendre en compte « la réelle volonté d'intégration de ces familles, caractérisée notamment par, outre la scolarisation des enfants, leur maîtrise du français, le suivi éducatif des enfants, le sérieux de leurs études et l'absence de troubles à l'ordre public ».

Yannick Blanc trouve cette circulaire « mal fichue ». Il n'avait d'ailleurs même pas été consulté pour sa rédaction. « Elle ratissait trop large, la demi-douzaine de préfectures concernées n'avaient pas été prévenues, dit-il. C'était une vraie maladresse du cabinet de Sarkozy. » Du coup, RESF remet la pression, et un afflux de demandes vient paralyser les services *ad hoc* de l'administration. « Une rumeur se développe comme quoi nous serions en train de préparer des rafles. La mayonnaise prend, évidemment. Le bordel monte pendant trois semaines. "Démerdez-vous avec ça", voilà ce qu'on nous dit », se souvient Blanc. Première parade dénichée par le staff de Nicolas Sarkozy : faire entrer en scène l'avocat Arno Klarsfeld, dans un rôle de médiateur. Le mardi 27 juin 2006, à l'Assemblée nationale, le ministre de l'Intérieur annonce cette nomination. Trois jours plus tard, le vendredi 30 juin, vers 23 heures, Yannick Blanc reçoit un coup de fil du cabinet de Sarkozy : « Demain matin, soyez à la préfecture, Klarsfeld sera là. » Blanc s'exécute. Le samedi, l'avocat déboule à vélo, fait son show, sans vraiment convaincre. Mais nous sommes là en plein exercice de communication, et le haut fonctionnaire s'y plie. Les demandes d'interview affluent auprès de Yannick Blanc. Le cabinet du ministre l'incite à y répondre.

« Arrive une demande d'entretien avec *Le Monde*, raconte-t-il. Je fais remonter l'information auprès du préfet de police, mais celui-ci est débordé, on est en pleine coupe du monde, et il faut gérer les rassemblements de fans. Bref, mon message s'égare. Alors je fais le job. L'entretien est irréprochable, je crois, je tacle même la gauche ! » De fait, dans une réponse, il se montre particulièrement incisif à l'endroit du principal parti d'opposition : « Je suis par ailleurs étonné d'entendre des parlementaires appeler à violer une loi qu'ils ont eux-mêmes votée [le maire socialiste de Paris, Bertrand Delanoë, et le premier secrétaire du PS, François Hollande]. Ils contribuent à entretenir manipulation et psychose. »

De quoi ravir Nicolas Sarkozy, a priori. Sauf que, en fin d'interview, Yannick Blanc joue la carte de la transparence, lorsque les journalistes lui demandent quelles vont être les conséquences de l'application d'une telle circulaire. « L'actuelle circulaire, elle, concerne les familles. Nous savons que nous allons régulariser plusieurs milliers d'entre elles. Les mécanismes de régularisations au fil de l'eau prévues par la loi ne nous ont en effet pas permis de répondre à la situation de ces familles avec enfants scolarisés. » L'expression est lâchée : « plusieurs milliers » de régularisations. Avec le recul, Yannick Blanc en sourit : « C'était une façon prudente de dire les choses. »

Mais à la une du *Monde* daté du vendredi 7 juillet 2006, ce titre s'étale : « Sans-papiers : des milliers de régularisations prévues ». Le dossier s'appuie, évidemment, sur l'entretien accordé par Yannick Blanc au quotidien. Ce que voulait absolument éviter Nicolas Sarkozy, à savoir l'éventualité de régularisations massives, devient une probabilité. C'est l'un de ses hauts fonctionnaires qui l'assure, sur la base d'une circulaire pondue par le ministère de l'Intérieur ! Consternation place Beauvau. Jeudi 6 juillet, Nicolas Sarkozy est en déplacement pour un meeting champêtre, en Indre-et-Loire, à Ballan-Miré. Averti des déclarations de Yannick Blanc, il est contraint à un brutal recadrage. Il explique ainsi que « la régularisation totale et massive » avait conduit à « des catastrophes » dans le passé. Et il a cette phrase assassine, et définitive quand on connaît le caractère du personnage : « Tous ceux qui parlent de chiffres aujourd'hui parlent d'un sujet qu'ils ne connaissent pas. »

À la préfecture de police, c'est la traditionnelle soufflante, sur le mode administratif. La fureur ministérielle se répercute à tous les échelons hiérarchiques. « Tout le monde se fait engueuler, se souvient Yannick Blanc. J'assume le truc. Et, quelques jours plus tard, je suis convoqué au cabinet de Sarkozy. » Dans le bureau de Jacques Gérault, directeur adjoint du cabinet, Yannick Blanc reçoit un coup de fil du ministre. « Il me dit des choses pas forcément désagréables. Mais je sens qu'il y a des gens autour de lui, donc il est en représentation. Il ne m'en voulait pas plus que cela, et me donne un objectif de régularisations. D'ailleurs, à un de ses proches, je sais qu'il a confié : “Si je lui en avais voulu, il y a longtemps qu’il aurait été viré.” Je me retrouve avec une drôle de réputation, mais la vie continue, je fais mon travail, normalement… »

Sauf que, en fait, plus rien n’est normal désormais. Yannick Blanc est marqué, il s’est distingué, a pris des positions contraires à celles de son ministre. Un crime de lèse-majesté. Et il reste de gauche, fondamentalement. Pire, il s’entend bien avec les associations qui défendent les sans-papiers. Il demeure en place, mais se sait désormais sous surveillance. En sursis. L’élection présidentielle approche et les sollicitations deviennent nombreuses. C’est lui que l’on vient voir lorsque l’on souhaite faire régulariser sa nounou, son jardinier… Le personnel politique n’hésite pas à venir quémander des passe-droits. « Je recevais des dizaines de demandes de régularisations émanant de personnalités qui voulaient faire passer leurs dossiers en priorité », se rappelle-t-il. Un jeu dangereux. Le 30 mai 2007, moins d’un mois après la victoire de Nicolas Sarkozy sur Ségolène Royal, l’Inspection générale des services (IGS), la police des polices, déboule dans le bureau du directeur de la police générale. Blanc est placé en garde à vue, quarante-huit heures durant, dans le cadre d’une information judiciaire ouverte par le parquet de Paris pour « faux et usage de faux », « corruption active et passive » et « trafic d’influence ». Rien que ça. La justice suspecte l’existence d’un trafic de titres de séjour illégaux, attribués en échange de divers cadeaux comme des voitures ou des téléphones portables.

Yannick Blanc n’a rien à se reprocher. Il sait qu’il sera mis hors de cause. Mais il se doute bien que les vraies raisons de son infortune judiciaire se situent ailleurs. En effet, il apprend que des surveillances téléphoniques ont été pratiquées dans le cadre de ce dossier. « Les informations issues de ces interceptions téléphoniques ont été débattues dans le bureau du préfet de police de Paris [Pierre Mutz, remplacé en juin 2007 par Michel Gaudin, un proche de Sarkozy]. Ils m'avaient placé sur écoute en mars et en avril, et c'était l'époque où je conseillais l'état-major de campagne de Ségolène Royal sur les questions liées à l'immigration. J'ai fait du bon travail, c'est du reste l'un des rares sujets sur lesquels elle n'a pas dit de bêtises... »

Les soupçons pesant sur Blanc seront rapidement levés. « Cette pseudo-affaire a évidemment fait un flop général, confirme-t-il. Mais là, on m'a dit qu'il fallait que je quitte mon poste. » Cette fois, c'est clair, la disgrâce est prononcée. Contredire son ministre, passe encore, mais conseiller sa rivale lors de l'élection présidentielle... Dans le camp Sarkozy, on ne fait pas de sentiment. « Fin octobre 2007, on me propose un poste de chargé de mission à l'Inspection générale de l'administration [IGA]. C'était franchement une mise au placard. Et puis, il y a eu, en janvier 2008, le décret présidentiel mettant fin à mes fonctions immédiatement. Je me suis retrouvé sans emploi, sans affectation. C'est pénible d'être mis à l'écart d'une communauté de cette façon, j'étais le mouton noir de la droite... Ils ne voulaient pas que cela se passe de façon pacifique. »

Yannick Blanc se morfond quelque temps. Mais décide de s'occuper. Il met à profit une loi qui lui permet, tout en demeurant administrateur civil, de créer une entreprise. « J'avais gardé une réputation d'enfer dans les milieux de l'immigration, alors j'ai fait tourner ma société pendant deux ans. Jusqu'à ce que le cabinet de Jean-Paul Huchon vienne me chercher. » De son expérience à la PP, il garde une profonde blessure. « Quand une carrière se brise ainsi, il y a un sentiment de trahison, de rupture de contrat. Un bon système devrait fonctionner ainsi : 1 % de chaîne de commandement, 99 % de confiance. Les gens bossent bien quand ils sont traités comme des experts, ils doivent se sentir protégés. Avec Sarkozy, c'est tout le contraire. » Et puis, au-delà de son sort personnel, il regrette, bien sûr, la méthode utilisée en matière d'immigration. « À la préfecture, mon bilan, il se chiffre aussi en termes de reconduites à la frontière. C'est un job difficile, un système qui ne marche pas. Mais le jour où Sarkozy a fait du chiffre des reconduites à la frontière un enjeu politique, tout un tas d'acteurs du mécanisme se sont raidis. C'était contre-productif, une erreur tactique. »

Il n'a aucun regret, pour autant. S'expliquer, discuter, pour lui, cela faisait partie de sa tâche : « L'obligation de réserve d'un haut fonctionnaire ne l'exonère pas de s'expliquer publiquement. » Sarkozy ne dit pas autre chose quand il incite ses troupes à saturer les médias. Mais il faut obéir à une règle essentielle dans ce cas : ne jamais critiquer le système, encore moins contredire le chef, même involontairement. Cruel paradoxe : Yannick Blanc a perdu son poste en raison d'une interview voulue par Nicolas Sarkozy.

Et c'est le haut fonctionnaire qui avait raison : en novembre 2006, cinq mois après la publication de la circulaire, 6 624 personnes avaient obtenu une régularisation. Soit bien « plusieurs milliers », comme l'avait annoncé, un peu trop tôt, Yannick Blanc. Le premier qui dit la vérité…

Isabelle Prévost-Desprez

Mardi 1er mars 2011, un bel appartement bourgeois situé à deux pas du jardin du Luxembourg, à Paris. Isabelle Prévost-Desprez, 52 ans, reçoit chez elle, le seul lieu où elle se sente « à peu près en sécurité ». Dessaisie du dossier Bettencourt après avoir été placée sous surveillance téléphonique, la magistrate a de bonnes raisons d'être méfiante. De régler ses comptes, aussi. Alors, elle s'épanche, longuement. Livre des révélations incroyables. Et au moment de donner son imprimatur à la publication de ses propos, un mois plus tard, elle valide l'ensemble. Elle assumera tout, quoi qu'il lui en coûte. Question d'éthique. Et de caractère.

Elle est partie dans un grand éclat de rire, signe parfois chez elle d'une certaine nervosité, puis s'est exclamée : « Tant pis, allons-y... Je vais encore les rendre dingues, mais je m'en fiche, c'est la vérité après tout ! On ne se refait pas. » Là, dans son salon, une dizaine de feuillets entre les mains, Isabelle Prévost-Desprez vient de prendre connaissance du verbatim du très long entretien qu'elle nous a accordé quelques semaines plus tôt. La magistrate, qui affirme être « devenue celle à éviter, la femme à abattre aux yeux du pouvoir », a souhaité relire ses propos avant de valider leur publication, consciente de leur potentiel détonant. Mais elle assume. Elle tient tête : « Si j'avais été moins expérimentée, moins costaude, j'avais le profil type de quelqu'un qui pense n'avoir d'autre solution que de se suicider. J'ai le sentiment d'être victime du KGB dans cette affaire. » Elle est parfaitement consciente que son avenir professionnel est compromis : « Je ne suis pas cassée, mais blessée. La réponse du corps des magistrats a été très médiocre face à des attaques extrêmement violentes émanant du pouvoir politique. C'est vrai que, pour ma carrière, c'est un peu le coup de grâce, même si elle était morte depuis longtemps… »

Avec ce franc-parler qui est un peu sa marque de fabrique, la présidente de la XVe chambre du tribunal correctionnel de Nanterre, victime collatérale de l'affaire Woerth-Bettencourt, a accepté de raconter les dessous de la guerre qui l'oppose depuis des années, dans les Hauts-de-Seine – département clé pour le chef de l'État –, au procureur Philippe Courroye, l'un des principaux relais de Nicolas Sarkozy dans la magistrature. Cet affrontement, pas vraiment loyal, où s'entremêlent passions et raison d'État, lui vaut la haine indéfectible de l'Élysée. Elle dénonce : « Malgré son amitié avec Nicolas Sarkozy, je n'aurais jamais imaginé que Philippe Courroye irait aussi loin. Un point de non-retour a été franchi. » Le témoignage qu'elle a accepté de nous livrer est celui d'une juge qui a bel et bien été ciblée par le pouvoir : dessaisie du dossier Bettencourt, visée par des procédures disciplinaires, menacée par une enquête judiciaire, attaquée sur sa vie privée…

Celui, aussi, d'une femme, souvent traitée de pasionaria, et qui n'a jamais fait l'unanimité dans sa corporation. Elle entend poursuivre son combat, au nom d'une certaine idée de la justice. Quitte à défier l'État, jusqu'à son sommet. Déjà, la cour d'appel de Bordeaux, en invalidant en mai 2011 les initiatives procédurales aventureuses de Philippe Courroye, lui a donné raison.

Qu'elle le veuille ou non, elle est objectivement devenue une ennemie du locataire de l'Élysée. « Même s'il est en quelque sorte descendu à mon niveau, c'est lui le plus fort, parce que c'est le président. On est comme deux boucs, tête contre tête. Je me souviens de son intervention télévisée, lorsqu'il a prononcé mon nom. Ça m'a fait tout drôle. Il est président de la République, et je ne suis qu'une simple juge. Il doit être au-dessus de tout ça. J'ai trouvé incongru et dérisoire qu'il me voie comme quelqu'un à éliminer. Mais la seule façon de m'éliminer, c'est de me tuer. »

Isabelle Prévost-Desprez a été nommée au tribunal de grande instance de Nanterre comme juge d'instruction en 2003, après cinq années passées au pôle financier du TGI de Paris. En 2008, désireuse de quitter l'instruction, elle obtient le poste de présidente de la XVe chambre correctionnelle, spécialisée dans les affaires financières. Entre-temps, en 2007, Philippe Courroye a été nommé – ou plutôt imposé – à la tête du parquet de Nanterre, contre l'avis du Conseil supérieur de la magistrature (CSM). L'ancien tombeur de Michel Noir, Charles Pasqua ou Jean-Christophe Mitterrand doit sa promotion à Nicolas Sarkozy, dont il est devenu l'ami. Celui qui fut maire de Neuilly-sur-Seine et président du conseil général des Hauts-de-Seine entendait bien que, une fois installé à l'Élysée, « son » département soit sous bonne garde...

Pour Isabelle Prévost-Desprez, tout se passe sans accroc notable jusqu'à l'été 2009, lorsque sa chambre est amenée à juger huit petits escrocs ayant eu le malheur de pirater le compte en banque du chef de l'État, ouvert dans une agence de Neuilly de la Société Générale. « Pour moi, les ennuis débutent avec l'affaire du compte bancaire de Nicolas Sarkozy, commente la juge. C'est d'autant plus curieux qu'à l'origine, c'est le procureur de Nanterre, via Marie-Christine Daubigney [procureure adjointe] qui a insisté pour que je prenne le dossier. C'était fin juin 2009. Des conclusions avaient été déposées par la défense, pour stigmatiser l'amitié entre Courroye et Sarkozy. Moi, j'avais préparé ce dossier comme un banal dossier d'escroquerie à la carte bancaire. »

Sauf que, à l'évidence, une affaire dans laquelle le président de la République est partie civile est tout sauf anodine. Isabelle Prévost-Desprez le concède sans peine : « La particularité, quand même, c'est qu'on avait des types en détention provisoire depuis longtemps, très longtemps pour une simple escroquerie. En plus, c'était, du point de vue technique, un super-dossier, car, pour une fois, les policiers avaient eu d'énormes moyens, et pour cause ! » En préparant le rapport qu'elle lira à l'audience, le 7 juillet 2009, la présidente de la XVe chambre s'aperçoit qu'elle ne peut éviter de poser la question de la recevabilité de la constitution de partie civile du chef de l'État. « Puisque la Constitution dit que l'on ne peut pas investiguer sur un président de la République en exercice, comment ce dernier peut-il demander quelque chose alors que l'on ne peut pas se retourner contre lui ? Sans compter que je ne pouvais pas lui demander d'évaluer son préjudice moral, par exemple. Bref, cela pose un problème juridique, celui de l'égalité des armes. De plus, s'ajoutait à cela le problème de l'impartialité du tribunal, puisque mes deux assesseurs avaient été nommés par un décret du président de la République. » Deux jours avant l'audience, elle croise Philippe Courroye au pot de départ d'un collègue. Il lui claque la bise comme si de rien n'était. La haute magistrature, ou le royaume des non-dits. « Manifestement, il n'avait pas vu le problème venir, ou du moins pas imaginé qu'il serait soulevé par moi. Je n'étais pas complètement naïve. Je n'ignorais pas que, derrière, il y avait le procès Clearstream à venir, et je me doutais que ma prise de position poserait peut-être problème, que la recevabilité de la constitution de partie civile de Sarkozy dans Clearstream serait éventuellement mise en cause. »

Plus l'audience approche, et plus Isabelle Prévost-Desprez comprend qu'elle évolue en terrain miné. Des membres du parquet de Nanterre lui laissent entendre qu'il vaut mieux ne pas s'intéresser à cette question de recevabilité, afin que cette dérisoire affaire d'escroquerie fasse en quelque sorte jurisprudence avant le procès Clearstream, prévu à la rentrée, en septembre 2009. Elle mesure que le seul objectif du ministère public dans l'affaire des « pirates », c'est que Nicolas Sarkozy soit jugé fondé à agir dans le procès à venir contre Dominique de Villepin. « Je l'ai dit à mes assesseurs dès le début de l'histoire du compte bancaire : "Je ne suis pas face à Courroye mais face à Sarkozy." » Elle ajoute cependant : « Franchement, je n'ai jamais pensé que mon initiative serait aussi mal prise. » Le 7 juillet 2009 donc, Isabelle Prévost-Desprez ouvre les débats, prend la température de la salle. « Sur le banc des prévenus, les Blacks étaient morts de trouille. Ils étaient certains de prendre dix ans parce qu'ils s'étaient attaqués à Sarkozy », dit-elle. Puis elle lit son rapport en conclusion duquel elle affirme que se posera dans cette affaire la question de la recevabilité de la partie civile du chef de l'État. « Je le fais de manière malicieuse, tout en considérant qu'il s'agit d'une vraie question, raconte-t-elle. Je sens immédiatement une tension dans la salle. Je le vois sur le visage de Marie-Aimée Gaspari, qui représente le parquet. Je lis aussi la crispation sur le visage du collaborateur de Thierry Herzog [l'avocat de Nicolas Sarkozy], qui sort immédiatement de la salle d'audience, sans doute pour téléphoner la mauvaise nouvelle ! »

Isabelle Prévost-Desprez aggrave son cas : un brin provocatrice, elle souligne une faille procédurale imputable au procureur. « Pour ne rien arranger, sourit-elle, j'ai pointé à l'audience qu'il y avait une erreur de droit importante dans le dossier, le parquet avait oublié de viser le délit d'"intrusion informatique", qui était pourtant décisif, notamment par rapport à la constitution de partie civile de Sarkozy. En plus, c'était Courroye lui-même qui avait fait la boulette, c'est lui qui avait signé de sa main l'avis à victime envoyé à Nicolas Sarkozy. Le lendemain, les conclusions du parquet plaidaient la recevabilité de la constitution "du président de la République", texto ! Ils n'avaient même pas eu la prudence d'écrire "Nicolas Sarkozy". À l'audience, Gaspari, après la plaidoirie d'Herzog, plaidoirie au cours de laquelle il s'est clairement montré menaçant vis-à-vis de moi, a développé l'idée selon laquelle le président était recevable. Mais ça, c'était le boulot de la partie civile ! Comme dans l'affaire Bettencourt plus tard, le parquet de Nanterre est devenu une partie privée, en fait… »

La décision, mise en délibéré, sera rendue tard le soir. Seule dans son bureau, en train de plancher sur la rédaction du jugement, alors que minuit approche, la magistrate éprouve « un grand moment de solitude ». « Comme lorsque j'avais mis en examen Daniel Bouton [patron de la Société Générale], confie-t-elle. Je sens que j'ai signé mon arrêt de mort judiciaire, que Courroye, donc Sarkozy, ne me pardonnera pas mon insolence, c'est-à-dire en fait mon indépendance ! » Dès le lendemain, la vice-procureure Marie-Aimée Gaspari lui passe un coup de fil inquiet : « Quand aura-t-on la motivation du jugement, car il est très attendu en haut lieu ? » La réponse fuse, insolente : « Si c'est Patrick Ouart qui te le demande, tu lui fais une grosse bise de ma part. Il l'aura dans trois jours, comme d'habitude. » Patrick Ouart, alors conseiller pour les affaires judiciaires à l'Élysée, souvent surnommé « le vrai ministre de la Justice ». Un homme discret et influent qu'Isabelle Prévost-Desprez a bien connu : « Ouart, j'étais très proche de lui, j'ai même été son témoin de mariage. Mais je ne l'ai pas revu depuis qu'il est passé au cabinet de Balladur à Matignon. »

La magistrate reprend son récit : « C'est Courroye qui avait dit à Gaspari de me téléphoner. Il ne voulait pas s'abaisser à m'appeler, drapé dans sa superbe, du haut de son poste de procureur de la République, ami du président qui plus est... » Dans l'entourage du procureur de Nanterre, la fébrilité ne fait que croître, dit-elle. Le jugement est enfin signé, « IPD » le porte immédiatement à la présidente du tribunal. « La pauvre greffière va alors être harcelée par le parquet, s'emporte-t-elle. Mais, rapidement, le jugement fuite dans *Le Monde*. En fait, la greffière m'avait expliqué qu'une journaliste du *Monde* l'avait appelée pour lui demander de confirmer le jugement, ce qu'elle avait fait. Rien de grave. Sauf que le procureur était furieux. Il m'a demandé des explications, m'accusant d'avoir donné le jugement à la presse. Une accusation qu'il réitérera dans le rapport disciplinaire qui sera rédigé contre moi en décembre. Je lui ai répondu que c'était faux. Mais je n'ai pas "donné" la greffière, ce n'est pas dans mes principes. »

La présidente de la XVe chambre doit aussi rendre des comptes devant le secrétaire général du tribunal, désireux de savoir d'où vient la fuite. Elle lui dit qu'elle n'y est pour rien et, perfide, ajoute : « En plus, s'agissant des fuites dans la presse, Courroye est quand même très mal placé pour donner des leçons ! » Lors de ce rendez-vous, Isabelle Prévost-Desprez va jusqu'à déclarer que, de son point de vue, Philippe Courroye ne se comporte plus en magistrat, et qu'elle ne reconnaît plus sa légitimité.

Comme l'ensemble de la corporation, elle n'a pas accepté « l'affaire du dîner », révélée quelques semaines plus tôt par *Le Canard enchaîné*. Le 8 avril 2009, l'hebdomadaire a fait état d'un drôle de repas organisé, au début de l'année, au domicile du procureur de Nanterre. M. Courroye et son épouse Ostiane ont convié à leur table le patron du groupe Casino, Jean-Charles Naouri, son avocat Me Paul Lombard, et le responsable de la sous-direction des affaires économiques et financières de la préfecture de police de Paris, Patrick Hefner. Or le policier supervise une enquête impliquant Jean-Charles Naouri. Par ailleurs, on apprend à la lecture de l'article que Mme Courroye est payée en qualité de chargée de mission par la fondation Casino. L'affaire coûtera son poste à Hefner. Philippe Courroye sortira totalement épargné de l'épisode. Mieux, alors que la polémique bat son plein, le procureur de Nanterre se fait remettre, le 24 avril 2009, l'ordre national du Mérite, des mains de son illustre protecteur, Nicolas Sarkozy.

Choquée par ce dîner, Isabelle Prévost-Desprez, dès sa révélation, avait foncé dans le bureau de la présidente du

TGI, Chantal Arens, pour lui dire que, de son point de vue, les faits mis au jour relevaient du trafic d'influence, voire de la corruption ! Elle avait même fait observer à sa supérieure que Philippe Courroye, du temps où il était un redouté juge d'instruction, n'aurait sans doute pas hésité, dans une affaire de ce type, à réclamer des placements en détention provisoire... « Dans l'histoire du dîner, dans lequel Courroye a en plus piégé le commissaire Patrick Hefner, Naouri comme l'avocat Lombard jouent leur partition, il n'y a rien à leur reprocher. Mais Courroye, il n'a pas le droit », tranche-t-elle. C'est dans ce climat délétère que, au début du mois de juillet 2009, alors qu'elle planche sur son jugement dans le dossier du compte piraté, la présidente de la XVe chambre voit débarquer dans son bureau un jeune avocat qu'elle ne connaît pas. « Puis-je vous demander un conseil ? On va faire une citation directe devant votre chambre à la rentrée, votre première audience est bien fixée le 3 septembre ? » lui demande-t-il. « L'avocat me précise qu'il représente les intérêts de la fille Bettencourt et qu'il s'agit d'un dossier d'abus de faiblesse. J'éclate de rire en pensant à Courroye et je lâche : "Mais l'autre ne va pas être content du tout, il y a déjà une enquête en cours sous son contrôle !" Puis le jeune avocat s'en va et je n'y pense plus. Jusqu'à ce que je découvre quelques jours plus tard une déclaration publique de Me Olivier Metzner annonçant la citation directe. »

Depuis janvier 2008, en effet, le procureur de Nanterre supervise une enquête préliminaire afin d'établir si oui ou non Liliane Bettencourt est tombée sous la coupe de prédateurs, au premier rang desquels figurerait l'artiste François-Marie Banier, comme le soupçonne la fille de la milliardaire, Françoise Bettencourt Meyers. Initialement convaincu de la justesse des arguments avancés par

Mme Meyers, le parquet a brutalement fait volte-face au début de l'année 2009. Entre-temps, Liliane Bettencourt et son homme de confiance, Patrice de Maistre – lui-même menacé par la plainte –, étaient allés plaider leur cause à l'Élysée, auprès de Nicolas Sarkozy lui-même. « À une époque, le parquet avait adopté une position inverse dans cette histoire, confirme Isabelle Prévost-Desprez. D'ailleurs, je me souviens que Daubigney, voyant que j'avais prononcé une relaxe dans une affaire d'abus de faiblesse, ne voulait surtout pas que l'histoire Bettencourt soit audiencée devant ma chambre ! Ça, c'était au début, quand le parquet voulait renvoyer Banier devant le tribunal, avant que Liliane Bettencourt aille se plaindre à Sarkozy, à l'Élysée… »

La magistrate commence à prendre conscience que le dossier revêt une signification particulière pour le parquet au cours du mois d'août 2009. « Pendant les vacances d'été, mes greffières sont appelées sur leurs lieux de vacances par des proches de Courroye au parquet de Nanterre. C'est notamment la greffière en chef qui passait les coups de fil. Mes greffières sont tombées de l'armoire, elles n'avaient jamais vu ça ! Ils voulaient absolument savoir comment Metzner avait fait pour réussir à placer son affaire à la rentrée. Courroye était persuadé que j'avais monté un coup avec Metzner pour prendre l'affaire, ce qui est absurde. En fait, qu'un dossier pareil atterrisse devant la XVe chambre était parfaitement logique, car cette chambre prend les affaires d'abus de faiblesse dans lesquelles il y a des enjeux financiers. Le 1er septembre, Daubigney m'appelle pour savoir ce que je compte faire. Elle me lâche : "De toute façon, on sait très bien que tu t'es arrangée pour prendre le dossier." »

À la rentrée 2009, il est évident pour IPD que cette histoire va être la source de vives tensions. « À l'audience du

3 septembre 2009, je suis sereine, mais surprise car, dans la salle, je ne vois que des journalistes, manifestement triés sur le volet par Courroye. J'apprendrai plus tard que Courroye avait fait bloquer les portes pour filtrer les entrées. Je me suis même énervée en constatant qu'on avait interdit l'entrée de la salle d'audience à une collègue. Dès le départ donc, Courroye marque comme un chien son territoire dans cette affaire. Ce jour-là, j'ai compris. Je me suis dit que ça allait être une vraie guérilla, une bataille nucléaire même. » Au terme de l'audience, le tribunal juge recevable la demande de la fille Bettencourt, ouvrant ainsi la voie à ce procès que le parquet voulait absolument éviter. La guerre est déclarée. La juge l'assure : « Si le parquet était aussi fébrile, c'est qu'il y avait un enjeu particulier dans ce dossier. J'ai confié à l'un de mes assesseurs : "S'il y a autant de nervosité et de violence, c'est que, comme pour l'histoire du compte bancaire, Nicolas Sarkozy est en première ligne dans cette affaire." Et encore, à ce moment-là, je n'avais pas la connaissance que j'ai maintenant de l'affaire, de la famille Bettencourt et de ses petits et grands secrets. Mais ce sont mes quinze années d'expérience comme juge d'instruction qui m'ont fait pressentir cela. »

Les liens unissant Nicolas Sarkozy à la famille Bettencourt, domiciliée à Neuilly-sur-Seine, vont conférer au dossier une dimension dont la présidente de la XVe chambre dit avoir pris la mesure avec sérénité, du moins au début. « Pour moi, l'aspect politique du dossier, c'est un élément d'analyse, mais, contrairement sans doute à ce que pensent mes détracteurs, je m'en fiche complètement ! Cela met en cause le président de la République ? Eh bien, tant pis pour lui, mais c'est totalement indifférent à ma façon de conduire le dossier. Je traite vraiment tous les dossiers de la même manière. Je n'ai pas de comptes à régler, je m'en fiche. »

Empreints d'une certaine courtoisie jusqu'à l'été 2009, les rapports entre Isabelle Prévost-Desprez et Philippe Courroye ne vont cesser de se dégrader au cours de l'automne. Les accrochages se multiplient entre la présidente de la XVe chambre et le parquet. Au cours du procès d'anciens fonctionnaires du conseil général des Hauts-de-Seine, IPD critique le choix procédural du ministère public qui a soigneusement évité de désigner un juge d'instruction. Elle va même jusqu'à s'étonner qu'Isabelle Balkany, une intime du président, n'ait pas été interrogée. Rebelote quelques semaines plus tard, lorsque le procureur va accuser la présidente de la XVe chambre de s'être entendue avec une partie civile pour faire citer devant le tribunal un autre proche de Nicolas Sarkozy, l'ancien maire (UMP) d'Asnières, Manuel Aeschlimann. Au TGI de Nanterre, l'ambiance devient franchement irrespirable. Isabelle Prévost-Desprez rapporte cette anecdote : « Des membres du parquet ont été sanctionnés simplement parce qu'ils avaient été vus avec moi. Plus fou : une collègue blonde s'est vu interdire l'accès de l'ascenseur par les gardes du corps de Courroye qui avaient reçu pour consigne de repousser toute personne susceptible de me ressembler, car il ne voulait pas être mis physiquement en ma présence ! »

La crise atteint son paroxysme à la fin de l'année 2009. Le 7 décembre, Philippe Courroye transmet à la présidente du tribunal un rapport au vitriol visant sa collègue du siège dont il dénonce les « propos péjoratifs » et les « réflexions incongrues [...] et manifestement désobligeantes sur la politique pénale du parquet de Nanterre ». Une enquête interne est ouverte – elle sera classée rapidement. Lors de l'audience solennelle de rentrée, en janvier 2010, de nombreux juges et avocats snobent ostensiblement le discours de Courroye, en signe de soutien à IPD. Les magistrats du siège vont jusqu'à publier un communiqué dénonçant « une tentative de déstabilisation indigne » et affirmant que « M. Courroye a en réalité cherché à faire pression sur un magistrat ». « J'ai été défendue par mes collègues, et Courroye attaqué, se remémore-t-elle. Courroye, soutenu par Daubigney, a mis en cause mon impartialité. J'ai lancé à Daubigney : "C'est quand même une belle perversion que voilà." J'étais évidemment furieuse. » La violence des attaques portées par Philippe Courroye se retourne contre le chef du parquet. C'est peut-être à ce moment-là qu'il a dû abandonner son rêve d'être nommé procureur à Paris. En ce début d'année 2010, en tout cas, les ponts sont définitivement rompus entre les deux magistrats, autrefois presque complices.

Du procureur de Nanterre, elle dit aujourd'hui : « Très sincèrement, au risque de paraître prétentieuse, je pense que je suis meilleure que lui. Mais c'est vrai que je n'ai pas son "savoir-faire". Moi, je n'ai pas de contacts "off". En tout cas, je ne me considère pas comme sa subalterne, contrairement à ce que lui espérait. Philippe Courroye et moi n'avons manifestement pas la même conception de la justice. Il est très différent par exemple d'un type comme Jean-Claude Marin [le procureur de Paris], avec qui on peut discuter. Marin est plus fin, plus malin. » Pour mieux marquer sa différence, elle dit encore : « Moi, je ne rentre pas dans les deals, et je suis imperméable aux pressions. Je ne suis pas rigide, mais intègre et sans concession. Donc, parfois, avec moi, c'est violent. »

Et dire qu'il y a dix ans, les juges Courroye et Prévost-Desprez, duo star du pôle financier parisien, faisaient trembler les notables… Pourtant, le tandem n'en était en réalité pas vraiment un. « Je sais à quoi m'en tenir s'agissant de Philippe Courroye depuis l'Angolagate, confie-t-elle. Il était le premier désigné, et, dès le départ, il m'a écartée : je n'avais même pas la copie du dossier ! Il y avait un vrai ras-le-bol au tribunal par rapport à ses méthodes, notamment vis-à-vis des journalistes. Tout le monde au palais savait qu'il balançait à la presse, c'était un secret de Polichinelle, et ça passait de plus en plus mal. Moi, les journalistes savaient que je les respectais mais que je ne leur donnerais rien. C'est aussi pour ça que ça m'a rendue malade que ce soit ce même Courroye qui, plus tard, pour m'écarter du dossier Bettencourt, m'accuse de fuites dans *Le Monde* ! De sa part, c'était vraiment savoureux. » Malgré les lourds contentieux qui rendent une réconciliation entre eux strictement impossible, Isabelle Prévost-Desprez essaie de ne pas verser dans l'excès : « Attention, tout n'est pas à jeter chez lui. Il a des méthodes de travail très intéressantes, il faut le reconnaître. Mais nous étions en désaccord sur de nombreux points. »

Surtout, dès le début des années 2000, la juge Prévost-Desprez va découvrir que son collègue a de sacrées fréquentations. « J'ai su qu'il commençait à voir Sarkozy dès l'arrivée de ce dernier au ministère de l'Intérieur, en 2002. C'est notre garde du corps commun, à Courroye et à moi, qui me l'avait dit. Dès le départ, cela m'a choquée. Et je n'ai eu aucune explication de sa part. » Elle constatera en revanche que, lorsque le ministre de l'Intérieur, désireux d'affirmer son pouvoir en Corse, demandera la tête du leader nationaliste Charles Pieri, il obtiendra que son nouvel ami dans la magistrature soit désigné, au grand dam du juge antiterroriste Gilbert Thiel…

Le juge-vedette de la rue des Italiens ne côtoie pas seulement les politiques : « J'ai bien vu au fil des mois qu'il avait une vie mondaine de plus en plus importante, ses entrées dans le monde des affaires... » Un jour, Philippe Courroye lui confie par exemple qu'il est invité par une héritière du groupe Auchan. « Je lui ai fait part de mon désaccord en lui donnant ma position, à savoir qu'à nos postes, moins on voit de gens "influents", mieux on se porte. On ne peut pas être magistrat et fréquenter ces gens-là. Il ne m'a pas écoutée, et, après cet épisode, ne me parlera plus de ses rendez-vous. Et il a définitivement plongé dans les mondanités. »

Il y a, ou plutôt il y avait, un non-dit dans l'historique des difficiles relations entre Isabelle Prévost-Desprez et Philippe Courroye. À en croire le microcosme judiciaire, les deux magistrats auraient eu une liaison. L'avocat de Liliane Bettencourt, Georges Kiejman, contribuera à alimenter les on-dit, lors d'une audience préparatoire au procès d'« abus de faiblesse », en avril 2010. « Là, s'exclame Isabelle Prévost-Desprez, Kiejman a fait fort en laissant clairement entendre que j'avais été la maîtresse de Courroye et que, pour cette raison, j'essayais maintenant de me venger de mon ancien amant, et donc que j'étais totalement partiale ! Kiejman a balancé ça avec le parquet pour me déstabiliser. Cette histoire de liaison supposée est une vieille rumeur évidemment sans fondement, mais que certains se plaisent toujours à colporter. »

C'est dans ce contexte que, le 16 juin 2010, sont rendus publics les enregistrements clandestins effectués au domicile de Liliane Bettencourt durant un an. Isabelle Prévost-Desprez n'est guère surprise en prenant connaissance des conversations captées par le majordome de la vieille dame. Notamment celles où son nom apparaît. Elle y est présentée comme l'empêcheuse de tourner en rond. « On n'a aucun contrôle sur la petite présidente du tribunal », déplore par exemple Patrice de Maistre, le gestionnaire de fortune de la milliardaire. « Lorsque les enregistrements sont sortis, j'en ai pris connaissance sans a priori, ni jugement de valeur. Beaucoup d'avocats ont hurlé au scandale, mais, franchement, je n'en connais pas un sur la place de Paris qui aurait refusé d'utiliser ces bandes ! » tranche la magistrate.

La suite est connue : le 1er juillet 2010, la juge ordonne un « supplément d'information », qu'elle mènera elle-même. De son côté, le parquet lance des investigations pour déterminer dans quelles conditions les enregistrements ont été réalisés. Tout cela sur fond de soupçons de financement politique illégal et de conflits d'intérêts, qui éclaboussent Nicolas Sarkozy et Éric Woerth. Là où le ministère public préfère manifestement s'en prendre à ceux qui les accréditent, la présidente de la XVe chambre tente au contraire de les protéger… « Je n'étais pas saisie de financements politiques ou privés occultes, mais si un témoin m'avait spontanément détaillé des remises d'espèces, je l'aurais mentionné sur le procès-verbal », confirme la magistrate.

Elle va notamment voler au secours de l'ex-comptable des Bettencourt, Claire Thibout, dont les déclarations devant la police puis à Mediapart, le 6 juillet, ont définitivement conféré à cette querelle de famille des allures d'affaire d'État. Mme Thibout déclare entre autres avoir eu connaissance d'une remise de fonds destinés à financer la campagne présidentielle de Nicolas Sarkozy, en 2007, via Éric Woerth. Elle évoque aussi de nombreuses remises d'espèces au profit de diverses personnalités politiques, dont M. Sarkozy. À partir de ce moment-là, l'ancienne comptable, pourtant simple témoin, va être traitée comme une criminelle, et quasiment contrainte de revenir sur une partie de ses propos accusateurs.

« Ce qui m'a frappée dans le supplément d'information que j'ai conduit, c'est la peur des témoins, confie Isabelle Prévost-Desprez. Ils étaient effrayés de la violence avec laquelle Claire Thibout avait été déstabilisée, ils ne voulaient pas connaître son sort. Ils étaient à la fois effrayés et en colère. Ce n'est pas par hasard si l'on a fait subir à Claire Thibout ce qu'elle a subi. Il y avait un sentiment de haine au parquet à son encontre absolument hallucinant. Je l'ai interrogée deux fois, c'est une femme totalement crédible. » Avec le recul, Isabelle Prévost-Desprez juge toujours aussi inacceptable le traitement infligé à la comptable et le climat de terreur instauré alors. Elle insiste : « Les témoins me demandaient avec crainte : "Dites, on ne va pas voir l'autre ?" L'autre, c'était Courroye. Donc, les témoins avaient peur de parler sur PV à propos de Nicolas Sarkozy », confie la juge. Apparemment, la crainte de l'Élysée était aussi que certains proches de Liliane Bettencourt se lâchent à l'audience, puisque le procès avait simplement été repoussé par la présidente de la XVe chambre.

Isabelle Prévost-Desprez opine : « Par exemple, pronostique-t-elle, Claire Thibout aurait réitéré ce qu'elle avait dit, Metzner aurait posé les questions qui fâchent, moi j'aurais stigmatisé le classement sans suite, les auditions non faites, etc. Mon rapport aurait été mortel. Et puis, certains témoins se seraient peut-être sentis plus libres. »

Sans la moindre hésitation, la magistrate lâche alors une bombe. Évoquant ces fameux témoins, situés dans l'entourage de Liliane Bettencourt, elle affirme : « L'un d'eux, hors procès-verbal, m'a dit qu'il avait vu des remises d'espèces à Sarko. » La magistrate va plus loin : « Je suis certaine que Metzner aurait fait citer l'infirmière de Liliane Bettencourt, qui a confié à ma greffière, après son audition par moi : “J’ai vu des remises d’espèces à Sarkozy, mais je ne pouvais pas le dire sur procès-verbal.” Bref, ce procès représentait pour l’Élysée un risque majeur, il y avait 90 % de chances pour que ce soit déflagratoire. Il fallait me faire dessaisir, par tous les moyens. Il était impératif de me débarquer. »

Des semaines durant, Isabelle Prévost-Desprez sent peser sur ses épaules une pression terrible. Elle a le sentiment d’être épiée, traquée jusque dans sa vie intime. Paranoïa ? Pas si sûr. « J’ai été l’objet de surveillances, c’est une évidence, mais je n’en ai rien à faire, je peux tout assumer dans ma vie, même si ça m’ennuie de savoir que certains utilisent des éléments de ma vie privée pour tenter de m’affaiblir. J’étais persuadée d’être sur écoute. Des écoutes illégales, à mon avis. Cela a toujours été clair pour moi, je ne me pose même plus la question », assène-t-elle. À la rentrée, les adversaires de la magistrate pensent tenir l’occasion dont ils rêvaient pour se débarrasser d’elle. Le prétexte leur en est fourni par un article, mis en ligne sur le site internet du *Monde*, qui fait état le mercredi 1er septembre 2010 d’une perquisition en cours, ordonnée par Isabelle Prévost-Desprez, au domicile de Liliane Bettencourt.

« La perquisition chez Liliane Bettencourt, tout le monde se doutait que j’allais la faire, on en parlait depuis le mois de juillet, explique la juge. Je voulais notamment savoir si certaines œuvres d’art étaient toujours là ou parties chez Banier. Je l’organise avec la brigade financière huit jours avant. Parce que la BF avait déjà conduit l’enquête préliminaire, et que j’ai confiance dans ce service. Mais je sais aussi que les enquêteurs ont une hiérarchie et que les infos montent immédiatement, dès que je donne le jour et l’heure de la perquisition. Le ministère de l’Intérieur et donc l’Élysée sont informés en temps réel.

C'est un paramètre à intégrer. J'avais exigé de la faire lorsque Liliane Bettencourt serait absente, car elle est vieille et malade, et je ne voulais pas lui imposer ça. »

L'information à peine révélée par lemonde.fr, Georges Kiejman s'empresse de se dire « scandalisé, mais pas étonné, connaissant les façons de procéder de Mme Prévost-Desprez, dont [il a] déjà dénoncé la partialité ». L'accusation est transparente. L'avocat ajoute « réfléchir aux moyens de faire sanctionner » la juge. C'est tout réfléchi : en accord avec le parquet, il dépose discrètement une plainte pour « violation du secret de l'enquête ». Dans la foulée, le procureur ouvre une enquête préliminaire et se procure les factures détaillées (« fadettes », dans le jargon policier) du portable de la magistrate, dont l'examen établit qu'elle est en contact avec l'un des deux journalistes signataires de l'article incriminé.

« Les sources de fuites étaient nombreuses, explique la juge. Et la fuite du *Monde* n'est pas venue de moi, je n'y avais de toute façon aucun intérêt. D'ailleurs, avant *Le Monde*, un journaliste de TF1 m'avait appelée, le lundi, pour m'annoncer la date de la perquiz' ! On voulait manifestement me pousser à la faute. C'est pour ça que j'avais dit aux policiers que je n'y assisterais pas. À ce moment-là, je ne peux imaginer la manip' organisée par Kiejman et Courroye pour me faire porter la responsabilité d'une fuite qui a sans doute été organisée pour me piéger. » La révélation par *Le Monde* de ces surveillances téléphoniques, exercées par un procureur à l'encontre de l'une de ses collègues du siège, en violation flagrante, par ailleurs, du secret des sources des journalistes, provoque un nouveau scandale. Philippe Courroye est mis en cause. Mais Isabelle Prévost-Desprez doit aussi rendre des comptes. Elle est convoquée par le nouveau président du TGI de

Nanterre, Jean-Michel Hayat. Elle lui explique qu'elle est effectivement de temps en temps en contact avec l'un des deux journalistes, et pour cause : « Pour l'embarrasser, je lui ai répondu : "C'est ma vie privée." Comme s'il ne savait pas qu'on avait écrit un livre ensemble, et qu'on entretenait des relations amicales, point barre. » Effectivement, Isabelle Prévost-Desprez avait publié quelques semaines auparavant un récit autobiographique, en collaboration avec un journaliste du *Monde* (*Une juge à abattre*, avec Jacques Follorou, Fayard, mai 2010). « Hayat m'a interdit de m'exprimer publiquement et menacée de sanctions, reprend-elle. Il m'a dit que je devais prendre un avocat, que j'allais avoir de gros ennuis. C'était très très violent. » Elle ajoute : « Franchement, cette histoire de fadettes, je ne pensais pas que Courroye irait jusque-là, avec cette manip' de Prisunic ! Ils n'ont rien trouvé d'autre, c'est un hommage à ma vertu. Courroye a tout essayé contre moi. L'histoire des fadettes, c'est un aveu de faiblesse. Et il peut bien me prêter toutes les liaisons qu'il veut, je m'en fiche. Lorsque j'ai appris cette histoire de fadettes, j'ai dit au président du tribunal de Nanterre : "J'ai affaire à des mafieux, mais je vais réagir comme un juge." »

Si elle ignorait d'où le coup viendrait, Isabelle Prévost-Desprez confie sans peine qu'elle n'a pas vraiment été surprise de découvrir qu'elle avait été l'objet d'une enquête du parquet de Nanterre. Elle se souvient de son état d'esprit de l'époque. « De toute façon, depuis le 1er juillet 2010, j'ai la conviction que, d'une manière ou d'une autre, ils ne me laisseront pas terminer mon enquête. Courroye veut ma peau. Je suis trop dangereuse, car incontrôlable. Pas comme lui ! Pour ne prendre qu'un exemple, les policiers m'ont rapporté que s'ils n'avaient pas entendu Patrice de Maistre dans l'enquête préliminaire, ce qui est proprement aberrant, c'était sur une instruction formelle de Courroye... » La présidente de la XVe chambre avoue aussi avoir, à cette période tout particulièrement, « ressenti une pression énorme, avec des appels téléphoniques bizarres par exemple. Je faisais aussi très attention dans le RER. Là, j'ai regretté de ne plus avoir de gardes du corps, qui ont l'avantage de vous mettre dans une bulle protectrice. Je suis par ailleurs persuadée d'avoir été écoutée, ils ne se sont pas contentés des fadettes ».

La magistrate, durant cette période de crise, est soutenue par ses proches, et les syndicats de magistrats. « Mais, pour mes enfants, cela a été très dur. Surtout que j'étais en plein divorce très conflictuel. Et ça, ils le savaient très bien. Ils ont voulu profiter du fait que j'étais affaiblie pour tirer sur moi. J'appelle ça des procédés de basse police. Mais j'ai tenu le coup, résisté, car je savais n'avoir rien fait de mal. »

Malgré ces soutiens, la présidente de la XVe chambre va être dessaisie du dossier, alors qu'elle s'apprêtait à boucler son supplément d'information. Mince consolation pour elle : le procureur de Nanterre est également sanctionné et perd la maîtrise des différentes procédures liées à l'affaire. Tout est transféré, en novembre 2010, au tribunal de Bordeaux, y compris l'instruction pour « violation du secret de l'enquête » visant IPD.

« L'information judiciaire ouverte contre moi est une manipulation, assène-t-elle. Pour se débarrasser d'un juge, on lui monte des chantiers, on attaque sa vie privée. On cherche toujours un nouveau truc pour me déstabiliser. Même mon divorce a été exploité. » Et ça, la juge ne le tolère pas. Elle raconte, d'une voix encore tremblante d'indignation : « Mon ex-mari est banquier d'affaires chez Rothschild. Nous nous sommes séparés en 2005, et c'est lui qui a initié, à Paris, la procédure de divorce en 2007. Le jugement devait être rendu le 21 octobre 2010. Quelques jours plus tard, un jeune substitut, choqué, est venu me voir pour me raconter qu'une magistrate du parquet était venue le trouver pour lui dire ceci à mon propos : "On va lui mettre le fisc sur le dos pour sa prestation compensatoire, son appartement… Elle va avoir de gros problèmes." Elle avait apparemment tous les détails du jugement, qu'elle s'était donc procuré… »

Toujours en place à la tête de la chambre financière du tribunal correctionnel de Nanterre, Isabelle Prévost-Desprez ne cache pas son écœurement. « Le parquet de Nanterre, je l'ai vu à la manœuvre à plusieurs reprises pour protéger Sarkozy, assure-t-elle. Par exemple, dans l'affaire du 1 % logement avec Patrick Gaubert [un proche du chef de l'État]. Je le constate aussi dans les citations directes et les enquêtes préliminaires que je vois passer devant la XVe chambre, notamment sur des dossiers sensibles concernant Alain de Pouzilhac ou Vincent Bolloré. Du point de vue du parquet, il y a des affaires qui ne doivent absolument pas passer chez moi. Je l'ai dit à mes collègues : "Ce qu'ils m'ont fait, ça peut vous arriver le jour où vous vous occuperez d'un dossier impliquant la sœur de la grand-tante de Sarko !" Je trouve qu'il y a dans la magistrature une subordination totale au pouvoir politique très inquiétante. Le principe, c'est : "On a la force, donc on va gagner, peu importent les moyens." C'est très sarkozyste. »

Marginalisée, Isabelle Prévost-Desprez se doute bien qu'elle va payer cher son comportement. « Je suis blacklistée. Je me retrouve un peu dans la même situation que Van Ruymbeke, dont je ne partage pourtant pas les méthodes de travail. Encore une fois, moi, je ne bougerai jamais. J'ai des principes intangibles : pour tout le monde, la même justice. J'avais demandé un poste en avancement à Paris, mais bien sûr la Chancellerie n'a pas présenté ma candidature. Ils ne me donnent pas de poste à Paris pour me sanctionner, mais aussi pour ne pas faire entrer le loup dans la bergerie. » Des regrets, peut-être ? Pas exactement le genre de la maison. « Si c'était à refaire, je referais la même chose, même si j'ai morflé », glisse-t-elle. À défaut d'une morale, dans une histoire qui en manque singulièrement, la juge Prévost-Desprez a au moins tiré deux enseignements de sa mésaventure : « D'abord, pour un magistrat, se trouver dans la position d'être accusé en étant innocent, c'est à la fois déstabilisant et très instructif. J'écouterai sans doute encore plus désormais les gens que tout condamne et qui se disent victimes d'un complot. Seconde leçon : ce n'est pas parce que l'on est magistrat que l'on est honnête. »

Elle savoure un instant sa saillie, puis elle conclut, avec ce petit sourire ironique, cet air légèrement moqueur que les avocats qui la pratiquent connaissent par cœur : « Ils ne me lâcheront pas, mais moi non plus ! »

Yves Bertrand

Mardi 8 mars 2011, une brasserie proche du parc Monceau, à Paris. Yves Bertrand, 67 ans, continue d'apprécier la fréquentation des journalistes. Sauf qu'ils ne sont plus très nombreux à accepter de le rencontrer. Poussé à la porte des RG par Nicolas Sarkozy, retiré des « affaires », Bertrand n'intéresse plus grand monde. Le fréquenter est plutôt mal vu, désormais. C'est vrai, il commence à faire son âge, se répète souvent. Pourtant, il a encore pas mal de choses intéressantes à raconter…

Même sa mémoire vient à l'abandonner, parfois. Ultime affront pour lui, l'homme qui a tout su de la France. Depuis qu'il a été évincé de la Direction centrale des renseignements généraux (DCRG) pour « chiraquisme aggravé », Yves Bertrand n'est plus le même. « Quand vous ne le servez pas, il vous flingue, dit-il à propos du chef de l'État. C'est ce qui m'est arrivé. Oui, Sarkozy m'a tué. » Ce n'est pas qu'une question de démarche, aujourd'hui hésitante, ou de regard, désormais éteint. Plus qu'un homme blessé,

Yves Bertrand est un homme cassé. Sous la pommette droite de son visage, on repère une cicatrice récente. Sauf que celle-là n'a rien de symbolique : c'est le stigmate d'une curieuse agression, survenue en février 2011. Il n'a pas franchement envie d'en parler. « Je sortais de chez Villepin, avec qui j'entretiens toujours de bons rapports, et je rentrais chez moi à pied, puisque nous habitons tous les deux dans le XVIIe, consent finalement à raconter, à contrecœur, Yves Bertrand, avec ce léger accent méridional hérité de ses racines grassoises. Sur le boulevard des Batignolles, des jeunes de 20 ans ont surgi et m'ont passé à tabac. Ils sont repartis immédiatement, sans un mot. Ils n'ont absolument pas essayé de me voler quoi que ce soit, ni mon portefeuille, ni mon portable... J'étais un peu K-O. J'ai fait une main courante au commissariat, mais je n'en ai parlé à personne, je ne voulais pas médiatiser l'histoire, je n'avais pas envie qu'ils recommencent. Je ne suis pas idiot, c'était évidemment un avertissement. C'est d'autant plus troublant que, lorsque j'étais chez Villepin, il venait de me dire : “Il y a souvent des types louches qui rôdent devant chez moi, j'en ai encore vu aujourd'hui.” Lui non plus n'est pas dupe... »

Douze années durant, de 1992 à 2004, Yves Bertrand a régné sans partage sur les Renseignements généraux. Beaucoup a déjà été dit et écrit, y compris pas mal de bêtises, sur cet homme à la fois roué, affable et malicieux, surnommé le « John Edgar Hoover français », en référence à l'indéboulonnable patron du FBI. Avec ses inimitables mimiques et ses blagues à deux sous, il évoque pourtant davantage l'oncle sympa de province que Joseph Fouché. Il ne faut pas trop s'y fier, tout de même : son goût pour les rumeurs qui agitent le microcosme, sa proximité avec les réseaux chiraquiens, son attitude ambiguë dans le suivi de certaines affaires politico-financières sensibles en font un personnage sulfureux. À croire que l'adjectif a été inventé pour lui.

Il est régulièrement présenté par ses nombreux détracteurs sous les traits d'un intrigant, voire d'un conspirateur, un peu pervers sur les bords, se régalant des histoires de coucheries pour peu qu'elles concernent des personnalités, passant sa vie à fomenter des complots machiavéliques pour servir ses « maîtres » – Jacques Chirac et Dominique de Villepin, pour faire court. Cette réputation de manipulateur sans scrupule, Bertrand en a longtemps joué. Dans son métier, susciter la crainte est plutôt une qualité. Mais cette image a fini par causer sa perte, exploitée, amplifiée, caricaturée par celui pour qui il n'a désormais plus de mots assez durs : Nicolas Sarkozy.

Aussi loin que remontent ses souvenirs, Yves Bertrand assure ne s'être jamais senti en confiance avec l'actuel locataire de l'Élysée. « Dès le départ, il ne m'a pas aimé », affirme-t-il. Le départ, c'est 1993, au début de la seconde cohabitation. Nommé l'année précédente par le ministre de l'Intérieur socialiste Paul Quilès à la tête des RG, où il a fait toute sa carrière, Yves Bertrand va assister à la guerre sans merci qui déchire balladuriens et chiraquiens au sein du RPR, courant politique dont il est proche. Édouard Balladur est à Matignon, son allié Charles Pasqua à l'Intérieur. Jacques Chirac, lui, s'est réfugié dans son bastion de l'Hôtel de Ville de Paris. Les peaux de banane fusent. Ainsi, au mois de janvier 1994, la justice est opportunément mise sur la piste du financement occulte du RPR, présidé par Chirac, via l'office HLM de la mairie de Paris – dirigée par le même Chirac –, suite à une dénonciation de l'administration fiscale placée sous l'autorité d'un ministre du Budget nommé Nicolas Sarkozy... Dans ce climat délétère, les hauts fonctionnaires de sensibilité de droite sont rapidement sommés de choisir entre le Premier ministre et le maire de la capitale. Yves Bertrand penche nettement pour le second. « En fait, dès 1993, Sarko a pris le parti de Balladur. Il m'a immédiatement identifié comme un ennemi et sa détestation à mon encontre ne s'est jamais démentie depuis, assure l'ancien patron des RG. Mon ministre de tutelle, Charles Pasqua, balladurien également, ne me faisait absolument pas confiance. C'est étonnant : j'avais été installé par la gauche, avec qui j'avais travaillé sans souci, mais ça ne posait apparemment aucune difficulté à personne ! En revanche, pour Sarko, me savoir dans le clan des chiraquiens était beaucoup plus grave. Depuis, il me voue une haine sans fin. »

L'écroulement inattendu d'Édouard Balladur dans la dernière ligne droite de la campagne présidentielle de 1995 change la donne. Élu, Jacques Chirac sanctionne les « traîtres », au premier rang desquels figure Nicolas Sarkozy, condamné à entamer une pénible traversée du désert.

« Entre 1995 et 2002, Sarko était vraiment au purgatoire », confirme Bertrand qui, lui, bien entendu, a conservé son poste. Mais, pour les chiraquiens, l'embellie est de courte durée. Dès 1997, conséquence de la dissolution ratée, la gauche s'installe aux commandes. Tandis que Lionel Jospin prend les clés de l'hôtel Matignon, Jacques Chirac s'enferme dans son bunker élyséen, protégé par son fidèle secrétaire général, Dominique de Villepin. « Moi, entre 1997 et 2002, j'ai gardé la maison ! » s'esclaffe Yves Bertrand. De fait, malgré ses demandes réitérées, le Premier ministre n'obtiendra jamais la tête de Bertrand, dont l'éviction ne pouvait être décidée sans la signature présidentielle. Ainsi, deux années durant, chaque mercredi,

Lionel Jospin déposait devant Jacques Chirac, au début du Conseil des ministres, le décret de mutation d'Yves Bertrand. Et, tout aussi rituellement, le chef de l'État levait la séance quelques heures plus tard sans avoir même jeté un œil au fameux document... Il est vrai qu'à son poste d'observation – et d'action – privilégié, Bertrand est un allié précieux pour Chirac. Presque quotidiennement, le patron des RG rend compte à son ministre (Jean-Pierre Chevènement puis Daniel Vaillant)... et à Dominique de Villepin. Une forme de double tutelle qu'il vit très bien. Dans le monde du renseignement, la schizophrénie est un peu une seconde nature. À l'Élysée, Bertrand se retrouve souvent en compagnie du préfet de police Philippe Massoni, et de l'avocat Francis Szpiner, autres chiraquiens de choc, mandatés pour « déminer » le terrain au profit du chef de l'État. « Moi, j'ai joué la légitimité, j'ai toujours soutenu Chirac, et je rendais compte à Villepin. Ça a joué beaucoup dans ma disgrâce, cela a été politiquement mortel », estime Bertrand.

« Je crois que Chirac m'appréciait vraiment, reprend-il. Le lendemain de la déroute de 1997, je me souviens qu'il est entré dans le bureau de Villepin, avec qui je me trouvais, et il m'a dit : "Merci pour tout ce que vous faites pour nous." Il faisait allusion au fait que je les avais avertis bien à l'avance qu'ils allaient perdre les législatives. » À l'évidence, la mission d'Yves Bertrand ne consistait pas seulement à prévoir les résultats des élections... Il s'agissait aussi de protéger le président, en particulier des assauts des juges. Accusé d'interférer dans certaines enquêtes judiciaires, notamment celle du juge Éric Halphen sur les HLM de Paris, Bertrand est dans le collimateur de la gauche, mais aussi des anciens balladuriens dont la quarantaine commence à prendre fin. À droite, entre chiraquiens et anti-chiraquiens, la méfiance et la défiance sont réciproques. « Dès cette époque, assure Bertrand, Villepin a compris que Nicolas Sarkozy était un conspirateur, il s'en méfiait comme de la peste. Il me disait : "Il complote en permanence, c'est le plus dangereux." À cette date, Sarkozy manœuvrait déjà contre Chirac, avec Daniel Leandri [un ancien conseiller de Charles Pasqua] et le clan des Hauts-de-Seine. » À partir de la réélection de Jacques Chirac, en 2002, tout se complique. Nicolas Sarkozy, revenu en grâce, se voit offrir la place Beauvau, un portefeuille agrémenté du titre de ministre d'État. « Il a été nommé ministre de l'Intérieur... grâce à moi, c'est bien la preuve que je n'avais vraiment rien contre lui, soutient Yves Bertrand. C'est moi qui ai soufflé l'idée à Villepin. Je lui ai même dit : "Pour le neutraliser, comme il aime les honneurs, mettez-le ministre d'État, vous serez tranquille." C'était une erreur, je fais mon mea-culpa. Car il a vite pris goût à son statut de numéro deux du gouvernement, et s'est forgé un profil de présidentiable. Le problème de Sarko, c'est qu'il est bon pour conquérir le pouvoir, mais après, il ne sait pas quoi en faire. Ce n'est pas un homme d'État, ni un stratège, mais un technicien, avec un seul but : prendre le pouvoir. Il faut lui reconnaître une grande intelligence tactique. »

Nicolas Sarkozy devient donc le ministre de tutelle d'Yves Bertrand, qui a perdu son « tuteur » à l'Élysée, Dominique de Villepin, promu au Quai d'Orsay. Entre les deux hommes, le courant ne passe pas. Pas du tout, même. « Nos premiers contacts, quand il est devenu mon ministre, ont été très mauvais, se souvient Bertrand. À vrai dire, j'ignorais qu'il avait un tel degré de haine envers moi. Dès que je l'ai vu, il m'a montré qu'il ne m'aimait pas. Il était toujours très nerveux lors de nos entretiens, crispé, bouffant sans arrêt du chocolat. »

À l'évocation de certains souvenirs, le visage d'Yves Bertrand semble reprendre vie. Sous les lourdes paupières, agitées d'un tremblement caractéristique, signe chez lui d'une grande excitation, le regard se fait soudain intense. L'espace d'un instant, on retrouve l'homme qui, dans son vaste bureau de la place Beauvau, régalait quelques journalistes de « confiance » de tuyaux plus ou moins percés, dans l'espoir de leur soutirer en échange des informations inédites, généralement autour d'un bon scotch. Le whisky, justement. Bertrand, l'œil maintenant jubilatoire, y va de son anecdote. « Sarkozy me convoque un jour et me dit : "Il faut que la maison change." Et il fait un geste avec sa main, le pouce baissé en direction de sa bouche. Il ajoute méchamment, au cas où je n'aurais pas compris : "Il faut arrêter, avec le whisky." J'ai moyennement apprécié, évidemment. Alors, je lui ai répondu : "C'est vrai que je préfère le whisky à la cocaïne." Là, il est devenu blême. Ensuite, j'ai regretté de lui avoir dit ça, c'était un affront, une provocation. »

Facteur aggravant pour Bertrand, il s'attire rapidement l'inimitié de la femme du ministre. « Cécilia était très présente au ministère. Elle était sans arrêt après Sarko, à lui dire : "Arrête de t'empiffrer de chocolat." Elle me détestait, et remontait son mari contre moi car j'étais chiraquien. » L'hostilité manifestée immédiatement par Cécilia Sarkozy à son endroit, Yves Bertrand croit pouvoir l'imputer à celui qui fut longtemps son discret adjoint, Bernard Squarcini, aujourd'hui tout-puissant patron de la Direction centrale du renseignement intérieur (DCRI, née de la fusion de la DST et des RG). « À cette époque, Squarcini me sciait la branche par-derrière, mais ça je ne l'ai su qu'après, affirme Bertrand. Cécilia ne m'aimait pas parce que Squarcini, dont elle était proche, m'avait démoli devant elle. » S'agissant de celui que l'on surnomme le Squale, Bertrand se dit inconsolable. Il ne lui pardonne pas son ingratitude. « Bernard Squarcini, je l'ai porté dès la sortie de l'école de police en 1981, jusqu'à en faire mon adjoint à partir de 1994. J'avais toute confiance en lui. Le coup de foudre entre Squarcini et Sarko remonte à loin. C'est Squarcini qui s'est occupé des affaires privées de Sarko sur la Corse. Sarkozy a épousé une Corse [Marie-Dominique Culioli] en premières noces, et il continuait à se rendre sur l'île. »

S'il en veut moins à Claude Guéant, à qui il n'était pas intimement lié, Yves Bertrand n'est cependant guère plus tendre avec celui qui fut son supérieur hiérarchique et politique, comme DGPN (entre 1994 et 1998) puis comme directeur du cabinet du ministre Sarkozy, à partir de 2002. « Guéant est très intelligent, mais il raisonne en fonction de ses intérêts. Il aurait tout aussi bien servi le PS », assure Bertrand, qui repense souvent à la discussion assez surréaliste qu'il eut avec le directeur général de la police, la nuit du second tour des législatives suivant la dissolution de l'Assemblée nationale en juin 1997. La débâcle de la droite risquait de provoquer un grand coup de balai. Il fallait trouver des fusibles. Un dialogue plutôt savoureux, à en croire Yves Bertrand.

« Vous savez ce qu'il vous reste à faire, monsieur Bertrand ?

Euh, non...

– Il faut que vous partiez, monsieur Bertrand. Il faut aller dans le Jura.

– Mais il fait froid !

– Oh, vous verrez, vous vous habituerez. »

Hilare, Yves Bertrand rappelle la fin de l'histoire. « Guéant voulait profiter du contexte pour m'écarter, sauf que l'Élysée s'est opposé à mon éviction. Résultat, quelques mois plus tard, c'est lui qui a été muté là-bas comme préfet de région ! Je sais que, ça, Guéant et son grand ami Michel Gaudin, qui deviendra DGPN à son tour en 2002, ne me l'ont jamais pardonné. »

De fait, à peine installé place Beauvau, en mai 2002, Nicolas Sarkozy, comme Daniel Vaillant (ministre PS de l'Intérieur de 2000 à 2002) avant lui, n'aura de cesse de réclamer la tête de Bertrand à l'Élysée. En vain. « Dès le départ, il a cherché à me faire partir en Conseil des ministres, exactement comme du temps de Jospin, s'amuse Bertrand. Mais Chirac m'a protégé, via Villepin. » Nicolas Sarkozy devra patienter jusqu'à janvier 2004 et le soixantième anniversaire d'Yves Bertrand pour pousser ce dernier, en invoquant la limite d'âge, à quitter enfin son poste. Il est nommé à l'Inspection générale de l'administration (IGA), surnommée « le cimetière des éléphants ». Bref, un « placard ». Dans tous les sens du terme, d'ailleurs : Bertrand doit s'exiler dans une aile du ministère, la plus éloignée possible de son ancien bureau, et se morfond dans une pièce sans fenêtre aussi minuscule que sinistre, située au bout d'un interminable couloir.

Mais, entre Bertrand et Sarkozy, les hostilités ne vont pas tarder à reprendre, la faute cette fois à l'affaire Clearstream. En décembre 2003, celui qui vivait ses ultimes semaines à la tête des RG avait été l'un des premiers à récupérer les listings de la chambre de compensation luxembourgeoise qui seront ensuite trafiqués, sans doute par l'informaticien Imad Lahoud, peut-être aidé par le numéro trois d'EADS Jean-Louis Gergorin, le tout dans des conditions restées assez obscures, et ce, malgré deux procès. La liste initiale ne contenait le nom d'aucune personnalité, notamment pas celui de Nicolas Sarkozy. Ce dernier a rapidement suspecté Yves Bertrand de ne pas être étranger au trucage destiné uniquement, selon lui, à le compromettre. « Nos rapports se sont encore dégradés avec Clearstream, confirme Bertrand. Il m'a convoqué une première fois dans son nouveau bureau de patron de l'UMP, dès le lendemain de son intronisation triomphale à la tête du parti, en novembre 2004. Il n'était plus ministre de l'Intérieur, mais ça ne l'a pas empêché de me passer un sacré savon : "C'est vous qui avez ajouté les noms, avec Massoni !" m'a-t-il lancé. Il était empli de haine, plein de tics nerveux et se goinfrait encore plus que d'habitude de chocolat. Mais il criait tellement que c'en était suspect, il en faisait trop. Il surjouait la victimisation. J'ai toujours pensé que l'ajout sur les listings du patronyme De Nagy-Bocsa censé le désigner était suspect. Je veux dire que ça l'arrangeait bien. »

Quelques semaines plus tard, au début de l'année 2005, Yves Bertrand a droit à une seconde salve. « Sarkozy m'avait convoqué au conseil général des Hauts-de-Seine cette fois. Là encore, il m'a hurlé dessus, m'accusant à nouveau d'avoir ajouté des noms, dont le sien, sur les listings ! Il savait très bien que ce n'était pas moi, mais il tenait là un très bon alibi pour régler ses comptes. J'étais le chiraquien, l'homme des basses œuvres supposées de Villepin, celui sur qui l'on pouvait taper. Pourtant, contrairement à ce que l'on pourrait penser, je n'étais pas si proche de Villepin. Un exemple : lorsque, en 2004, Chirac lui propose le ministère de l'Intérieur, il me reçoit et me lance : "On me donne l'Intérieur, qu'est-ce qu'il faut en penser ?" À l'époque, j'avais déjà quitté la DCRG pour l'IGA. Je lui conseille évidemment d'y aller, c'est un ministère régalien qui ne se refuse pas. Eh bien, après avoir obtenu le poste, il ne me recevra pas une seule fois ! Tout simplement parce qu'il était devenu dangereux de me fréquenter. C'est ça, le monde politique. »

Malgré les efforts déployés par l'entourage de Nicolas Sarkozy, Yves Bertrand, épargné par l'instruction judiciaire, passe au travers des gouttes du scandale Clearstream. Du moins le croit-il. L'hallali survient en fait un peu plus tard, alors qu'il s'apprête à prendre sa retraite pour de bon. Le 9 octobre 2008, *Le Point* révèle le contenu des carnets personnels de l'ancien directeur central des RG, placés sous scellés – et jamais exploités car sans intérêt pour leur enquête – par les juges de l'affaire Clearstream. Dans ces petits cahiers à spirale, Yves Bertrand consignait observations, rumeurs, considérations personnelles, annotations privées... Nicolas et Cécilia Sarkozy y figurent bien entendu en bonne place. Concernant le premier, on peut par exemple lire : « Sarko : un mec le tient. Tassez [l'ancien patron de RMC] », « Du fric de Falcone [intermédiaire dans les ventes d'armes à l'Angola] pour Sarko », « Sarko 150 000 francs en liquide dans son cabinet », « Sarkozy fait construire une villa à côté de Sartrouville, fait venir des entreprises de Neuilly. Tout au black », etc. Quant à la seconde, ce serait « une fêtarde », dont les parents détiendraient « un immeuble rue Marbeuf à Paris face au restaurant Chez Edgar »... Yves Bertrand a beau rappeler que ces annotations n'étaient que la retranscription de confidences qui lui étaient faites, elles n'en traduisent pas moins une focalisation sur la personne de Nicolas Sarkozy pour le moins suspecte. De quoi achever de convaincre le président de la République qu'Yves Bertrand était bien, au même titre que l'ex-préfet de police de Paris Philippe Massoni, un pilier du fameux « cabinet noir » que Dominique de Villepin aurait constitué dès son arrivée à l'Élysée, en 1995.

« Les carnets ont rendu Sarkozy fou de rage, relate Bertrand. Déjà qu'il nous soupçonnait avec Massoni de comploter contre lui... Moi, j'ai été scandalisé que ces brouillons soient publiés dans la presse, il s'agissait de documents privés. Les exploiter était particulièrement malhonnête. Par exemple, si un journaliste venait me voir en me disant : "Tiens, il paraît que tel député a des tendances pédophiles", je le notais car c'est mon métier, mais cela ne signifiait évidemment pas que je prenais ça à mon compte. Claude Guéant, qui a joué les vierges effarouchées quand c'est sorti, le sait très bien. Je lui rendais compte en temps réel de toutes les rumeurs, y compris privées, notamment celles concernant Sarkozy ! Tous les soirs lorsqu'il était DGPN, chaque samedi matin quand il dirigeait le cabinet de Sarko à l'Intérieur. » L'ex-DCRG en est convaincu, l'actuel chef de l'État n'est pas étranger à la diffusion de ses carnets : « Sarko était à la manœuvre, via un avocat. Il avait tout intérêt à ce que ça sorte pour, une fois encore, jouer les victimes. » Avec, comme toujours, Yves Bertrand dans le rôle du coupable. « Ce qui le dérangeait, contrairement à ce que l'on a dit, ce n'étaient pas les annotations concernant Cécilia, mais d'autres choses beaucoup plus sérieuses, notamment sur des ventes d'armes », assure Bertrand. Si l'affaire s'est rapidement dégonflée, elle a néanmoins laissé des traces.

« Depuis lors, Sarkozy n'a jamais cessé de s'acharner, car c'est son personnage, s'enflamme Yves Bertrand. Il a même déposé plainte pour dénonciation calomnieuse contre moi au pénal, au moment de la publication des carnets, mais cela n'a évidemment rien donné, l'affaire a été classée sans suite. Il est manichéen. Quand il prend quelqu'un en grippe, il veut le tuer, au sens figuré du terme bien sûr. Il est incapable de pardonner, ou alors il fait semblant, comme il a tenté de le faire avec Villepin. » Aucune humiliation n'est épargnée à Yves Bertrand. Sitôt les carnets rendus publics, le ministère de l'Intérieur lui intime l'ordre de vider son bureau. Il est mis en congé forcé, à quelques semaines de la retraite, programmée en janvier 2009. On lui interdit même de s'approcher de la place Beauvau ! Bertrand est indésirable.

« J'ai su que Sarkozy en personne avait téléphoné à Thierry Klinger, le patron de l'Inspection générale de l'administration, pour lui dire : "Dites donc, Yves Bertrand n'a pas rendu son badge du ministère, il faut régler ça rapidement." Il avait aussi donné des consignes aux gens de ne plus me serrer la main, du coup, certains changeaient de trottoir en me voyant, ils avaient peur. » Autre anecdote, rapportée dans le livre de Dorothée Moisan, *Le Justicier* (Éditions du Moment, 2011) : le président, qui venait de porter plainte contre Bertrand pour « faux », « atteinte à la vie privée » et « dénonciation calomnieuse » après la publication des carnets, aurait appelé lui-même Michèle Alliot-Marie, alors ministre de l'Intérieur, pour s'assurer que les avocats de Bertrand ne seraient pas rémunérés par l'État, comme le veut pourtant l'usage pour les fonctionnaires poursuivis dans le cadre de leurs fonctions…

L'épilogue de cet affrontement inédit entre un haut responsable policier et un chef de l'État reste peut-être à écrire. Pour Yves Bertrand, c'est tout vu. « Sarkozy m'a tué, au moins administrativement. J'ai fini ma carrière tristement », lâche-t-il. Veuf depuis 1992, l'ancien policier, désœuvré, tourne un peu en rond dans son appartement parisien, à deux pas du parc Monceau, entouré de ses chats.

Il a conservé le contact avec quelques journalistes, comme au bon vieux temps des rendez-vous qu'il fixait dans son grand bureau, place Beauvau, à l'heure de l'apéro. Pépins de santé obligent, le Perrier s'est substitué au Chivas. Il confesse tout de même qu'il ne reçoit plus beaucoup de visites. Il est définitivement infréquentable. L'oukase sarkozyste a été suivi d'effet, et rares sont ceux qui se risquent à s'afficher avec le banni. Yves Bertrand rapporte une dernière anecdote, remontant à la fin de l'année 2009. Il décide de prendre des nouvelles de son ami Philippe Massoni et lui passe un coup de fil, chez lui. Furieux, l'ancien préfet de police lui répond sèchement : « Yves, ne m'appelle plus ! On ne doit pas être en contact. Si Sarkozy l'apprend, on est morts. » Bertrand n'a pas eu le cœur de lui répondre que c'était déjà le cas.

Claire Thibout

Vendredi 11 mars 2011, cabinet de Me Antoine Gillot, avenue Victoria, vue (presque) imprenable sur la place du Châtelet. Claire Thibout, 53 ans, paraît nerveuse, sur ses gardes. En fait, elle est comme ça depuis le mois de juillet 2010. Avec ses faux airs de Pierre Desproges, son avocat, qui fume bizarrement ses Marlboro par le bout après en avoir arraché le filtre, est plutôt atypique. Sa décontraction rassure l'ancienne comptable des Bettencourt, minuscule dans son grand fauteuil. Ce premier rendez-vous sera suivi de trois autres, en tête-à-tête. Claire Thibout, si fragile, fracassée par le pouvoir, demandera à relire ses propos, qu'elle n'atténuera en rien.

Sa fille de 14 ans suit une psychothérapie, son mari a failli la quitter, elle s'est fâchée avec sa sœur, elle-même prend des antidépresseurs et consulte un psy, le fisc est à ses trousses, la justice la menace toujours, elle a perdu son emploi – et désespère d'en trouver un nouveau... Voilà, pour l'essentiel, ce que l'affaire Bettencourt a « rapporté » à Claire Thibout. Pour avoir osé évoquer un financement illégal en 2007 de la campagne présidentielle victorieuse de Nicolas Sarkozy, elle s'est trouvée, contre son gré, plongée au cœur d'un scandale d'État dont elle n'a mesuré l'ampleur que trop tardivement. Claire Thibout, ou l'histoire d'une simple comptable devenue témoin gênant, d'une femme sans histoires pourchassée par la police et les paparazzis, d'une mère de famille ordinaire broyée sans états d'âme par un pouvoir vacillant, prêt à tout pour sauver son chef.

Claire Thibout, comptable de Liliane et André Bettencourt de mai 1995 à décembre 2008, n'oubliera jamais ce début d'été 2010. Non sans hésitation, elle a fini par accepter de revenir, heure par heure, sur ces incroyables journées. « Pour moi, commence Claire Thibout de sa petite voix haut perchée, la descente aux enfers a commencé lorsque la police, juste après la publication des enregistrements, en juin 2010, a découvert que c'est mon mari, informaticien, qui avait fait la copie des cédéroms. »

Le mercredi 16 juin 2010, la publication des extraits de conversations captées clandestinement dans l'hôtel particulier de Liliane Bettencourt par son maître d'hôtel, Pascal Bonnefoy, marque le début d'un tsunami politico-judiciaire d'ampleur inégalée. Les propos enregistrés suggèrent financements politiques suspects, conflits d'intérêts, fraudes fiscales et autres pressions sur la justice. Les faits mis au jour sont extrêmement embarrassants pour le pouvoir, tout spécialement pour le ministre du Travail Éric Woerth, mais aussi pour le procureur de Nanterre, dont il apparaît qu'il aurait pu être influencé par l'Élysée dans le traitement du dossier d'abus de faiblesse opposant la fille de Liliane Bettencourt à l'entourage de cette dernière.

« Les policiers ont pensé à une collusion », reprend Claire Thibout. De fait, le maître d'hôtel, Pascal Bonnefoy, entretenait d'excellentes relations avec le couple Thibout. Il avait logiquement pensé au mari de Claire, Philippe, pour numériser les enregistrements pirates, réalisés entre mai 2009 et mai 2010 à l'aide d'un petit dictaphone. « Ils l'ont mis en garde à vue pendant près de quarante-huit heures. Ils pensaient qu'il avait été payé, ce qui était faux », explique l'ex-comptable des Bettencourt. Bombardé de questions par les policiers, l'informaticien est soumis à une forte pression. Dès la révélation des enregistrements, le procureur de Nanterre, plutôt que de s'intéresser au contenu des discussions captées par Pascal Bonnefoy, a demandé aux policiers de concentrer leurs investigations sur ceux qui les avaient réalisés, recopiés et diffusés. Claire Thibout reçoit un coup de fil : c'est la police judiciaire. « Pour que votre mari sorte, venez vite », lui intiment les enquêteurs, prétextant des vérifications à faire sur l'état du patrimoine du couple. La comptable file au 133, rue du Château-des-Rentiers, dans le XIIIe arrondissement de Paris. C'est à cette adresse, dans un immeuble couleur grisaille, que sont regroupées les sept brigades de la PJ parisienne spécialisées dans les infractions économiques et financières.

« Je n'avais pas d'inquiétude particulière, se souvient-elle, je pensais à une audition de routine. Sauf qu'en arrivant rue du Château-des-Rentiers, une mauvaise surprise m'attendait. » Elle s'entend dire par un policier : « On vous met en garde à vue car une plainte contre vous pour vol vient d'arriver. » Dans l'intervalle en effet, l'avocat de Liliane Bettencourt, Me Georges Kiejman, qui entretient les meilleures relations avec Philippe Courroye, vient de déposer une plainte providentielle contre Claire Thibout, soudainement accusée d'avoir conservé par-devers elle des documents après son départ de chez Clymène (la société chargée de valoriser la fortune de l'héritière de l'Oréal)... un an et demi plus tôt. « Là, je me souviens de m'être dit : "Claire, les ennuis commencent." C'était un vendredi soir, le 18 juin... »

Les policiers informent la comptable qu'ils souhaitent prolonger la garde à vue de son époux afin de mener une perquisition dans la résidence secondaire du couple, en Normandie. Ils ont déjà conduit, dans l'urgence, deux perquisitions dans leur appartement parisien ! Une première fois pour les cédéroms, la seconde dans le cadre de la plainte pour vol. « Juste avant d'y retourner, la seconde fois, je sais qu'ils s'étaient fait remonter les bretelles par le parquet de Nanterre, affirme Claire Thibout. "Il faut absolument trouver quelque chose", leur avait dit Courroye. Ils ont donc ramené mon mari à l'appartement. Avec les menottes. Ils ont tout retourné, ils ont même questionné mon fils de 10 ans pour savoir où l'on cachait des choses... » Claire Thibout est d'autant plus choquée que son fils revenait ce jour-là de l'hôpital, où il avait subi une intervention quelques jours plus tôt. « Pour la Normandie, les policiers ne voulaient pas y aller, mais le parquet de Nanterre leur a mis une telle pression... Ils n'ont pas eu le choix. »

Direction la maison de campagne, donc. Claire Thibout reprend son récit. « On est partis du XIIIe en voiture, il a fallu qu'on repasse une nouvelle fois chez moi pour que je prenne les clés de la maison. Ils étaient quatre policiers avec leurs armes. Les enfants ne comprenaient pas. Ils m'ont mis dans une voiture banalisée avec gyrophare, ils conduisaient comme des fous. Ils m'avaient demandé de m'installer à l'arrière, sur le siège à l'opposé de celui du conducteur, pour éviter tout incident. Comme si j'allais me jeter sur lui... Mais bon, j'imagine que ce sont les consignes. Ces policiers étaient très courtois, au contraire de ceux qui ont fouillé l'appartement, particulièrement désagréables et convaincus que je cachais des choses inavouables. Grâce au gyrophare, on a été là-bas en une heure et demie, un record pour un vendredi soir ! »

Dans la maison, les policiers fouillent absolument tout, regardent les photos personnelles, vont jusqu'à saisir de vieilles disquettes informatiques... Ils se montrent intéressés par une chemise cartonnée contenant divers documents et sur laquelle figure l'inscription « F2B ». « Ils étaient suspicieux, persuadés que cela voulait dire "Françoise Bettencourt". » En fait, cela signifiait en abrégé "fournitures de bureau", sourit tristement Claire Thibout. Je commençais à ne pas me sentir bien, à force de répondre à des questions du style : "À quoi ça sert, ça ?" Cela a quand même duré jusqu'à 2 heures du matin. En les voyant fouiller tous les recoins, me questionner comme si j'étais coupable, j'ai commencé à m'inquiéter, prenant sans doute conscience de l'importance de cette affaire, que ce n'était pas un petit truc. Pourtant, mon avocat, Antoine Gillot, que je connais de longue date, avait été plutôt rassurant. Je lui avais parlé dès avant 2006 de ce que je voyais dans l'hôtel particulier de Neuilly, je voyais les choses mal tourner, j'avais peur d'être considérée comme complice, on voulait me faire faire des choses pas claires... »

La comptable se rappelle que, au début de son interrogatoire, les policiers lui avaient parlé d'un vol de documents, mais sans être capables de lui dire de quels documents il s'agissait. Et pour cause, ce « petit détail » n'était même pas précisé dans la plainte de Me Kiejman, manifestement rédigée en catastrophe. Aux enquêteurs, elle indique que, dans le cadre d'un protocole d'accord intervenu à la suite de son licenciement, tous les documents comptables, fiscaux et autres, avaient bel et bien été restitués et que son avocat en a la preuve. « Ils ont alors téléphoné devant moi à Antoine Gillot qui leur a confirmé la véracité de mes dires et leur a immédiatement communiqué une copie du protocole d'accord. Par la suite, ils ont demandé à mon avocat de leur transmettre le justificatif de la restitution de ces documents, ce qu'il a fait. Parmi les pièces restituées figuraient les carnets des retraits d'espèces que j'effectuais. C'est à partir de ce moment-là qu'ils ont commencé à s'intéresser à ces retraits d'espèces. Ils m'ont alors demandé où se trouvaient ces carnets. »

Dans ces carnets de caisse, la comptable recensait les nombreuses remises d'argent liquide effectuées par André et Liliane Bettencourt – une tradition maison. Après son départ, elle les avait remis à Me Fabrice Goguel, l'avocat fiscaliste de la famille, ce qu'elle indique aux policiers. Ces derniers tentent de le joindre immédiatement, sans succès : il est en vacances. « Tout cela m'inquiétait car je savais qu'il y avait des noms dans ces carnets. J'avais pris soin, à la demande de M. Bettencourt, de ne pas les remettre à Patrice de Maistre [gestionnaire de fortune du couple], en qui il n'avait pas confiance, et je ne voulais pas que certaines personnes mentionnées dans les carnets aient des ennuis. »

Finalement, Claire et son époux sont remis en liberté le week-end, mais la comptable a désormais conscience que « tout cela [va] être plus compliqué que prévu ». Les jours suivants, tandis que le scandale ne cesse d'enfler publiquement, les choses semblent en revanche se calmer pour Claire Thibout. Certes, elle est bien réentendue, pour d'autres « précisions », le mercredi 30 juin, mais nulle raison de s'inquiéter. Pourtant, le vendredi 2 juillet dans l'après-midi, elle est reconvoquée, pour le lundi 5 juillet au matin. Le vendredi dans la matinée, son avocat a fait des déclarations sur RMC, au micro de l'accrocheur Jean-Jacques Bourdin, évoquant de possibles financements politiques.

« Au début, tout se passe bien, assure la comptable. Ce n'étaient pas toujours les mêmes policiers qui m'interrogeaient, sans doute volontairement : ils voulaient vérifier si je disais la même chose à l'un ou à l'autre. » Alors que Claire Thibout est dans leurs locaux, les policiers joignent enfin sur son portable Me Goguel, qui revient tout juste de congés. Ils vont même le chercher à l'aéroport directement, et lui réclament les fameux carnets. « Au moins, il confirme mes déclarations, se rappelle Claire Thibout. Les policiers semblent satisfaits, ça leur va, et ils me raccompagnent même chez moi en fin de matinée. Mais, en début d'après-midi, ils me rappellent en me disant que le parquet n'est pas content, qu'il faut qu'ils me réinterrogent sur les carnets de caisse. Le matin, je leur avais déjà expliqué que je disposais d'un accréditif me permettant de retirer 50 000 euros en espèces chaque semaine, que dans la maison de Neuilly on payait beaucoup de choses en espèces... » Claire Thibout s'était rendu compte ce matin-là à quel point ses déclarations intéressaient le pouvoir. « Dès qu'on faisait un PV, ça remontait immédiatement à la direction de la PJ puis au parquet qui demandait à ce que l'on me repose des questions. Les enquêteurs subissaient une pression terrible. »

Priée donc de revenir rue du Château-des-Rentiers, Claire Thibout renâcle. « Au téléphone, j'ai senti mon interlocuteur énervé. Les policiers s'étaient déjà fait secouer par le parquet pour la perquiz'. » Un dialogue de sourds s'engage. « Écoutez, c'est fatigant tout ça, je reviendrai demain, lance la comptable. – Non, non. Le parquet veut ça pour ce soir. On va venir chez vous tout de suite », réplique le policier au bout du fil. « J'étais un peu surprise. Cela ne m'a pas beaucoup plu, car je ne voulais pas encore infliger ça à mon fils et ma fille. Les policiers ont donc débarqué avec un ordinateur et une imprimante pour faire les PV. Et là, ils m'interrogent longuement sur l'argent de caisse, ce qu'en fait exactement Mme Bettencourt... Il faut comprendre mon état d'esprit à ce moment-là. La veille, le dimanche midi, à l'occasion de l'anniversaire de mon fils, on a fait un repas de famille. Ma sœur, qui est expert-comptable, comprend que je vais être embêtée. Jusqu'alors, je n'avais jamais rien dit de ce qui se passait chez les Bettencourt, notamment s'agissant de l'argent liquide, ni à ma famille ni à personne d'autre. Ma famille est catholique, avec des principes assez rigides. Ma sœur m'a dit : "Après tout, tu n'as rien fait de mal, le mieux est que tu dises tout." Mais elle ne savait pas ce que je savais. Ensuite, elle me dira qu'elle regrettait de m'avoir conseillé de parler, vu les ennuis que ça m'a attirés... » Une chose est sûre, comme elle le dit elle-même, Claire Thibout était « déterminée à parler » aux policiers. « D'autant, ajoute-t-elle, que maintenant qu'ils avaient récupéré les carnets, ils pouvaient constater l'existence de mouvements importants. Par ailleurs, j'avais accepté le principe d'une interview avec le journaliste de Mediapart qui avait publié des extraits des enregistrements de Pascal Bonnefoy. Les policiers ont tellement insisté, et comme je ne voulais pas qu'ils l'apprennent par la presse, alors j'ai parlé. »

Claire Thibout va dévoiler les petits secrets les mieux gardés de l'hôtel particulier de la rue Delabordère, à Neuilly-sur-Seine, où l'héritière de l'Oréal et son mari ont élu domicile.

« Donc je leur raconte que les Bettencourt donnaient de l'argent à des politiques. Évidemment, ils veulent savoir qui. Et là, je leur raconte, notamment, comment de Maistre m'a demandé de l'argent... Et je détaille l'épisode Woerth-de Maistre, qui m'avait choquée, surtout parce qu'à l'époque Dédé, comme on surnommait André Bettencourt dans la maison, était malade et que Liliane n'avait plus toute sa tête. J'explique que de Maistre m'a demandé de retirer 150 000 euros destinés à Éric Woerth pour le financement de la campagne présidentielle de Nicolas Sarkozy. Là, j'ai vu que les policiers étaient satisfaits : "Ah, vous allez être délivrée d'un poids maintenant." Et ils sont repartis. Là, je me suis dit que cette histoire prenait quand même des proportions considérables, avec l'évocation du nom de Sarkozy et de sa campagne électorale. Je me doutais que ce serait un peu lourd à assumer, mais pas à ce point-là. Ensuite, dans la soirée, j'ai fait l'interview au téléphone avec le journaliste de Mediapart. On a décidé d'accélérer le processus, car le journaliste pensait que ma déposition risquait de fuiter rapidement. »

De fait, le dimanche soir, lors d'une première rencontre, avaient été jetées les bases d'un entretien qu'il avait été convenu de finaliser au cours de la semaine. Mais, d'un commun accord, au vu de l'accélération soudaine de l'enquête, les deux parties décident le lundi soir d'anticiper la publication de l'interview. Au cours de laquelle Claire Thibout va plus loin qu'elle ne l'a fait devant la PJ, désignant notamment Nicolas Sarkozy comme l'un des destinataires probables des enveloppes en liquide dont les

Bettencourt gratifiaient, semble-t-il, beaucoup d'hommes politiques. Elle ne demande pas à valider ses propos, peut-être ne saisit-elle pas encore le poids de ses mots. Neuf mois plus tard, sollicitée pour ce livre, elle n'acceptera de s'exprimer qu'à la condition de pouvoir relire et contrôler soigneusement ses déclarations. Elle a payé pour apprendre. Un prix exorbitant.

Retour au mardi 6 juillet 2010, à l'aube. Mediapart met en ligne l'entretien sous le titre-choc : « L'ex-comptable des Bettencourt accuse : des enveloppes d'argent à Woerth et à Sarkozy ».

Claire Thibout est réveillée par son avocat qui, pressentant la déflagration médiatique, lui propose de se mettre au vert, ce qu'elle refuse dans un premier temps. « Puis je découvre l'article, et, là, je prends peur, je n'avais pas imaginé ça... Ensuite, ç'a été la folie. Il y avait des journalistes qui m'attendaient devant le centre social où je travaillais, l'un d'eux était même monté avec une caméra dans mon bureau ! Mon mari m'appelle pour me dire que des journalistes l'attendent aussi devant son magasin d'informatique. Antoine Gillot me redit de partir au vert. Il a raison. Je me dis : pas en Normandie, car on va facilement retrouver ma trace. On pense alors avec mon mari à mes cousins, qui habitent près d'Arles. On les appelle pour les prévenir tout en leur disant qu'on ne peut rien leur dire au téléphone. Nous sommes donc partis. »

Le mari de Claire profite du fait que l'immeuble du couple comporte une seconde sortie pour prendre un taxi en douce et filer gare de Lyon, où il retrouve sa femme. « J'ai moi aussi réussi à quitter mon travail en taxi pour le rejoindre. Nos enfants angoissaient. On leur a tout expliqué. On a dû attendre quatre ou cinq heures dans la gare, mais, au moins, on était anonymes dans la foule des vacanciers. On a eu un train en fin d'après-midi, et on est arrivés vers 22 heures. » Les cousins de la comptable résident à Fourques, un patelin minuscule, dans le Gard. « J'étais épuisée et à bout de nerfs. J'ai débranché mon portable et j'ai été me coucher », se remémore Claire Thibout. Ses ennuis ne font pourtant que débuter.

Le lendemain matin, mercredi 7 juillet, vers 11 heures, elle se décide à rallumer son téléphone. Elle trouve un message de son avocat lui disant qu'elle doit rentrer à Paris, que la police la cherche d'urgence. Puis un gendarme sonne et lui enjoint de contacter la brigade financière. Inquiète, elle appelle, mais le policier de la BF dont le gendarme lui a donné le numéro est parti déjeuner. Elle décide donc de prendre la direction de la gare d'Avignon, afin de prendre un train pour Paris. À peine montée en voiture, son portable sonne. « Ne partez surtout pas, restez là où vous êtes, on vous donnera la marche à suivre », lui intime un policier. Retour vers Fourques, donc. « Et là, je découvre, ahurie, deux cars de CRS et plusieurs estafettes de gendarmerie devant la maison de mes cousins ! Dans ce village où tout le monde se connaît, chacun s'interroge, le maire lui-même vient aux nouvelles. Je me sentais vraiment mal. De toute façon, quand j'ai su qu'ils ne voulaient pas que je remonte, j'ai compris qu'il y avait un truc qui clochait, j'avais un très mauvais pressentiment. Mon cousin m'a dit : "Ils le font exprès, ils veulent te faire mijoter, te faire peur." Il avait raison. Les cars de CRS étaient là uniquement pour me mettre la pression. Outre les CRS, il y avait aussi des enquêteurs de la brigade financière locale. Je les interroge, mais ils me disent qu'ils ont pour instruction de patienter, qu'ils attendent les consignes. Alors je rentre à la maison, et j'attends, j'attends... Je n'arrête pas de me répéter que je n'ai rien fait de mal, mais je gamberge vraiment. »

Claire Thibout ignore à ce moment-là que, à Paris, au sommet du pouvoir, la mobilisation générale a été décrétée. La consigne est claire : il faut « s'occuper » en urgence de cette petite comptable qui a osé mettre en cause le président. Nicolas Sarkozy lui-même prend l'affaire en main. Dans son livre *M. le Président*, Franz-Olivier Giesbert écrit, à propos de l'interview donnée à Mediapart par Claire Thibout : « Après la diffusion de ses déclarations, tous les moyens de l'État sont déployés, toutes affaires cessantes, pour retrouver la comptable, partie en vacances du côté d'Arles. Le chef de l'État harcèle son ministre de l'Intérieur au téléphone : "Qu'est-ce que tu fous ? Qu'attendez-vous pour la localiser ?" » Brice Hortefeux, comme toujours, a exécuté sans discuter l'injonction de son mentor.

Finalement, au bout de plusieurs heures d'une attente angoissée, Claire Thibout est informée par téléphone qu'une équipe de la BF va descendre de Paris tout spécialement. Ils débarquent à 19 heures. « Ils m'ont fait peur, ils étaient quatre hommes et une femme et ont surgi par la cuisine plutôt que par l'entrée principale. Ils ont dit à mes cousins de "dégager", puis m'ont lancé : "Vous savez pourquoi on vient." Ils m'ont dit qu'ils voulaient me questionner sur l'interview accordée à Mediapart, qu'ils allaient m'interroger au commissariat de Nîmes où, disaient-ils, ils ne pourraient pas me mettre en garde à vue. Ils me font comprendre que je peux refuser, mais que cela risque de m'attirer des ennuis. Ils m'informent que, après une nouvelle audition, ils me laisseraient retourner à Fourques mais me ramèneraient à Paris le lendemain matin ! Je ne comprenais pas ce qui m'arrivait. J'ai pris mon portable avec moi car ils m'avaient dit qu'ils ne me reconduiraient pas à Fourques, qui est à une trentaine de kilomètres de Nîmes. »

La comptable se souvient que les policiers, dont certains l'avaient déjà interrogée à Paris, « avaient changé de comportement ». « Ils étaient très nerveux, crispés, ne me lâchaient pas, explique-t-elle. Ils avaient l'air d'avoir peur que je me sauve. Je leur ai pourtant expliqué que je ne fuyais pas la justice, mais les journalistes. » Effectivement, littéralement traquée par la presse, elle avait trouvé jusque dans sa boîte aux lettres, à Paris, des mots de journalistes, avec leurs coordonnées, disant : « Rappelez-moi », « On ne vous veut pas de mal », etc.

« Mais les policiers étaient vraiment suspicieux : "Pourquoi avez-vous pris la fuite ?" me répétaient-ils. Puis ils m'ont dit : "Le journaliste de Mediapart ne vous a pas embêtée ?" J'ai répondu : "Non, pas du tout." Ils pensaient – ou feignaient de penser, je ne sais pas – qu'il m'avait harcelée. Je leur ai dit que ce n'était absolument pas le cas. J'étais totalement perturbée, je ne me rappelais même plus du nom du journaliste. Ils voulaient tout savoir. Je leur ai dit que j'avais fait sa connaissance via mon avocat et qu'il m'avait jointe le soir sur mon portable. Puis ils m'ont requestionnée sur toutes mes réponses dans l'interview, et pourquoi j'ai dit ça, et pourquoi je n'avais pas dit ça à la police, etc. Je leur ai dit que j'avais spontanément parlé de l'épisode de Maistre-Woerth. » C'est à ce moment-là que le nom du président de la République s'est invité dans l'audition – de plus en plus tendue.

« Puis est venu le cas Sarkozy. Là, je ne me sentais pas bien. J'étais vraiment dans la position de l'accusée. Les policiers voulaient me faire dire que Mediapart était un journal de voyous. Alors je leur ai répondu que je n'avais pas formulé ma réponse aussi précisément que ça, que j'avais dit qu'il y avait des politiques qui venaient à la maison, parmi lesquels Sarkozy, et que je me doutais qu'ils devaient recevoir de l'argent. Concernant Sarkozy, je me souviens d'avoir précisé que je n'avais pas de preuve, mais qu'il pouvait avoir touché de l'argent. » Au fur et à mesure que ses déclarations se font de plus en plus précises, Claire Thibout sent la pression croître sur ses épaules. De témoin, elle est devenue accusée. Elle a le sentiment d'être plongée dans un thriller dans lequel elle endosserait le mauvais rôle. Comme dans *Witness*, le film de Peter Weir, où un enfant est menacé pour avoir vu une scène à laquelle il n'aurait jamais dû assister.

« Et puis, glisse Claire Thibout encore émue, à un moment, comme je me sentais vraiment très mal, j'ai lâché sur un point précis, celui du financement éventuel de la campagne présidentielle d'Édouard Balladur, que les propos figurant dans l'article de Mediapart relevaient de la "romance". C'est cette expression qui sera ensuite utilisée pour tenter de décrédibiliser mon témoignage. D'avoir utilisé ce mot, "romance", bien sûr que je le regrette, car il a été exploité pour me faire dire des choses que je ne voulais pas dire. Je n'ai pas mesuré que tout cela allait être exploité politiquement, j'avais une telle pression... »

Claire Thibout reprend le fil de sa narration. « La conversation est revenue sur Sarkozy. Là, dans ce commissariat sinistre, face à plusieurs policiers déterminés, je me suis rendu compte de ce qui se passait. Je mesurais les conséquences de l'interview. Je me suis dit, s'agissant du passage sur Sarkozy : "Je ne peux pas assumer ça." Donc, je me suis contentée de dire qu'il "pouvait avoir touché", car, comme je l'ai toujours dit, je n'avais jamais été témoin direct d'une remise d'espèces à un politique. Mais les policiers n'étaient pas contents, ils voulaient que je leur dise que tout était faux. Ils subissaient eux-mêmes une incroyable pression. À chaque feuillet tapé, l'un des quatre policiers faxait le PV à sa hiérarchie et au parquet de Nanterre, qui rappelait pour faire changer tel ou tel mot. C'était incroyable. »

Finalement, Claire Thibout est remise en liberté. À 2 heures du matin. « Ils ne m'ont même pas raccompagnée… Et en guise d'au revoir, m'ont dit que je devais être à 9 heures le lendemain matin à Paris, et m'ont fait comprendre que je devais prendre le même train qu'eux, dont ils m'ont donné les références. Quel enfer… J'ai dormi deux heures, et me suis retrouvée à la gare d'Avignon à 5 heures. Épuisée, je me suis trompée de train, il y en avait deux, à cinq minutes d'écart, qui allaient à Paris. Lorsqu'ils ont vu ça, les policiers ont annulé le leur et sont montés dans le mien, sans billet, en montrant leurs cartes de police. Moi, personne n'a remboursé mon aller-retour ! Je me suis mise dans un coin pour dormir, mais ils m'ont forcée à m'installer à côté d'eux. Ils ne me lâchaient pas. Quand j'ai été prendre un café au bar, il a fallu qu'ils me suivent. Je n'ai pas eu un moment seule. Finalement, j'ai dormi un peu, mon sac à main calé sous ma tête, je n'avais pas confiance ! De toute façon, au commissariat, ils avaient déjà vidé mon sac, noté tout ce qu'il y avait dedans, confisqué ma clé USB… »

Dans le train, Claire Thibout a droit au classique numéro du bon flic/mauvais flic. « Il y avait un policier jeune, qui était là pour m'amadouer. Un autre, à l'inverse, continuait à me mettre la pression. Il me disait : "On sait que vous avez des documents, si vous ne les donnez pas, ça va mal se passer." Arrivée gare de Lyon, je n'étais pas au bout de mes peines. On a foncé à la brigade financière, où je suis restée de 9 heures à 21 heures. J'ai dû me contenter d'un sandwich, d'eau et d'un café. Ils ne me lâchaient toujours pas, m'accompagnant jusqu'aux toilettes. Et ça a recommencé : toute la journée ils m'ont réinterrogée en détail sur l'interview donnée à Mediapart, avec toujours le même objectif : me faire revenir sur mes propos. Il n'y a que ça qui les intéressait. »

Dans l'après-midi, Claire Thibout, harassée, à bout de nerfs, est confrontée à Patrice de Maistre, afin d'éclaircir l'épisode de la remise d'argent destiné à Éric Woerth. « Ça s'est mal passé avec de Maistre, qui niait tout. Il disait que j'affabulais. Et j'avais le sentiment que les policiers ne me croyaient pas. Une policière m'a lancé, agressive : "Pourquoi faites-vous de M. de Maistre l'ennemi public numéro un ?" Mais j'ai maintenu mes propos. Je leur ai dit : il y a des faits, et j'ai des preuves. Je ne suis donc pas revenue sur mes déclarations devant de Maistre. »

Une nouvelle épreuve attend la comptable : elle doit maintenant être confrontée à Eva Ameil, la responsable de la BNP auprès de qui elle avait sollicité une augmentation exceptionnelle de son accréditif hebdomadaire, afin de pouvoir satisfaire la demande de Patrice de Maistre.

« Je pensais qu'elle confirmerait notre entretien téléphonique relatif à l'épisode du retrait. Je la connaissais depuis treize ans, on entretenait les meilleures relations, je l'avais d'ailleurs invitée à mon pot de départ fin 2008. Quand je l'ai vue entrer, coincée, faisant semblant de ne pas me connaître, j'ai compris qu'elle allait nier. Effectivement, elle a contesté avoir reçu un coup de fil de ma part lui demandant de pouvoir retirer 150 000 euros. Je lui ai lancé : "C'est marrant d'être amnésique comme ça." Heureusement, comme elle éludait les questions, notamment sur Tracfin [les banques sont tenues de signaler à l'organisme antiblanchiment les retraits suspects], je crois que les policiers ont senti qu'elle n'était pas claire. On a signé le procès-verbal, j'ai quitté la police vers 21 heures et j'ai été voir mon avocat. C'est là que je me suis souvenue qu'Eva Ameil était la meilleure amie de la sœur de de Maistre. Totalement perturbée par tous ces événements, je n'avais pas eu la présence d'esprit de le dire lors de la confrontation. Antoine Gillot a immédiatement appelé le commissaire pour lui signaler ce point essentiel. Mais bon, j'étais de plus en plus inquiète. Je disais la vérité, mais d'un seul coup, tout se retournait contre moi : de Maistre, Amiel, puis une erreur de date sur le moment où avait été retiré l'argent destiné à Woerth... Comment aurais-je pu m'en souvenir précisément, sans mes carnets ? Seule avec ma version, face à l'État français finalement, j'ai commencé à avoir peur... »

Ballottée quarante-huit heures durant d'un service de police à l'autre, Claire Thibout ne mesure pas, alors, qu'à l'extérieur, son témoignage a viré à l'affaire d'État. D'autant qu'il a donné lieu à l'une des plus formidables manipulations médiatiques de ces dernières années. Dans la matinée du jeudi 8 juillet, alors que Claire Thibout n'est sortie du commissariat de Nîmes que depuis quelques heures, le site internet du *Figaro* met en ligne un papier titré : « Claire Thibout dénonce "la romance de Mediapart" ». L'article n'est pas signé, ce qui est parfaitement aberrant pour une information de cette importance, et s'appuie sur des extraits tronqués de la déposition de la comptable recueillie quelques heures plus tôt seulement par la PJ. Jamais sans doute un procès-verbal n'avait fuité aussi rapidement. Ce n'est pas tout : le site reproduit un extrait soigneusement choisi du PV en fac-similé (l'édition papier du quotidien fit de même, en une, le lendemain).

Une violation caractérisée du secret de l'instruction : les journalistes n'y sont certes pas soumis, mais peuvent être poursuivis pour « recel » de ce délit. En clair, ils peuvent utiliser des éléments issus d'une procédure, mais en aucun cas détenir des pièces. Le site internet du journal conservateur a fait preuve en l'espèce d'une telle imprudence qu'il est difficile de ne pas y voir l'assurance de pouvoir agir en toute impunité.

De fait, alors que l'État, à deux reprises, via le contre-espionnage et le parquet de Nanterre, a déployé un zèle considérable pour tenter d'identifier les sources des journalistes du *Monde* coupables d'avoir publié des informations dérangeantes sur cette affaire, la Chancellerie se gardera bien cette fois d'intervenir : aucun parquet de France ne lancera la moindre procédure sur la violation flagrante du secret de l'instruction dont s'est rendu coupable *Le Figaro*, alors qu'en l'espèce le délit était constitué... Cette exemplaire opération de désinformation choqua d'ailleurs une grande partie de la rédaction du *Figaro*. La Société des journalistes (SDJ) dénonça en effet dans un communiqué cinglant « un PV tronqué, assorti d'un article non signé, qui participait à l'évidence de la stratégie de communication de l'Élysée ». Patron de la rédaction du quotidien détenu par Serge Dassault, Étienne Mougeotte, notoirement proche de l'Élysée en général et de Claude Guéant en particulier, fut directement mis en cause par la SDJ : « Il a publié des accusations sans les avoir vérifiées. Il a orienté le témoignage de l'ancienne comptable pour lui faire dire autre chose que ce qu'elle voulait dire. »

Comme s'il fallait en plus signer le crime, Claude Guéant, alors secrétaire général de l'Élysée, se félicita, dans une déclaration à l'Agence France-Presse, quelques minutes après leur publication sur le site internet du *Figaro*, des propos de Claire Thibout, dont le sens général avait été sciemment déformé. « Le fait que la vérité soit rétablie fait toujours plaisir », pérora Claude Guéant, affirmant que les accusations visant Éric Woerth et Nicolas Sarkozy se trouvaient ainsi balayées. Dans le même temps, les porte-flingues de l'UMP, Xavier Bertrand en tête, après avoir dénoncé les « méthodes fascistes » de Mediapart, se relayèrent sur toutes les antennes pour expliquer que l'affaire Woerth-Bettencourt était terminée.

Ils durent vite déchanter. D'abord parce que les attaques extraordinairement violentes du pouvoir contre la presse provoquèrent un tollé. Surtout, rapidement, la publication, cette fois dans son intégralité, du fameux procès-verbal, notamment par lemonde.fr, attesta au contraire que la comptable avait maintenu devant la police l'essentiel de ses déclarations à Mediapart. Dans la matinée du jeudi 8 juillet, *Le Monde* avait, comme d'autres médias, été destinataire d'extraits tronqués de la déposition de Claire Thibout. De nombreux journalistes de la presse écrite ou audiovisuelle ont depuis raconté à quel point il avait été aisé pour eux, ce jour-là, d'obtenir des extraits, soigneusement choisis au préalable, de la déposition de l'ancienne comptable des Bettencourt, qui leur furent communiqués par le parquet de Nanterre, le ministère de l'Intérieur, la préfecture de police de Paris ou l'Élysée directement.

C'est par son avocat que Claire Thibout a appris l'existence de l'article du *Figaro*. Elle raconte : « Il m'a dit : "Mais tu es revenue sur tes déclarations ?" Et moi, stupéfaite : "Mais non, je ne suis revenue sur rien." Antoine Gillot s'est renseigné sur ce fameux article qui, bizarrement, n'était pas signé. On lui a dit : "Ça vient de plus haut." Du coup, j'ai acheté *Le Figaro*. J'ai un peu halluciné. Je me suis dit : "C'est un paquet de mensonges !" On avait tronqué mes déclarations, truqué mes propos, je n'en revenais pas… »

Après cet épisode, la comptable pense que les policiers, mandatés par le parquet de Nanterre, vont enfin la « laisser un peu en paix ». « Pas du tout, s'exclame-t-elle. Ils ne m'ont pas lâchée pour autant. Ils ont pensé que j'allais craquer, mais cela ne marchait pas. Au contraire, les dénégations de de Maistre m'avaient mise en colère. Pour me mettre la pression, ils ont donc continué à me convoquer, sous des prétextes divers. J'ai été interrogée douze fois au total ! Ils me téléphonaient, me demandaient de venir au Château-des-Rentiers. Très vite, ils ne m'ont mise qu'avec des équipes de policières. En l'occurrence, je dois dire que les femmes policières ont été plus dures avec moi. Elles étaient hargneuses, elles essayaient de me convaincre de dire certaines choses, en étant plus ou moins menaçantes. En plus, ils changeaient d'équipe à chaque fois, pour que je ne m'habitue pas, comme pour mieux me déstabiliser. Il n'y avait jamais de tête-à-tête, j'avais toujours deux ou trois personnes face à moi. Au début, le but du parquet de Nanterre était que je revienne sur mes propos concernant l'argent versé aux politiques. Quand ils ont vu que je ne revenais pas sur mes déclarations, ils ont tenté de prouver que j'avais écouté les enregistrements clandestins, puis que mon mari savait plus de choses qu'il ne le disait, etc. Ils étaient tellement en colère de ne rien avoir obtenu de moi qu'il fallait absolument trouver quelque chose. Et puis, changement de décor, lorsque je suis convoquée par Isabelle Prévost-Desprez. »

La première rencontre entre les deux femmes a lieu le 16 juillet.

Dans l'intervalle en effet, la présidente de la XVe chambre du TGI de Nanterre, en guerre ouverte avec le procureur Courroye, s'est autosaisie, sur la base des enregistrements clandestins, d'un « supplément d'information » dans le cadre du procès, qu'elle s'apprête à présider, intenté par la fille de Liliane Bettencourt contre François-Marie Banier. Quoique limitée par sa saisine, à savoir un éventuel délit d'« abus de faiblesse » qui pourrait être reproché au dandy, Isabelle Prévost-Desprez va conduire une enquête parallèle à celle menée par le parquet, soulignant en creux la partialité du ministère public dans la conduite du dossier Bettencourt. Abordant avec un a priori favorable cette audition par une magistrate indépendante, Claire Thibout en profite pour lui confier un élément susceptible d'être embarrassant pour elle, à savoir que, après son licenciement de Clymène, elle avait reçu de Françoise Bettencourt Meyers une somme de 400 000 euros au titre de dédommagement. De là à penser que son témoignage aurait été acheté par la fille de Liliane Bettencourt... Un raccourci absurde, comme l'atteste la chronologie, mais dont le parquet de Nanterre tente de se servir pour décrédibiliser la malheureuse comptable.

« On avait convenu avec mon avocat que je parle à Isabelle Prévost-Desprez des 400 000 euros réglés par Françoise Meyers, confirme-t-elle. Les policiers ont été furieux de découvrir ça, que je ne leur aie rien dit à eux ! Mais ils ne m'avaient pas posé la question... Du coup, ils m'ont encore convoquée, à plusieurs reprises. C'est à ce moment-là que j'ai enfin remis la main sur mon carnet de 2007, que j'avais égaré chez moi. » Une découverte très précieuse, car ce calepin donnait du crédit au récit de la comptable sur le point le plus sensible : la remise à Patrice de Maistre des fonds destinés à Éric Woerth.

« Et là, soulagement, car les dates correspondaient, se remémore Claire Thibout. Les mentions confirmaient le rendez-vous et la remise de l'argent à de Maistre via Liliane et, le lendemain, l'existence d'un rendez-vous entre de Maistre et Woerth. Je n'avais pas écrit "Woerth" sur mon carnet mais "trésorier". Je procédais ainsi : sur mes carnets, pour des raisons de discrétion, je ne mettais quasiment jamais les noms des destinataires des espèces. Mon carnet 2007 était évidemment un élément important, qui confirmait mes déclarations précédentes et crédibilisait le fait que de Maistre avait eu pour mission de remettre des fonds au trésorier de l'UMP pour la campagne présidentielle de Sarkozy. Les enquêteurs ne s'y sont pas trompés. Quand j'ai été convoquée cette fois-là, c'est un haut gradé qui m'a questionnée, je crois que c'était le directeur de la brigade financière lui-même. Et là, incroyable, voilà que les policiers essaient de me faire dire que le "trésorier" que je mentionnais dans mon carnet devait être Arnaud Benoît, le trésorier de… Clymène ! J'ai ri et je leur ai assuré que ce n'était pas lui mais bien le trésorier de l'UMP. Jusqu'au bout, ils auront tenté de me faire dire que ce n'était pas Woerth qui était désigné. »

Malgré la confirmation du rendez-vous entre de Maistre et Woerth, Claire Thibout a eu l'impression de ne pas être crue par les policiers, d'être poussée à changer de version. « J'ai vraiment eu le sentiment que l'acharnement dont j'étais l'objet n'en finirait jamais. Histoire de ne pas relâcher la pression, ils m'ont même dit de ne pas partir trop loin en vacances. D'ailleurs, dès la fin du mois d'août, j'ai de nouveau été convoquée. Heureusement, il y avait Isabelle Prévost-Desprez, elle a été ma bouée de sauvetage. »

S'agissant de la présidente de la XVe chambre, Claire Thibout n'a que des mots aimables. « Déjà, elle a fait en sorte que mes deux auditions avec elle se passent le plus discrètement possible. Avec elle, c'était très simple. D'abord, elle était courtoise. Elle m'a dit d'entrée : "Je vous pose des questions, et vous me dites ce que vous savez, tout simplement." Elle, elle cherchait la vérité, sans a priori. Dans l'enquête du parquet, on cherchait à me faire passer pour une affabulatrice ! C'est vrai que j'ai été soulagée de la rencontrer. Enfin quelqu'un qui n'est pas de parti pris, ni dans un sens ni dans l'autre, d'ailleurs. Elle m'a demandé de raconter le harcèlement policier dont j'avais été l'objet, notamment à Arles, lorsqu'on m'a traitée comme une suspecte... Elle m'a dit : "Il faut dire ce qui s'est passé car c'est absolument anormal." » De fait, lors de son audition devant Mme Prévost-Desprez, le 16 juillet, la comptable ne mâche pas ses mots : « J'ai eu l'impression pendant ces journées d'être traitée comme une voleuse, mes enfants étaient inquiets. Mon fils pleurait en se demandant ce qui se passait [...]. Je suis choquée parce que je considère avoir été harcelée alors que je n'étais que témoin. J'ai eu la sensation d'être traitée comme l'ennemi public numéro un. Ma famille a été ébranlée par tout cela. »

C'est sans doute ce qui a le plus déstabilisé Claire Thibout durant ces folles semaines : le comportement des enquêteurs à son égard, et plus généralement le traitement que lui a infligé le parquet de Nanterre.

« Ça m'a vraiment fait bizarre d'être traitée comme une délinquante par les policiers, dit-elle. Surtout quelqu'un comme moi. J'ai été élevée dans une famille très droite, avec des principes de rectitude bien ancrés. Ainsi, quand je me trompais dans ma caisse, je le disais à Liliane Bettencourt, alors que, bien évidemment, elle ne se serait rendu compte de rien. Il aurait été si facile pour moi de détourner de l'argent régulièrement... Elle me disait : “Mais Claire, qu'est-ce que j'en ai à faire qu'il manque quelques centaines d'euros dans la caisse, on s'en fiche complètement.” Et moi je lui répondais : “Peut-être, mais moi je suis comme ça...” D'ailleurs, les policiers ont épluché tous les comptes que j'avais tenus treize années durant, en espérant me piéger. Ils ont été déçus, car tout collait, au centime près. Je me souviens même qu'au moment de mon départ, après avoir fait les totaux, il y avait un trou de 200 euros. Eh bien, j'ai été au distributeur et, avec ma carte bancaire, j'ai retiré les 200 euros que j'ai mis dans la caisse. Question de principe. »

Les principes, justement. De ce point de vue, la comptable est tombée de très haut. « Avant cette affaire, confie-t-elle, j'avais une certaine idée de la justice : la droiture est la règle, et il est normal de punir les coupables, me disais-je. J'en suis un peu revenue. J'ai eu le sentiment que toutes les valeurs que l'on m'avait enseignées dans ma jeunesse étaient remises en question. Heureusement, ma rencontre avec Mme Prévost-Desprez m'a un peu réconciliée avec la justice. Elle au moins n'avait pas d'œillères et cherchait à savoir la vérité. Pourtant, elle ne m'a pas posé que des questions agréables, que ce soit sur les 400 000 euros ou une sombre invention d'appartements qui m'auraient été concédés. Mais elle est restée polie, et, surtout, elle voulait savoir exactement ce qui s'était passé. Alors que les autres avaient d'emblée porté un jugement négatif sur moi, ils voulaient me faire dire des choses fausses, et surtout que je revienne sur mes propos. En voyant se développer deux enquêtes parallèles, je me suis quand même dit que la justice était tombée sur la tête ! Parfois, les mêmes policiers m'interrogeaient à la demande de Courroye, puis de Prévost-Desprez. Mon mari a connu ça aussi. Un policier qui l'avait interrogé dans l'enquête du parquet l'a ensuite entendu à la demande de la juge Prévost-Desprez. Il lui a dit : "Là c'est bon, vous pouvez vous lâcher, c'est pour Mme Prévost-Desprez." C'est juste aberrant. »

À l'issue de quelques semaines de vacances, au cours desquelles elle n'a pas vraiment réussi à décompresser, Claire Thibout s'est aperçue, à son grand désarroi, qu'elle était toujours ballottée par la tornade.

« À partir de la rentrée, après mes auditions chez Prévost-Desprez, ça s'est calmé judiciairement, mais pas médiatiquement, car tous les journalistes cherchaient ma photo. C'est pour ça que j'ai fait une émission télé, sur France 2 [« Complément d'enquête »], et que j'ai donné une photo à l'AFP, pour en finir avec le harcèlement médiatique dont j'étais l'objet. Fin juillet, il y avait eu une photo diffusée dans *Le Parisien* et *Le Figaro*, on me voyait avec mon caddie, près de ma maison de campagne. Puis il y en a eu une autre de moi, les cheveux hirsutes, sortant de Pôle emploi. Ce n'est pas pour moi que j'avais peur, mais pour mes enfants. Après l'émission, plutôt réussie je crois, tout le monde a compris que j'étais sincère, que je n'étais pas une folle furieuse. Ça a bien désamorcé les choses. »

Finalement, ce n'est qu'à la fin de l'année 2010, après le dessaisissement du tribunal de Nanterre par la cour d'appel de Versailles que la pression pesant sur les épaules de la comptable a fini par baisser. Mais, entre-temps, sa vie a été totalement dévastée. Sur tous les plans.

« Ma vie professionnelle a évidemment été profondément affectée par cette histoire, commence-t-elle. Après mon départ de Clymène, j'avais trouvé un job, en octobre 2009, dans une association semi-privée, subventionnée par l'État. » Une petite structure, qui gère une crèche, une halte-garderie, une PMI et un centre social, dans le XVᵉ arrondissement de Paris, et recevant des subventions de la Caisse des allocations familiales (CAF), de la Direction de l'action sociale, de l'enfance et de la santé (DASES) et de la mairie du XVᵉ. Claire Thibout en était la directrice générale. Une bonne place. Sa médiatisation brutale lui a porté un coup fatal.

« En raison de mes auditions incessantes par la police, de l'article de Mediapart et de mon exposition médiatique, ma situation professionnelle est devenue intenable, soupire-t-elle. J'étais devenue un véritable boulet pour cette association. Avec le président, nous sommes donc convenus d'une séparation à l'amiable car il m'était impossible de travailler dans la sérénité. Mais j'ai eu zéro indemnité. Et je suis partie, dès le début du mois de septembre 2010, comme ça, du jour au lendemain. Depuis, je suis au chômage. Pourtant, j'ai déjà envoyé plus de cent CV. J'ai été convoquée par plein de gens, mais je suis trop exposée désormais, ça fait peur. Du coup, dans mes CV, je suis obligée d'enlever toute référence à Bettencourt ! Je mets que j'ai travaillé pour une fondation, mais je n'écris pas que c'est la fondation Schueller. Je me présente aussi sous le nom de mon époux, car, jusque-là, j'avais conservé mon nom de jeune fille, Thibout. Il ne me reste plus qu'à changer de visage ! J'ai pourtant, je crois, un CV intéressant. J'ai, par exemple, fait plus de dix ans d'audit. Mais je vois bien que le problème n'est pas là. »

Elle a des dizaines d'anecdotes à livrer. « Un jour, un chasseur de têtes m'accorde un entretien, mon profil l'intéressait pour un poste me convenant parfaitement. Et, bien sûr, il m'a demandé le nom de la société pour laquelle j'avais travaillé entre 1995 et 2008, puisque je ne l'avais pas mentionné sur mon CV. J'ai dû lui dire que c'était Clymène. Et là, il a compris, il a fait le rapprochement : Clymène, c'est l'Oréal, et la comptable, c'est Claire Thibout ! Embarrassé, il m'a dit : “Euh, votre CV est vraiment bien, mais en fait, je crois que vous allez vous ennuyer à ce poste, finalement, cela ne vous conviendra pas.” Je n'ai pas été dupe. »

Au chômage, sans perspective de retrouver un poste à la mesure de ses compétences, Claire Thibout a le sentiment d'être une paria. De quoi se demander, avec le recul, si tout cela en valait la peine. C'est oublier que Claire Thibout est incroyablement entêtée. « Est-ce que je regrette ? Non, si c'était à refaire, je le referais, je redirais la même chose puisque c'est la vérité, coupe-t-elle. C'était mon devoir. Non, je ne regrette pas, même si ça a bouleversé complètement ma vie tant personnelle que professionnelle. »

Heureusement que ce petit bout de femme a un fort tempérament, car il faut pouvoir assumer les conséquences de l'affaire sur ses proches. « Il y a eu des discussions voire des disputes avec mon entourage, ma famille n'a pas compris l'histoire des 400 000 euros, pourtant tout à fait légitimes. Mes enfants ont beaucoup souffert. Ma fille de 14 ans, elle, entendait ce qu'on disait sur moi à la radio. Ça l'a beaucoup perturbée, elle disait à ses amis : “Ma mère n'est pas comme ça.” Surtout que, atavisme oblige, je l'ai élevée dans des principes moraux assez stricts. Alors, ça l'a déboussolée d'entendre dire autant de choses fausses sur sa mère. Et puis, les perquisitions étaient très dures. Ils ont été jusqu'à menotter mon mari ! Il a dû insister pour que les policiers les lui enlèvent devant les voisins et surtout les enfants. J'ai été seule au monde, même contre mon mari, qui pensait que je n'aurais pas dû me mettre dans tous ces ennuis. Mais il fallait que je dise ce que je savais. Toute ma vie je me serais reproché de n'avoir rien dit. »

Et lorsqu'on lui demande si elle éprouve de l'amertume, son regard, pour la première fois, s'embue. « À qui j'en veux le plus ? À de Maistre, car il était là pour protéger Liliane… » Sa voix se casse, elle ne parvient pas à finir sa phrase. Les liens qui l'unissaient à l'héritière de l'Oréal étaient extrêmement forts, comme si elle s'était sentie investie d'une mission de protection à la mort d'André Bettencourt, le 19 novembre 2007. Claire Thibout se reprend vite, en repensant à Patrice de Maistre, pour qui elle dit n'éprouver que mépris. « Moi aussi j'ai eu confiance en lui car pour moi, un expert-comptable, par définition, c'est un type forcément honnête. De Maistre savait que j'étais dangereuse pour lui, car je savais tout. C'est pour ça qu'il avait doublé mon salaire, à la fin. »

Elle en oublierait presque le parquet de Nanterre, qui lui a pourtant mené une vie infernale des semaines durant. « Courroye ? Il était totalement de parti pris, il n'avait qu'un seul objectif : me faire revenir sur mes propos, lâche-t-elle dans un haussement d'épaules. Parce que, par la force des choses, j'avais été amenée à parler de financements politiques et à mettre en cause le président de la République, j'étais devenue en quelque sorte l'ennemi public numéro un, et tout ça pour avoir dit la vérité. » Et le chef de l'État, qui s'est occupé personnellement de son cas ? « Quand j'ai entendu Nicolas Sarkozy faire allusion à moi à la télévision, j'ai ressenti un vertige. Je me suis dit : "Je suis au cœur d'une affaire d'État, moi !" Moi qui déteste être mise en avant, c'est tellement l'opposé de mon tempérament. Me retrouver l'un des personnages centraux d'une affaire d'État m'a paru complètement fou, j'ai commencé à avoir des angoisses terribles. »

Voilà, comme soulagée de s'être enfin totalement livrée, la comptable la plus célèbre de France prend congé, affichant ce petit sourire triste qui semble ne plus devoir la quitter. « Je ne suis pas sûre que mon cauchemar soit terminé. Je sais hélas que rien n'est fini et que j'ai toujours une épée de Damoclès suspendue au-dessus de ma tête, j'ai toujours peur qu'on me cherche des ennuis », confie-t-elle, allusion aux différentes procédures toujours en cours au tribunal de Bordeaux. Mais elle n'en démord pas : « Dans cette affaire, Courroye n'a pas enquêté en toute objectivité comme il avait le devoir de le faire. On a voulu me faire passer pour une menteuse, voire une coupable, alors que je ne suis coupable de rien. J'ai simplement témoigné afin de protéger Liliane Bettencourt, j'ai dit la vérité et je continuerai de la dire, même si on essaie de m'en faire payer très cher le prix ! » Têtue, on vous dit.

Éric Delzant

Mardi 15 mars 2011, La Rotonde. Éric Delzant, 54 ans, arrive à l'heure, décontracté. Il est attendu par des amis en fin de journée, il doit plancher pour une fondation proche du PS. Il est venu en train, de Bordeaux. Sa vie a pris un tour différent depuis qu'il a quitté la haute administration. Un départ un peu forcé, quand même. Drôle de destin, pour un ancien préfet hors norme...

Il parle de sa mise à l'écart avec une relative décontraction, affichant une bonhomie presque surprenante. Il sourit, même, aimable. On devine sa sensibilité. Huit ans, déjà, que le ministre de l'Intérieur Nicolas Sarkozy l'a démis de ses fonctions de préfet de la Haute-Corse, pour cause de meeting mal organisé, un samedi du mois de juin 2003. Éric Delzant demeure l'un des rares préfets à ne pas avoir été décoré de la Légion d'honneur. C'est aussi une forme de reconnaissance, après tout. Par l'absurde. De toute façon, il a traversé trop d'épreuves pour s'en offusquer. Recasé dans le privé, en tant que directeur général de la Communauté urbaine de Bordeaux (CUB), Éric Delzant a longtemps eu du mal à trouver les mots pour raconter son histoire. La solitude, l'avilissement, tant de sentiments mêlés…

Il a maintenant la bonne distance. Et les phrases s'enchaînent, sans concession : « J'ai mis très longtemps à pouvoir parler de tout ça, j'ai vécu des épreuves autrement douloureuses, comme la perte d'un enfant, cela m'a permis de relativiser. J'ai appris sur le genre humain, ces journalistes qui s'empiffraient aux buffets que je leur avais préparés, et qui se sont empressés ensuite de me descendre quand on leur a fourni un argumentaire détaillé. Tout cela à cause de mauvaises décisions prises par Sarkozy. Mais je n'appartenais pas à son cercle de confiance, les Claude Guéant, Bernard Squarcini, Christian Lambert… J'étais en sursis dès le début, ils ont mis trois mois à me titulariser, alors que la mission d'inspection avait été très élogieuse à mon égard. Je ne regrette rien, j'ai appris à mettre de la distance. J'ai vécu sept jours sur sept pour mon métier, et d'un coup, le grand vide, on n'est pas préparé à ça. J'appelle cela de la violence morale en bande organisée. Ce n'est pas une histoire politique, juste une affaire de respect humain… »

Éric Delzant, en 2001, est un jeune haut fonctionnaire. De gauche. Il est membre du cabinet de Daniel Vaillant, ministre de l'Intérieur de Lionel Jospin, lorsqu'on lui propose le poste de préfet de la Haute-Corse. Il ne connaît rien à la Corse ? Qu'à cela ne tienne, il va utiliser ses armes : le calme, la disponibilité, l'esprit de synthèse. Peut-être une certaine forme de naïveté, aussi. Et, de fait, il est très vite apprécié sur l'île. Il reçoit les journalistes, leur tient un discours qui passe bien, dès son installation : « Ma volonté est donc d'agir sur le réel, en prenant en compte l'avis des uns et des autres avant de décider quoi que ce soit », déclare-t-il d'emblée, comme le rapporte le quotidien *Corse-Matin*. On est loin des propos belliqueux d'un Bernard Bonnet, qui, quelques années auparavant, avait mis le feu à l'île, au sens propre comme au sens figuré.

En mai 2002, après la défaite de la gauche à la présidentielle, Nicolas Sarkozy est nommé place Beauvau. La Corse, c'est son territoire. Vingt ans plus tôt, le 23 septembre 1982, il a épousé la fille d'un pharmacien de Vico, Marie-Dominique Culioli, avec qui il aura deux enfants, Pierre et Jean. Charles Pasqua était l'un des témoins de son mariage. Il connaît bien l'île, et se targue de résoudre ses problèmes. « Je me demande bien ce qui va se passer, me concernant, se rappelle Éric Delzant. J'étais quand même étiqueté de gauche, socialiste. On me dit : "Ne t'inquiète pas, Sarko fait avec les gens, tels qu'ils sont." Et puis, il y avait en Corse Ange Mancini, préfet délégué à la sécurité, un type bien, un bon professionnel, et proche de Sarkozy. Arrive la première visite de Sarko, en juillet 2002. Cela se passe plutôt bien. Je note deux choses : l'absence totale de cordialité de Sarko, et puis il passe son temps à téléphoner à Cécilia. Quand il ne la joint pas, il entre dans des crises de rage folles, ordonne à ses gardes du corps de la trouver… »

Rien ne se passe, sur l'île, sans que Nicolas Sarkozy ou son cabinet aient été consultés. Les nationalistes sont traités directement par la place Beauvau. Éric Delzant se souvient ainsi d'avoir accompagné plusieurs élus nationalistes, montés à Paris, jusqu'à Bruxelles, pour des histoires de subventions européennes. « On avait eu droit aux motards de la police nationale pour nous escorter sur l'autoroute, les nationalistes étaient morts de rire… On s'est très vite rendu compte que Sarkozy était le ministre de la Corse. » Le préfet Delzant est quand même maintenu à son poste. Il n'a pas démérité. Pas encore. Les visites de Nicolas Sarkozy se succèdent sur l'île. C'est qu'il a un grand projet à vendre à la Corse : un nouveau statut, censé solutionner ses difficultés économiques. Encore faut-il pour cela que les électeurs insulaires se prononcent sur le sujet : un référendum, prévu le 6 juillet 2003, est organisé. Éric Delzant est chargé de promouvoir le nouveau statut qui consiste, en particulier, à créer une collectivité territoriale unique en fusionnant les deux conseils généraux de la Haute-Corse et de la Corse-du-Sud. Il fait le tour de son département, multiplie les visites aux maires, aux décideurs locaux. Il est seul, sa famille est restée sur le continent. Le préfet se souvient d'un énième déplacement ministériel, en 2003. Il s'était cassé le poignet à vélo, souffrait le martyre, son médecin voulait lui donner quinze jours d'arrêt. Impossible, avec la visite de Sarkozy. Il accueille le ministre, avec un énorme bandage, blanc comme un linge tant la douleur est vive. « Il n'a pas eu un mot pour moi, pour me demander comme j'allais, se plaint-il. Je n'étais qu'un simple rouage. »

Outre le référendum, Nicolas Sarkozy est obsédé par deux autres sujets : purger l'île du cocktail banditisme-nationalisme qui la mine, et arrêter Yvan Colonna, recherché pour l'assassinat du préfet Claude Érignac, en 1998. Il met tout en œuvre pour cela, débloque tous les moyens. Pour ce qui est du banditisme, il décide de frapper un grand coup, en mettant sous les verrous Charles Pieri, une figure du nationalisme, impliqué dans diverses malversations. Il sait pouvoir compter sur le soutien de deux magistrats qui lui sont proches : le procureur de Paris, Yves Bot, et surtout le juge d'instruction Philippe Courroye. Des surveillances sont mises en place sur l'île.

Éric Delzant est tenu éloigné de tout le processus. « J'étais à l'écart. Prenez l'affaire Pieri, ils voulaient absolument le coincer. Guéant a fait venir une brigade anticriminalité parisienne en Corse. Ils ont arrêté Pieri pour un simple excès de vitesse, sans même le reconnaître. Il a refusé de leur montrer ses papiers. "Ne m'emmerdez pas, leur a-t-il dit, ou j'appelle Sarko !" C'était symptomatique du mode de fonctionnement. Tout était piloté par Paris, je n'avais pas mon mot à dire. Je me suis impliqué dans le projet de réforme institutionnelle, j'ai fait le tour des maires. Dès qu'il y avait un arbitrage, on passait par le cabinet, c'était confortable, d'un point de vue administratif. » Charles Pieri finira par être coincé. Emprisonné, il sera condamné en 2005 en appel à huit ans de prison pour diverses infractions financières. Colonna, à son tour, est arrêté, en juillet 2003, au terme de quatre années de cavale. Sa traque a été supervisée par le numéro deux des Renseignements généraux, Bernard Squarcini.

Mais, en cet été 2003, la grande affaire de Sarkozy, c'est donc le référendum. Il veut l'obtenir, ce vote, c'est essentiel pour son image. Et utile aussi, il en est convaincu, pour cette île qu'il adore. Il revient donc régulièrement. Comme lors de cette nouvelle visite, où il tient à prononcer un discours en plein fief « natio ». Les premiers désaccords entre Éric Delzant et l'entourage du ministre naissent là. « L'engrenage fatal se met en place en 2003, avec la réforme institutionnelle conjuguée à la réforme des retraites voulue par Raffarin, explique Éric Delzant. Cela prend une ampleur considérable. Avec des manifs importantes. La première visite dans ce contexte est difficile. Sarko voulait absolument tenir un discours à l'université de Corte, bastion nationaliste. J'avais tout préparé avec le président de l'université. Son directeur de cabinet Claude

Guéant et Christian Lambert, le patron du RAID, ont souhaité gérer différemment le maintien de l'ordre, ils l'ont placé dans une situation compliquée. Mais nous étions des locaux, notre avis ne comptait pas. Eux vivaient en plus dans la quête de l'arrestation de Colonna, nous n'étions que des exécutants, plutôt zélés. Et je vivais dans une grande solitude. »

Le ministre de l'Intérieur veut placer ses hommes un peu partout, et ne tolère pas les à-peu-près. Ainsi, *Le Monde* rapporte que, en février 2003, « Claude Destampes a déjà remplacé Francis Choukroun au poste stratégique de patron du SRPJ d'Ajaccio : M. Sarkozy reprochait notamment au patron de la police judiciaire d'Ajaccio d'avoir laissé "filer" en juillet » un suspect.

L'ex-directeur départemental de la sécurité publique (DDSP), Jean-Pierre Larue, a lui aussi été discrètement remercié, le 28 février, et remplacé par Patrick Aujogue. Le quotidien rapporte que « M. Sarkozy lui avait passé un "savon" mémorable, le 25 octobre, quand, après un attentat à côté de la préfecture d'Ajaccio où dormait le ministre, M. Larue lui avait suggéré d'aller rencontrer les femmes de prisonniers du comité anti-répression (CAR). Une proposition "politiquement stupide", l'avait mouché le ministre ».

Le 21 juin 2003 s'annonce comme une date essentielle dans le processus. Un déplacement officiel à très haut risque est mis sur pied. Le Premier ministre, Jean-Pierre Raffarin, accompagne son ministre de l'Intérieur. Il vient parler de sa réforme des retraites, tandis que Nicolas Sarkozy se charge du statut institutionnel proposé à la Corse. Un double déplacement aussi délicat que complexe à gérer, du point de vue du maintien de l'ordre. Un meeting est prévu, près de l'aéroport de Bastia. Comment l'organiser ? Faut-il s'assurer que les participants seront triés sur le volet, puisés parmi les membres de l'UMP, sympathisants calmes et enthousiastes ? C'est l'option privilégiée par le préfet Delzant. Mais la mise en place de la réunion a été confiée à un élu de l'UMP. Qui refuse ce type de meeting « sur invitation ». Les opposants pourront donc manifester librement. Et l'on sait à quel point cela peut dégénérer très rapidement sur l'île. Éric Delzant en est conscient. Un chapiteau a été monté, non loin de l'aéroport de Bastia. Il n'est que très peu rempli, essentiellement par des opposants à la réforme des retraites. Impossible de faire le tri aux barrières dressées en amont. Sous les bâches, il règne une chaleur intenable. De quoi chauffer un peu plus les esprits. « Quand j'apprends que la salle est à moitié vide, et composée de gens hostiles au gouvernement, je suis sûr que la réunion ne doit pas se tenir. Il y avait des opposants de toute sorte, aux retraites et à la réforme corse. Je dis à Sarkozy : "Monsieur le ministre, il faut annuler ce meeting ! – Il n'en est pas question, vous n'avez qu'à l'organiser à l'aéroport", me répond-il. »

Le préfet s'exécute. Le rassemblement est déplacé dans l'urgence à l'intérieur même de l'aéroport de Poretta. Ce qui ne change pas grand-chose. Des échauffourées éclatent. Les forces de l'ordre sont dépassées. Ça tabasse, ça casse à tout va. Deux blessés parmi les manifestants, un autre parmi les CRS. Les gaz lacrymogènes rendent l'atmosphère apocalyptique. On aperçoit, dans un halo de fumigènes, Éric Delzant, debout, sur le tapis roulant destiné aux bagages, tenter de ramener un semblant d'ordre. Réfugiés dans le bureau du directeur de l'aéroport, Nicolas Sarkozy et Jean-Pierre Raffarin décident de prendre malgré tout la parole. On se souvient de ces images, où l'on voit le ministre de l'Intérieur et le Premier ministre, quasi aphones, vanter leurs réformes, juchés sur de simples chaises en plastique. Courageux et ridicules tout à la fois. Raffarin ne s'éternise pas et décide de décoller, direction Paris, avec son avion officiel. « Je dis alors à Sarkozy : "Bien entendu, vous rentrez avec le Premier ministre ?" Eh bien non, il veut monter dans l'avion réservé à la presse, qui ne faisait pas l'objet de mesures de sécurité. Du coup, des employés de l'aéroport en avaient profité pour bloquer l'appareil, en mettant des chariots élévateurs sous les roues. Dans la carlingue, devant les journalistes, il hurle : "Faites dégager ces chariots !" Hors de lui, il voulait montrer son autorité face à la presse. Lambert et le RAID ont fini par faire libérer la piste. J'avais franchement l'impression d'avoir raté ma journée, même si, factuellement, rien n'était ma faute, sans compter que les forces de l'ordre étaient placées sous l'autorité du préfet adjoint à la sécurité… »

Une vague idée de démission effleure toutefois l'esprit du préfet Delzant. Il n'aura pas besoin de la formaliser. « Claude Guéant m'appelle le lundi matin : "Il va être mis fin à vos fonctions, le ministre veut vous voir", me dit-il. Je croise Émile Zuccarelli, le maire PRG de Bastia, dans l'avion, il compatit. Lundi matin, ç'a été un véritable buzz médiatique, organisé par le cabinet de Sarkozy. J'étais devenu "le préfet incompétent". Ils avaient même récupéré une photo de moi où j'avais des lunettes teintées, à cause de mes problèmes oculaires, ils l'ont fait circuler, me comparant à un colonel de l'armée mexicaine, juste pour me ridiculiser. Cela m'a blessé, bien sûr. Je ne discutais pas ma démission, mais cette mise en scène destinée à m'enfoncer. J'ai d'ailleurs dit à son cabinet : "Vous me traînez dans la boue, à quoi ça sert, puisque je vais démissionner ?" Je lui en veux beaucoup pour ça, à Sarkozy. Cette humiliation... »

Le ministre de l'Intérieur reçoit donc le préfet de la Haute-Corse. Sans agressivité excessive. « Ses mots ont été : "Je ne vous en veux pas, mais il faut un responsable. Ce sera vous, mais je m'engage à vous retrouver un poste." C'était presque le discours inverse de ce qui avait été servi à la presse. Je m'attendais à me faire exploser, cela n'a pas été le cas. C'est le coup, classique chez lui je crois, de la victime expiatoire. Il faut exécuter quelqu'un en place publique. C'est la méthode du pilori, il s'agit de laver un affront. C'est extrêmement dur à vivre. Moi, j'avais assumé la décision de démission, mais c'est la mise en scène qui a été le plus pénible. Mettre plus bas que terre quelqu'un pour montrer qu'on est fort, c'est une forme de lâcheté. Une violence particulière, en tout cas. Elle a bon dos la culture du résultat, c'est surtout la culture de la peur et de la terreur. »

En Corse, l'éviction du préfet, à peine connue, provoque des réactions étonnantes. Ainsi, les agents de la préfecture de Bastia publient un communiqué dans *Corse-Matin*, dans lequel ils se disent, s'agissant du limogeage du haut fonctionnaire, « stupéfaits à l'annonce de cette information », « s'insurgent contre une telle éventualité et assurent leur préfet de leur total soutien ». Émile Zuccarelli, député et maire de Bastia, figure de la gauche corse, proteste lui aussi : il juge « disproportionné » le remplacement du préfet Delzant. « Limoge-t-on un préfet de la République parce qu'un meeting organisé par un parti politique n'a pas eu le succès attendu ? » s'interroge-t-il, avant de rendre hommage au fonctionnaire évincé, dont il a pu « apprécier depuis dix-huit mois son sens de l'écoute et du dialogue, mais aussi son sérieux dans le suivi des dossiers locaux et départementaux, son sens de l'État ».

Un soutien quasi unanime qui n'émeut guère Nicolas Sarkozy. Quand le préfet Delzant repart en Corse, mardi 24 juin, c'est pour faire ses valises. Le Conseil des ministres du mercredi 25 juin consacre son départ. Il est placé hors cadre, et remplacé immédiatement par le sous-préfet de Saint-Nazaire, Jean-Luc Videlaine. Le cabinet de Sarkozy assure aux médias qu'il faut « restaurer l'autorité de l'État », mais aussi sanctionner « une certaine incompétence ». La décision de relever Éric Delzant de son poste « n'est en aucune façon un limogeage », ajoute, contre l'évidence, la place Beauvau, assurant que le préfet « recevra une nouvelle affectation dans deux ou trois mois ». Le porte-parole du gouvernement, Jean-François Copé, ajoute qu'il « y a eu un problème de maintien de l'ordre et d'organisation du débat démocratique » et que « le gouvernement en a simplement tiré les conséquences ». Éric Delzant traverse alors de sales moments. L'impression, doublement douloureuse, d'avoir failli à sa tâche et, pire peut-être, d'être devenu la risée du corps préfectoral. À l'époque, Nicolas Sarkozy n'avait pas encore entamé la valse des hauts fonctionnaires jugés par lui incompétents. Jeudi 26 juin 2003, Éric Delzant quitte définitivement l'île. Il prend le bateau. Et recommande à son chauffeur, avant de partir, de voter pour le changement de statut de l'île.

Ensuite, en deux jours, tout bascule : Yvan Colonna est arrêté le 4 juillet. Nicolas Sarkozy s'empresse d'exhiber cette belle prise. Il a cette phrase, devant les caméras de télévision, qui fait peu de cas de la présomption d'innocence : « La police française vient d'arrêter Yvan Colonna, l'assassin du préfet Érignac. » Il ne cache pas sa joie. L'homme qui vivait dans le maquis depuis des années, défiant les forces de l'ordre, était enfin dans les geôles françaises. Et c'était grâce à lui, à sa méthode. Deux jours plus tard, il déchante : les électeurs corses disent « non » au référendum, avec une courte majorité de 50,98 % des voix. C'en est fini du nouveau statut de l'île. Déçu et vexé, Nicolas Sarkozy espacera ses visites.

Mais le ministre tient ses promesses. Éric Delzant est nommé à un nouveau poste de préfet, où il ne risque pas de faire des vagues. Le voilà en poste dans l'Ariège. Il a compris qu'il ne ferait pas carrière dans la préfectorale. Il trouve tout de même le temps de s'opposer publiquement à Nicolas Sarkozy, lors d'une réunion de préfets place Beauvau, où il prend la défense d'un collègue, à qui le ministre de l'Intérieur reproche ses mauvais chiffres en matière de sécurité publique. « Sarkozy m'a reconnu, dit Éric Delzant, je l'ai senti furieux. Je regrette cette cyclothymie chez lui. »

Il a gardé quelques contacts avec ses anciens collègues. Et constate, année après année, le désamour croissant d'un grand corps vis-à-vis de l'ancien ministre de l'Intérieur devenu président de la République. « Avec Sarkozy et la haute fonction publique, il y a eu le temps de la fascination, j'ai vu le corps préfectoral presque extatique devant lui. C'était la période du Sarko tout-puissant, les préfets avaient perdu toute lucidité. Après son élection, les choses ont changé. Maintenant, à part sa garde rapprochée, vous aurez du mal à trouver des gens qui en disent du bien. Préfet de département, c'est un métier sinistré. La haute fonction publique est en capilotade. Il n'aime pas les énarques, il veut les préfets à sa botte. Personnellement, j'ai eu du mal à m'en remettre. C'est dur, les gens ne vous appellent plus... La Corse, finalement, c'était l'incarnation de la méthode Sarkozy. »

Volontarisme, autoritarisme, enthousiasme, brutalité… Il y a eu un peu de tout cela dans la politique sarkozyste en Corse, improbable laboratoire. Et même de bonnes idées, un incontestable désir de faire bouger les lignes. Avant les erreurs, les excès en tout genre. Et le désenchantement final. La Corse, comme un avant-goût des années élyséennes…

Julien Dray

Mercredi 16 mars 2011, un bureau exigu dans les locaux du conseil régional d'Île-de-France, à Paris. Julien Dray, 56 ans, corrige le verbatim de ses propos, recueillis deux semaines plus tôt. Il plaisante avec sa fidèle complice, Nathalie Fortis, provoque un peu les journalistes qui lui font face, dont il n'a guère apprécié – euphémisme – les révélations dans SON affaire : cette histoire de mouvements suspects sur ses comptes, soldée finalement par un inattendu et plutôt indulgent « rappel à la loi ». Il pense que le président de la République n'est pas pour rien dans ses ennuis. Il a raison.

Depuis ses tracas judiciaires, Julien Dray a dû s'inventer une nouvelle vie. Plus modeste. Le député socialiste, par ailleurs vice-président de la région Île-de-France, n'est plus le même. Il lui faut parfois raser les murs. Faire profil bas. Jouer les hommes de l'ombre – lui qui goûte tant la lumière. Il ne sera peut-être jamais ministre, sa cote a décliné au Parti socialiste, et son influence sur les mouvements de jeunes n'est plus ce qu'elle était. Il dit avoir mis de l'ordre dans sa vie. En tout cas, il n'est plus ce gêneur patenté qui terrorisait la gauche et défiait la droite. Apparemment, le PS s'accommode plutôt bien de la disparition médiatique de l'une de ses plus grandes gueules. Quant à Nicolas Sarkozy, le voilà débarrassé de l'un des rares, à gauche, qu'il craignait sur le terrain de la sécurité. Un hasard ? Surtout pas.

Julien Dray en veut à Nicolas Sarkozy. Il le pense responsable de ses déboires. Et si ce n'est lui, alors son entourage. Nicolas Sarkozy, ce faiseur de destins, qui avait, un temps, voulu attirer le cofondateur de SOS Racisme dans les filets de sa politique d'ouverture. Échec. Et vengeance, si l'on en croit les confidences du député socialiste de l'Essonne, qui se pose en victime politique d'une cabale montée, de bout en bout, par le pouvoir. « Me concernant, je pense qu'un ordre politique a été donné », confie-t-il.

Il ne se trompe pas.

L'« affaire Dray » a bel et bien été lancée, judiciairement puis médiatiquement, à la fin de l'année 2008, à l'initiative de l'entourage du président de la République. Des faits l'attestent. Irréfutablement. Il faut d'abord lever un fantasme, ou plutôt un tabou, s'agissant du fonctionnement de la presse, et particulièrement de son traitement des dossiers dits sensibles. À en croire la *doxa*, entretenue par certains écrivains-enquêteurs, les journalistes dits d'investigation se diviseraient en deux catégories bien distinctes. D'un côté, ceux qui, grâce à leur travail de fond, révéleraient des informations « chimiquement pures », c'est-à-dire émanant de sources parfaitement neutres, se trouvant donc ainsi à l'abri de toute tentative d'instrumentalisation. De l'autre, ceux qui, pauvres marionnettes aux mains de manipulateurs aussi puissants qu'obscurs, se contenteraient de répercuter sans réfléchir des informations tronquées qui leur seraient transmises clés en main par des sources forcément malintentionnées. Simplifier est toujours rassurant, mais, en l'occurrence, la réalité est beaucoup moins caricaturale. Par essence, les journalistes sont en permanence l'objet de tentatives de manipulation. L'essentiel est qu'ils en soient conscients et, surtout, gardent comme ligne de conduite cette règle d'or : toute information pertinente doit être publiée, d'où qu'elle émane. À condition d'être vérifiée, recoupée, crédibilisée.

Retour à l'affaire Dray. Dans son édition datée du samedi 20 décembre 2008, *Le Monde* révèle l'existence d'une enquête préliminaire ouverte par le parquet de Paris, suite à une dénonciation de Tracfin, le service antiblanchiment de Bercy, sur des soupçons d'abus de confiance, et relate des perquisitions opérées dans la matinée du vendredi 19 décembre au domicile du député. Le quotidien du soir n'est pas le seul à avoir été mis sur la piste. *Le Canard enchaîné*, averti lui aussi de l'existence d'une enquête, s'apprête à publier, la semaine suivante, des informations aussi précises. L'hebdomadaire satirique a même joint Julien Dray dès le jeudi 18 décembre... La justice s'intéresse à des mouvements de fonds détectés sur les comptes du député de l'Essonne et de ses proches. Pour que l'affaire prospère sur le plan judiciaire, il a fallu que le ministre du Budget, un certain Éric Woerth, signale les présomptions d'irrégularités au parquet de Paris. Et donc que le pouvoir donne son accord au déclenchement de l'enquête. Première intervention politique. À quelques jours de Noël, le scandale éclate. L'affaire est médiatiquement lancée. D'où provient la fuite ? De la police, de la justice, de Tracfin ? Le procureur de Paris, Jean-Claude Marin, conscient de la sensibilité de l'enquête qu'il a ordonnée quelques jours plus tôt (le 10 décembre, précisément), a pris soin d'en référer à sa hiérarchie : le procureur général de Paris, Laurent Le Mesle, qui lui-même a rendu compte à la Direction des affaires criminelles et des grâces (DACG) de la Chancellerie. In fine, Matignon et l'Élysée ont obtenu la copie du signalement du procureur.

Comment la presse a-t-elle eu vent de l'affaire ? Sans dévoiler, secret des sources oblige, l'identité de la personne à l'origine de la divulgation de cette information, nous pouvons révéler qu'une source « proche de l'Élysée », pour reprendre la formulation d'usage, a géré personnellement cette « fuite autorisée ». Un informateur ayant accès à certains secrets, dont on imagine mal qu'il ait pu agir sans avoir reçu l'aval de la présidence de la République. Sa motivation ? Décrédibiliser un député très gênant. En déstabilisant au passage la gauche et des associations telles que SOS Racisme ainsi que les mouvements de jeunes. Oui, la « chasse au Dray » a bien été ouverte à l'instigation du pouvoir. *Le Monde* et ses confrères auraient-ils dû pour autant fermer les yeux et ne pas publier ce que l'on appelle dans le jargon journalistique un « gros scoop » ? Bien sûr que non. L'existence d'une enquête visant une figure du Parti socialiste constituait objectivement une information importante, qui devait être portée à la connaissance du public.

Mise sur la piste du train de vie supposé dispendieux de l'élu francilien, la presse n'a pas demandé son reste. Dray, on sait désormais tout de lui, de ses parties de poker à son attrait pour les montres de luxe, de ses amitiés à ses détestations… Pendant un an, la France, celle des terroirs comme de la salle des Quatre-Colonnes, au Palais-Bourbon, s'est gaussée de lui, de son incapacité à gérer ses comptes, à honorer ses dettes, bref, à faire preuve du minimum de rigueur que l'on est en droit d'attendre d'un représentant du peuple. Ses relevés bancaires ont été expertisés, sa vie intime décortiquée...

Julien Dray pense donc que tout cela, il le doit à Nicolas Sarkozy. Y compris la décision de saisir la justice, même s'il lui manque la preuve absolue. « Quand mon affaire judiciaire s'est soldée par un rappel à la loi, j'ai appelé Sarko et obtenu un rendez-vous, pour qu'on s'explique. Il m'a juré en face qu'il n'y était pour rien. Il m'a dit : "On ne contrôle pas, c'est la justice qui fait son travail." Il a ajouté que Jean-Claude Marin, le procureur de Paris, n'était pas un homme à qui l'on donnait des ordres. » A-t-il ce jour-là réellement cru Nicolas Sarkozy, cet animal politique qu'il connaît sur le bout des doigts ? Pas un instant ! « Nicolas Sarkozy, bien sûr qu'il a joué un rôle. Il faudrait être bien naïf pour ne pas le croire... », sourit le député. Au point de lancer la justice sur ses traces, puis de laisser fuiter des pans entiers du dossier judiciaire ? Il n'a pas l'air surpris. Il lance même, pas peu fier de lui, le nom d'un conseiller du président « très proche de [son] dossier », qu'il soupçonne de l'avoir « balancé » à la presse. Car le député de l'Essonne a mené sa contre-enquête, aidé par ses réseaux, syndicaux principalement. « Une partie de la hiérarchie policière, avec qui il [le conseiller de l'Élysée] est très lié, n'a jamais apprécié ma proximité avec les syndicats policiers. Dans la police, il y a des gens qui me détestent. Il y avait, pour certains à droite, la peur d'une deuxième vague d'ouverture et notamment à l'Intérieur. »

Le député socialiste, comme il le pense, a donc bien été ciblé par le pouvoir. À l'Élysée, on sait faire. Tous les présidents de la République ont eu, dans leur entourage, des snipers, prêts à abattre la cible désignée. De ce point de vue, Nicolas Sarkozy n'a que l'embarras du choix. Il dispose de tous les leviers : judiciaire, policier, politique. Voire médiatique. Quand une affaire impliquant une personnalité est signalée, elle remonte à l'Élysée – ce fut le cas du dossier Julien Dray. Se pose alors la question clé : l'exploiter ou pas ? Plus prosaïquement : est-il politiquement profitable de faire fuiter l'information ?

Il y eut plusieurs temps dans la saga judiciaire Dray. Et d'abord, ce rapport rédigé par Tracfin, organisme dépendant du ministère des Finances. Ce sont souvent les banques qui signalent le comportement suspect de leurs clients, elles en ont l'obligation. Concernant Julien Dray, c'est, a priori, une simple dispute entre l'une de ses principales collaboratrices, Nathalie Fortis, et sa banquière, qui est à l'origine de tout. « Normalement, ça va direct à la poubelle, estime l'élu. Mais là, ç'a dû tomber entre des mains intéressées. » Un nouveau directeur vient d'arriver à Tracfin, à l'automne 2008. « Je ne peux pas imaginer qu'il n'ait pas fait remonter à Éric Woerth ce qu'on appelle un dossier signalé. Et Woerth a dû lui dire : "Allons-y." C'est amusant ces soupçons, venant de Woerth, on peut parler d'arroseur arrosé… », persifle Dray, en faisant allusion aux déboires de l'ancien ministre du Travail, mis en cause à plusieurs titres dans l'affaire Bettencourt. Les enquêteurs de Tracfin se mettent au travail, à compter du 24 septembre 2008. Détaillent le train de vie du député socialiste. Et constatent, à la lecture de ses comptes, des éléments pour le moins troublants. Les mouvements de fonds suspects identifiés par Tracfin s'élèvent à 351 027 euros, somme dont aurait bénéficié en partie Julien Dray, à partir des comptes des Parrains de SOS Racisme et de l'organisation lycéenne FIDL. Ensuite, tout va très vite, comme s'il y avait urgence. Un signalement est fait à la justice, le 28 novembre 2008, et une enquête préliminaire est ouverte dès le 10 décembre par le parquet de Paris, pour « abus de confiance ». Et, dix jours plus tard, *Le Monde* publie le papier qui donne le coup d'envoi médiatique de l'affaire.

Si Julien Dray estime avoir été l'objet d'un règlement de comptes de bas étage, il ne s'en est finalement pas si mal tiré, en tout cas sur le strict plan judiciaire, même si son étoile politique a singulièrement pâli. Le 17 décembre 2009, le parquet de Paris lui a infligé un simple « rappel à la loi », au terme d'un an d'enquête sur ses comptes et ceux d'associations dont il est proche. Selon l'analyse du procureur Jean-Claude Marin, il ressort que quatorze flux financiers suspects pourraient être reprochés à M. Dray, pour un montant de 78 350 euros. Des sommes décaissées des comptes des associations proches de l'élu, et reversées au député de l'Essonne, par l'entremise de Nathalie Fortis et Thomas Persuy, deux de ses collaborateurs.

Mais les arguments avancés par les conseils des associations semblent avoir convaincu le parquet. « Les explications apportées sur les raisons de ces versements, explique M. Marin dans son rapport final, sont les mêmes : il s'agit de prestations effectuées par Mme Fortis et d'un prêt à Julien Dray, qui a confirmé en ajoutant que l'argent lui a permis de rembourser le découvert de son compte bancaire. » Par ailleurs, selon le parquet, « l'expertise comptable de ses comptes bancaires pour les années 2005 à 2008 », déposée par l'avocat de M. Dray, « a fait ressortir un excédent d'entrées sur les sorties de 38 193 euros ». Le procureur de Paris, dans son argumentaire, estime que tout cela laisse « présumer l'existence d'un système occulte destiné à permettre à Julien Dray de surmonter ses difficultés financières grâce à l'aide des associations », mais, en revanche, qu'« aucun élément objectif de l'enquête ne permet d'apporter la preuve, avec suffisamment de certitude, qu'il connaissait l'origine véritable des fonds ». Si le magistrat dénonce une « grande confusion et une absence de rigueur » au sein des associations, s'il ne semble pas dupe du « système » mis en place, il estime que « le délit de blanchiment du délit d'abus de confiance n'apparaît pas suffisamment établi à l'encontre de Julien Dray ».

Voilà douze mois cauchemardesques presque biffés d'un coup de plume, même s'il demeurera une trace indélébile. « Je serai blessé à vie, assure le député. Je n'ai pas réussi à me remettre dans le bain politique. Ça ne repart pas comme avant, tous les piranhas, ils sont sortis dans mon affaire. Mais quand on est comme moi, un roturier de la classe politique, on n'est pas protégé par la caste comme, par exemple, Kouchner a pu l'être... »

Il est sorti de nulle part, Julien Dray. Né à Oran, ex-trotskiste, élu de banlieue, son parcours a été sinueux, difficile. On ne lui a rien donné, il a tout arraché sur son passage. Il se doutait bien que ses ennuis judiciaires en arrangeraient beaucoup, jusque dans son propre camp. « J'étais le Forrest Gump de la politique ! Quand j'étais porte-parole du parti, que n'ai-je entendu dans les couloirs sur le fait que je n'étais pas à ma place, etc. »

Pour le responsable socialiste, il y avait un « triple intérêt » à le faire tomber. Il est d'abord une cible commode. Neuf ans plus tôt, en 1999, le député de l'Essonne, dont le nom avait été cité dans le scandale de la MNEF, avait déjà fait l'objet d'une enquête diligentée par le parquet de Paris. Il était alors question d'une montre qui avait coûté 350 000 francs, versés pour partie en liquide. L'affaire avait été classée sans suite, les explications du député ayant satisfait les enquêteurs.

Mais en cette fin d'année 2008, le contexte est particulier. Julien Dray, soutien de Ségolène Royal durant la campagne présidentielle de 2007, est en lice pour prendre les rênes du PS. « Il y a une petite fenêtre pour que je devienne premier secrétaire, se souvient Dray. On est dans la phase du congrès du PS, et la possibilité que Ségolène soit désignée est réelle, et donc, que son bras droit soit planté dans une affaire politico-financière, ce n'est pas anodin. » Pour le pouvoir, tout ce qui peut affaiblir le PS va dans le bon sens, évidemment. Mais il y a encore autre chose. À l'époque, les lycéens sont survoltés. Un mouvement de grève s'enclenche. Les 11 200 suppressions de postes dans l'Éducation nationale voulues par le gouvernement ne passent pas dans l'opinion. Des établissements sont bloqués. La France est au bord d'une fronde menée par ses enfants. « Or, pour tout le monde, il est acquis que je suis celui qui manipule les jeunes, explique Dray. À l'Élysée, ils sont terrorisés. C'est vrai que j'ai un savoir-faire, et sans doute de l'influence. Me discréditer, c'est s'assurer de saper le mouvement, en paralysant judiciairement la FIDL et SOS Racisme. Ils ont parfaitement réussi. On le constate aussi au printemps 2009, avec le conflit universitaire qui finit en victoire pour le gouvernement. Ils ont tué les mouvements de jeunesse. Sarko se fait un quinquennat tranquille… »

De fait, dès décembre 2008, les enquêteurs mettent le nez dans les comptes des syndicats lycéens, placent en garde à vue des responsables. De quoi mettre à mal un début de révolte… « Lorsque le vice-procureur Jean-Michel Aldebert perquisitionne chez moi, je découvre que les flics perquisitionnent la FIDL en même temps. Je dis : "Vous avez attendu qu'on soit vendredi ?" Et il me répond : "Oui, on a attendu la fin des manifs." En fait, c'étaient les vacances de

Noël qui commençaient. Ils ont été très malins, ils ont encalminé la FIDL. Le mouvement ne s'est pas durci comme il aurait dû, au retour des vacances… »

Mais le député de l'Essonne propose aussi une autre lecture, moins stratégique et plus personnelle, des sombres desseins qui auraient pu précipiter sa chute, sur ordre de l'Élysée. Fin 2008, Nicolas Sarkozy joue encore la carte de l'ouverture. Il tente de débaucher Malek Boutih, secrétaire national du PS et ancien président de SOS. La manœuvre échoue. Le président de la République va donc essayer d'attirer dans son camp Julien Dray, qu'il connaît bien. D'autant que l'élu de l'Essonne est l'un des plus fins connaisseurs de la droite française : il a longtemps fréquenté Claude Chirac, comme Nicolas Sarkozy d'ailleurs. Vingt ans plus tôt, les deux hommes, jeunes députés, s'étaient retrouvés à la buvette de l'Assemblée nationale, après s'être frotté l'un à l'autre durant des années, dans les mouvements de jeunes de leurs partis respectifs. Il se souvient des embarras du maire de Neuilly. « Il était très mal dans sa peau de député, en 1988. Ça crée des liens. À l'époque, on était des bleus qui se faisaient bizuter… »

Quelques semaines avant le déclenchement de l'enquête préliminaire, fin 2008, Sarkozy appelle Dray. Et lui propose un marché. « Je me souviens de notre échange au téléphone », narre le député, qui restitue le dialogue.

« Je te veux ministre…, lance Sarkozy.
– Pour quoi faire ?
– Ce que tu veux !
– L'Intérieur ?
– C'est pas un problème… »

Julien Dray place Beauvau ? La perspective émoustille

le député, qui s'est toujours passionné pour les questions de sécurité. Mais l'ouverture, très peu pour lui. Pas question de pactiser avec la droite. « Évidemment, j'ai décliné. Sarko, c'est un joueur. Vous me voyez commencer comme trotskiste, fonder SOS Racisme et finir ministre de droite ? »

Qui n'est pas avec Sarkozy est contre Sarkozy. L'axiome est connu. Ce seul refus, vécu comme un affront par le chef de l'État, a-t-il pu engendrer la disgrâce de Julien Dray ? Il est certain que résister au président, se heurter à la hiérarchie policière, incarner les mouvements de jeunes, représenter peu ou prou le courant Royal, tout cela avait de quoi placer l'ancien leader étudiant dans l'œil du cyclone.

Pendant un an, Dray a bataillé. Gagné des procès contre la presse. Refait ses comptes. Pesté contre la terre entière. Craché sa bile dans un livre aux allures de règlement de comptes (*L'Épreuve*, Le Cherche-Midi, 2009). In fine, le procureur a estimé que renvoyer l'élu devant le tribunal correctionnel comportait plus de risques de relaxe que de condamnation. Certains, aussi, ont vu la main de Nicolas Sarkozy derrière ce « rappel à la loi » plutôt clément, au regard des charges. Dans cette hypothèse, Dray aurait finalement été épargné, puisque ne présentant plus de danger, sans être blanchi totalement, pour qu'il reste fragilisé. Dans toute affaire politico-financière, il est si aisé d'interpréter les faits, pour qui n'est pas au cœur du dispositif...

Reste une certitude : la carrière de Julien Dray a subi un sévère coup d'arrêt. Presque définitif. « Mais je ne voulais pas sortir de la politique comme ça, dit-il. Je n'avais que deux solutions : soit rester dans la rancœur, et, là, il me fallait arrêter la politique tellement j'en ai pris plein la gueule. Soit passer à autre chose. Être candidat pour les régionales m'a beaucoup aidé. » Julien Dray a été réélu, au mois de mars 2010. « J'ai bénéficié d'un important courant de sympathie », affirme-t-il. Il dit se passionner pour les affaires culturelles à la région Île-de-France. Il se méfie de tout, cela va de soi. Bien sûr, il en veut toujours un peu à Martine Aubry, à Benoît Hamon, à tous ceux qui ne se sont pas précipités à son chevet. Et beaucoup à Nicolas Sarkozy, évidemment.

Pourtant, le député assure être passé à autre chose. D'autant qu'il se dit persuadé que l'opinion publique s'est retournée. « Au départ, il y a eu une vraie suspicion, je l'ai vécue comme une détestation. Maintenant, je ressens une vraie tendresse », glisse-t-il d'une voix où perce la sincérité, et même l'émotion. De la tendresse, en politique ? On n'est pas obligé de croire Julien Dray. Mais cet accès d'angélisme non feint souligne, en creux, l'ampleur de son traumatisme.

Jean-Pierre Havrin

Jeudi 17 mars 2011, un restaurant proche de l'Assemblée nationale, à Paris. D'emblée, Jean-Pierre Havrin, 63 ans, a commandé une pression. Huit ans après, il n'a toujours pas digéré son éviction de la direction départementale de la sécurité publique de Toulouse. Il culpabilise encore de ne pas avoir pu éviter à ses hommes d'être humiliés par celui qui était alors ministre de l'Intérieur. L'émotion est intacte. La rancune aussi.

Il aurait pu être l'homme qui, un jour de février 2003, assena un coup de tête à Nicolas Sarkozy, ministre de l'Intérieur. Il n'a pas osé, il le regrette parfois. Son histoire, Jean-Pierre Havrin l'a souvent racontée. Au point d'en faire un livre, au titre sans équivoque : *Il a détruit la police de proximité*, publié en novembre 2010 (Jean-Claude Gawsewitch). « Il », c'est Nicolas Sarkozy bien sûr, dont la photo, le regard sévère, pointant un doigt accusateur, orne la couverture de l'ouvrage. Pourtant, rabroué et déshonoré par Nicolas Sarkozy un matin de février 2003, l'ancien directeur de la police de Toulouse n'a toujours pas digéré l'affront qui lui a été fait ce jour-là. Les vertus cathartiques de l'écriture ont leurs limites. « J'ai fait un bouquin car j'en avais besoin, comme un exutoire. Je l'ai écrit très facilement, pas besoin de nègre, ça venait tout seul ! Malgré tout, ce fameux épisode avec Sarko, je l'ai toujours en travers de la gorge. Je ne m'en remettrai jamais vraiment… », confesse Jean-Pierre Havrin. L'intonation de sa voix trahit aussi imparablement son désarroi que son accent ses origines girondines. Pour décrire le président de la République, il emploie parfois des termes injurieux. Manifestement, huit ans après avoir été congédié, la plaie est toujours à vif.

Homme de gauche élevé dans l'amour de la République, le policier Jean-Pierre Havrin, alors directeur de la sécurité publique du Gard, a rejoint le cabinet du ministre Jean-Pierre Chevènement, en 1997. Au cabinet du ministre de l'Intérieur, c'est Havrin qui a conceptualisé puis mis en pratique la police de proximité, notion importée des États-Unis. Elle est supposée permettre de combattre la délinquance à la racine en rapprochant, pour faire court, les effectifs de maintien de l'ordre de la population. Une gageure… Mais rapidement, les lambris de la place Beauvau exercent un pouvoir quasi asphyxiant sur Jean-Pierre Havrin. Il a besoin d'air, d'action, de concret. « Jean-Pierre Chevènement ne voulait pas que je quitte son cabinet, mais moi, j'avais besoin de faire de la police au quotidien, de mettre la main à la pâte, car c'est le terrain qui m'intéresse », explique-t-il. Logiquement, à ce stade de sa carrière, Jean-Pierre Havrin aurait pu prétendre à un poste de préfet, ou de directeur central. Sauf que, pour lui, « la place d'un flic est sur le terrain ».

Ça tombe bien, à Toulouse, la place du directeur départemental de la sécurité publique (DDSP) se libère en janvier 1999. Le titulaire du poste n'a pas résisté aux émeutes urbaines qui enflamment depuis plusieurs semaines la ville rose. Les premières années, tout se passe bien. Toulouse s'affirme comme le laboratoire de la « pol'prox' », pour reprendre le jargon utilisé par Jean-Pierre Havrin. Progressivement, le quartier sensible du Mirail retrouve son calme, les îlotiers se rapprochent des habitants, la prévention se substitue au tout-répressif, le dialogue s'instaure entre jeunes et fonctionnaires en uniforme… Fan de sport, Jean-Pierre Havrin facilite l'organisation de matches de foot entre les uns et les autres, afin qu'ils passent « du statut d'ennemis à celui d'adversaires », comme il dit. Certes, la situation est loin d'être idyllique, les dealers n'ont pas brutalement déserté la Haute-Garonne, et il arrive toujours que, en longeant une barre d'immeubles, des policiers reçoivent, en guise de bienvenue, des projectiles sur la tête… « Mais globalement, on obtenait des résultats », note Jean-Pierre Havrin.

Changement de décor en 2002 après la réélection de Jacques Chirac, au terme d'une campagne marquée au fer de l'insécurité, nouveau cheval de bataille d'une droite qui n'en finit plus – déjà – de courir après son extrême. La nomination de Nicolas Sarkozy au ministère de l'Intérieur s'inscrit dans cette logique. De même que son mentor, Charles Pasqua, se proposait, depuis la place Beauvau, de « terroriser les terroristes », le maire de Neuilly-sur-Seine entend rétablir l'ordre dans les banlieues – qu'il proposera même de « nettoyer au Kärcher » en 2005.

« Le climat a rapidement changé après l'arrivée de Nicolas Sarkozy place Beauvau, se rappelle Jean-Pierre Havrin. Quelques semaines avant l'annonce de sa fameuse visite à Toulouse, début 2003, j'avais déjà des indices en provenance de la direction centrale. On me demandait sans arrêt : "T'es sûr que t'as pas de voitures qui brûlent dans ton département ?" Moi : "Non, non, tout est calme." C'était suspect ces tentatives de faire croire que la situation se dégradait... Malheureusement pour le ministère, les chiffres, dont ils raffolent, étaient bons pour moi, il y avait une baisse de 5 % de la délinquance globale à cette époque dans mon département. » Le DDSP de Haute-Garonne n'est pas dupe : « Sarko voulait supprimer la police de proximité, mais, même à droite, beaucoup y étaient opposés. Donc, pour faire changer d'avis l'opinion publique, il fallait prouver que ça ne marchait pas. Avec mon étiquette d'homme de gauche, j'étais la cible idéale. Cela a commencé par de petites brimades. Par exemple, on avait, comme dans toute la France, une dotation pour récompenser les enquêteurs qui avaient de bons résultats, qui sortaient de belles affaires. Eh bien, le ministère a brutalement coupé le robinet : plus d'argent ! »

Au mois de janvier 2003, le patron de la police toulousaine est informé par la place Beauvau que le ministre va effectuer une visite dans le département. « D'emblée, je me suis méfié. Je suis policier quand même, j'ai un peu d'intuition ! »

Fin janvier, Beauvau dépêche une conseillère à Toulouse afin de préparer le déplacement du ministre. « Le hasard a fait que j'étais à Paris le jour de sa visite, du coup je ne l'ai pas vue. On m'a dit qu'il s'était agi de Rachida Dati, mais je n'en ai jamais eu confirmation. Mes gars, qui ne se méfiaient pas, étaient très contents de lui raconter tout ce que l'on avait mis en place avec les jeunes. »

Un policier lance alors : « La cerise sur le gâteau, la preuve qu'on a réussi à rétablir le dialogue, c'est qu'on organise maintenant régulièrement des matches de foot et de rugby avec les jeunes du Mirail, alors qu'avant on ne pouvait même pas leur parler. » Jean-Pierre Havrin raconte la suite : « Et là, la conseillère feint l'enthousiasme et dit : "C'est formidable, vous raconterez ça au ministre." Évidemment, mes gars étaient tout contents… »

Juste avant la visite ministérielle, *Le Figaro* publie opportunément un article d'où il ressort que Toulouse détient le bonnet d'âne s'agissant du taux d'élucidation. « Ils avaient dû décortiquer tous les chiffres et c'est le seul qu'ils avaient trouvé, alors qu'en sécurité publique, cette notion n'a aucun sens, tempête Havrin. D'autant que moi, je demandais justement à mes policiers de prendre absolument toutes les plaintes, pour bien montrer à la population qu'on s'intéresse à elle, qu'on ne méprise aucune affaire. Le taux d'élucidation, on s'en fout, ce qui compte, c'est le taux de satisfaction. Sauf que celui-là est plus difficilement mesurable, évidemment. »

Le terrain ayant été soigneusement préparé, Nicolas Sarkozy peut débarquer à Toulouse, entouré d'un aréopage de conseillers, le 3 février 2003 au matin. Jean-Pierre Havrin a tout mémorisé.

« Il y a eu une première réunion à la préfecture. Sarkozy ne m'a même pas salué. Puis, direction la mairie, où l'on me met en face de responsables associatifs. Sarko arrive, il s'assoit, entre le directeur général (DGPN) Michel Gaudin et le préfet. Puis surgit sa femme, Cécilia, qui prend d'autorité la place du DGPN. Je n'en revenais pas, c'était la royauté ! Et moi, je me retrouve en face de Sarko, à l'autre bout de la salle, collé au mur, au sens propre du terme. Je refuse de m'asseoir. J'ai déjà compris que je vais être crucifié, et je veux mourir debout. » Pour le DDSP, qui a revêtu son uniforme d'apparat, commence alors un long supplice : presque tous les participants sélectionnés par le ministère se plaignent de l'action de la police. Des hommes et des femmes que Jean-Pierre Havrin n'avait, pour la plupart d'entre eux, jamais vus jusque-là ! À plusieurs reprises, pour ponctuer les doléances des intervenants, Nicolas Sarkozy pointe un index menaçant en direction de Jean-Pierre Havrin, à qui il lance à chaque fois : « Vous m'en rendrez compte, monsieur le directeur. » Havrin s'esclaffe : « Il m'a même dit cela après avoir entendu un commerçant se plaindre qu'un voyou ait pu être remis en liberté faute de greffiers au tribunal ! Comme si la police y était pour quelque chose... » Littéralement acculé, le patron de la police toulousaine a le sentiment d'assister à sa propre exécution, même si les mots ont remplacé les balles. « Les journalistes, les télés, ils étaient tous là, ils avaient été conviés à assister à ma mise à mort en direct. »

Le haut fonctionnaire n'en a pas fini avec son calvaire. Dans l'après-midi, la petite troupe ministérielle prend la direction du commissariat de Bellefontaine, au cœur du Mirail. « C'était en quelque sorte le point d'orgue de la visite », raille Havrin. La mine sévère, Nicolas Sarkozy s'avance vers les policiers de terrain, ceux qui vont au contact des ados de la cité. Pas peu fier, un gardien de la paix s'approche : « Monsieur le ministre, désormais, on peut même faire des matches de foot ou de rugby avec les jeunes. » La réplique fuse, presque trop rapidement. D'un ton à la fois cassant et définitif, le ministre lâche : « Organiser un match de rugby pour les jeunes du quartier, c'est bien, mais c'est pas la mission première de la police [...]. Vous savez parfaitement que l'alpha et l'oméga du travail du policier, c'est pas d'organiser des tournois pour les jeunes. » En deux phrases, Nicolas Sarkozy vient de décréter la fin de la police de proximité. Plus que le fond, c'est la forme employée que Jean-Pierre Havrin ne pardonnera jamais à l'ancien ministre de l'Intérieur.

« Il nous a vraiment fait passer publiquement pour des cons. Ça voulait dire : regardez ces flics, ils sont tellement débiles qu'ils pensent que, pour régler les problèmes de sécurité, il suffit de faire des matches avec les voyous », assure Havrin. Il n'oubliera pas les regards emplis de détresse que lui adressèrent les policiers visés par le sermon ministériel. Le haut fonctionnaire n'a pas fini de culpabiliser. « Lorsqu'il a fait cette sortie, j'ai vu mes hommes se tourner vers moi, ils étaient déstabilisés, désemparés même. Et c'est peut-être là que j'ai failli. Je me suis retenu de lui mettre un coup de boule, tout ministre qu'il était. Il faut avouer que cela aurait quand même été étrange, de la part du policier chargé d'organiser sa sécurité ! Mais, très sincèrement, ce coup de tête, il l'aurait mérité. Dans ma carrière policière, il m'est arrivé d'avoir envie de mettre une claque, par exemple à un violeur d'enfants, mais j'ai toujours pris sur moi : quand on porte l'uniforme, on doit se comporter en professionnel. Pour les policiers du Mirail, sa petite phrase, ce n'était pas un reproche, mais une insulte. Ils ont été dégoûtés, ils ont d'ailleurs tous quitté leur poste après cet épisode. Aujourd'hui, au Mirail, tout le monde la regrette, la police de proximité, on a pris dix ans de retard. » On tente de changer de sujet, mais rien à faire, Jean-Pierre Havrin y revient, encore et encore.

« Humainement, je me dis avec le recul que, bien sûr, ce coup de boule, j'ai bien fait de ne pas le donner, mais il me reste aujourd'hui encore sur l'estomac. Ai-je été faible ou fort en ne réagissant pas ce jour-là ? Mes proches m'ont dit ensuite que j'avais été costaud, mais moi je me suis trouvé lâche. Cet épisode, je ne l'ai toujours pas digéré, et je crois que je ne le digérerai jamais. Je n'ai pas oublié le regard de mes gars, qui attendaient une réaction de ma part. Ils m'appelaient "patron", ce qui n'est pas rien dans la police. Ils avaient un grand respect et une totale confiance en moi. À la limite, je ne me suis pas senti humilié à titre personnel, car je savais à quoi m'attendre, que c'était de la politique..., mais mes hommes, eux, ils l'ont été, humiliés. Or, pour moi, mes mecs, c'est plus important que tout, plus que la hiérarchie par exemple. »

Cette journée du 3 février 2003 s'est achevée comme elle avait commencé pour Jean-Pierre Havrin, sur un nouveau clash avec son ministre de tutelle. « Où est la BAC ? » lui demande d'un ton plein de reproche Nicolas Sarkozy, sans doute désireux de se faire présenter les effectifs de la brigade anti-criminalité. « Et moi, un peu insolemment je l'avoue, mais il était tellement désagréable que je n'ai pas pu m'empêcher, je réponds : "La BAC ? Mais comme tous les jours, monsieur le ministre, elle est sur le terrain, elle arrête les voyous." Je l'ai vu pâlir, il était déjà énervé, mais ma réponse l'a rendu encore plus furax. "Vous vous foutez de ma gueule en plus ?" m'a-t-il lancé. En fait, je l'avais vu à l'œuvre toute la journée, c'est quelqu'un qui arrive à s'auto-énerver, il s'était chauffé tout seul pour être le plus cassant possible », estime Jean-Pierre Havrin.

Pour lui, l'affaire ne fait évidemment pas de doute : « Toute cette journée avait été parfaitement organisée, les incidents mis en scène. Sarkozy est venu à Toulouse dans le seul but de nous faire passer pour des guignols. C'était un coup monté contre la pol'prox'. On disait avant sa visite que Toulouse était "la vitrine de la police de proximité". Eh bien Sarkozy, il est venu, avec un véhicule de l'État, percuter cette vitrine. Ceux qui se livrent à de tels actes, dans mon métier, d'habitude on les arrête. Avec Sarkozy, nous avions deux visions incompatibles : moi je vois la police au service de la population, lui la voit au service du pouvoir. » Havrin développe ce dernier point, qui lui tient tant à cœur : « C'est vraiment dommage qu'on n'ait pas un indice pour mesurer le taux de satisfaction de la population. Faire du chiffre, des statistiques, ça c'est ce que j'appelle la police au service du pouvoir. On ne travaille plus le fond, c'est pour ça qu'en 2010, par exemple, la violence sur la voie publique a augmenté de 35 % à Toulouse. On ne demande plus aux policiers de planquer, mais de faire des "crânes". On préfère ramasser des "chiteux" ou des putes. Les putes, c'est l'idéal car on a à la fois le délit et son élucidation ! Et les mecs reçoivent des lettres de félicitations derrière... »

Bien entendu, après cette éprouvante journée, Jean-Pierre Havrin ne se faisait plus beaucoup d'illusions. Il savait que ses jours à la tête de la DDSP de Toulouse étaient comptés. Seule consolation, la presse, qui rendit largement compte de l'épisode, prit plutôt le parti du responsable policier. D'autant que Havrin entretenait d'excellentes relations avec nombre de journalistes.

La sanction tomba finalement quelques semaines plus tard. Elle prit la forme d'une convocation au ministère de l'Intérieur. Là encore, la mise en scène avait été soignée. « Je me présente devant la place Beauvau, en voiture, et là je découvre une trentaine de journalistes, je sens tout de suite le piège à con. » Havrin négociera, par téléphone, de pouvoir entrer par les garages du ministère, afin d'éviter micros et caméras. Arrivé dans le bureau du ministre, il voit surgir Nicolas Sarkozy, qui l'accueille, sans cravate, manches de chemise retroussées, décontracté. Dans ces cas-là, chaque détail compte : « Il me salue et s'assied sur un fauteuil assez haut, moi je dois m'installer sur un petit tabouret. » Sarkozy attaque d'emblée. « Vos statistiques, ça ne va pas du tout », tranche le ministre. « Je ne me démonte pas et je lui réponds que, pour moi, ces histoires de stats, c'est des conneries. Ensuite il me dit : "Vous savez, j'ai toujours bien traité vos amis socialistes." Je lui rétorque que ça m'est égal, car même si je suis de gauche, je ne suis pas encarté. Puis il me lance : "Si je vous dis, nouvelle politique, nouveaux hommes ?" Là, je lui dis que je peux entendre ce discours. Plutôt que de tourner autour du pot, c'est plus clair. »

Au moins un point d'accord... Tandis que les deux hommes discutent, un troisième, resté en retrait, assiste à la conversation. Le fidèle Claude Guéant, directeur du cabinet du ministre. Un homme aussi courtois que son chef peut être brusque, mais dont Havrin se méfie comme de la peste. « Guéant ne m'aime pas, et je sais très bien pourquoi. Quand je suis arrivé au cabinet de Chevènement, alors que lui était directeur général de la police nationale, il l'a très mal vécu. Il se voyait comme un grand préfet, et moi un petit commissaire. Or, au cabinet, j'avais en quelque sorte autorité sur lui, tout directeur général qu'il fût. Nos relations se sont inversées, ce qu'il a très mal vécu. De son point de vue, il était absolument anormal qu'il soit obligé de rendre compte à un type comme moi. Circonstance aggravante, j'avais conseillé à Chevènement de changer de DG, ce qu'il fit [Claude Guéant fut nommé en février 1998 préfet de la région de Franche-Comté et préfet du Doubs]. S'agissant du traitement qui m'a été réservé par Nicolas Sarkozy, je pense que je dois beaucoup à Guéant. »

Mais il y a encore un détail à régler, au terme de cette entrevue place Beauvau. Le ministre de l'Intérieur évoque le battage médiatique fait autour du « cas Havrin » depuis sa visite à Toulouse. Nicolas Sarkozy, fin connaisseur du monde des médias et de leur fonctionnement, n'est pas dupe. Il sait parfaitement que Jean-Pierre Havrin, même s'il ne s'exprime jamais *on the record*, devoir de réserve oblige, est l'inspirateur des nombreux articles l'accusant d'avoir détruit la police de proximité. « Il n'avait pas tout à fait tort », sourit l'intéressé, qui sait aussi, quand il le faut, manier la litote. « Il faut arrêter tout ce cirque, que tout cette campagne médiatique cesse, assène donc Nicolas Sarkozy, avant d'ajouter : Dites-moi ce que vous voulez faire, quel poste vous intéresse. Si vous vous taisez, je vous donne ce que vous voulez. » Au moins, le deal est clair. Havrin fait alors valoir ses fonctions à la tête de la Fédération sportive de la police française et de l'Union sportive des polices d'Europe, qu'il n'a pu, jusqu'alors, assumer comme il l'aurait souhaité, faute de temps. Et propose à son ministre de le nommer conseiller auprès du directeur général de la police nationale (DGPN). « Conseiller du DGPN pour le sport ? ! » s'esclaffe Sarkozy, mesurant le cocasse de la situation. « J'ai dit oui, et ça a fait ni une, ni deux. J'ai eu le titre, avec un bureau à Toulouse. C'était bien sûr un titre de conseiller complètement bidon, c'était un emploi fictif. D'ailleurs, le DG a eu le bon sens de ne jamais rien me demander comme mission ! » Jean-Pierre Havrin passera ainsi cinq années dans un placard finalement assez confortable, sillonnant l'Europe, comparant les expériences. « Ce qui me confirma d'ailleurs la pertinence de la police de proximité », s'amuse-t-il.

Après avoir fait valoir ses droits à la retraite, fin 2007, il décide de se lancer dans la politique. Avec succès, puisqu'il est élu sur la liste de gauche qui parvient à conquérir la ville, en 2008. Depuis, il occupe le poste d'adjoint au maire chargé de la sécurité. C'est en cette qualité qu'il a eu l'honneur d'accueillir, en mars 2009, Michèle Alliot-Marie, alors ministre de l'Intérieur, venue, ironie de l'histoire, inaugurer à Toulouse les premières unités territoriales de quartier (UTEQ), rien d'autre en fait que des policiers de proximité. Jean-Pierre Havrin n'a pas boudé son plaisir. « J'ai savouré, c'est vrai. D'autant que la ministre s'est rendue au commissariat du Mirail, là même où j'avais été humilié six ans plus tôt. Chacun a pu mesurer le ridicule de la situation. En fait, j'ai été viré par un homme, mais récupéré par le peuple. »

Il n'est désormais plus tenu au devoir de réserve auquel sont astreints les hauts fonctionnaires, et ne se prive pas d'user de cette nouvelle liberté. Surtout pour régler ses comptes avec celui qui a mis, prématurément, un terme à sa carrière.

« Au cours de cette journée du 3 février, notamment lorsqu'il m'a dit que je me "foutais de sa gueule", il n'a pas eu l'attitude qu'on pourrait attendre d'un ministre de l'Intérieur. Quand il a fait sa sortie : "Casse-toi pauvre con", ça ne m'a pas surpris du tout. Ce type n'est pas un homme d'État. Et j'en ai connu. Pierre Joxe ou Jean-Pierre Chevènement, par exemple. Eux aussi ils peuvent fusiller un mec, Joxe avec un simple regard, Chevènement avec une phrase, légèrement humoristique. Par exemple, quand on remettait à Chevènement un rapport qui ne lui convenait pas, il lâchait : "Ceci n'est pas pensé." Et là, tu savais que t'étais mort ! Sarko, lui, il dirait : "C'est de la merde." Joxe ou Chevènement, ce sont des types qui ont une pensée, qui sont structurés, avec une certaine idée de l'État, des types capables de faire des réformes sur cinq ans quand ils savent qu'ils sont là pour deux ans seulement… Sarko, lui, a tendance à réagir comme l'homme de la rue, mais c'est interdit quand on est ministre, a fortiori président de la République. À ce niveau-là, tu n'as pas le droit de t'abaisser, tu représentes la France tout de même. Même Chirac, qui était proche des gens, conservait une certaine distance, un minimum de hauteur. »

Nicolas Sarkozy, Jean-Pierre Havrin ne l'a revu qu'une seule fois. Et comme le destin est décidément taquin, ce fut à l'occasion… d'un match de football, entre l'équipe de France de la police et le Paris Saint-Germain ! « C'était peu de temps après mon éviction, et il avait été charmant avec moi. Logique, je ne le gênais plus. »

Pourtant, il a ressenti à nouveau une certaine pression courant 2010, au moment de l'écriture de son livre. « Quand j'ai décidé de raconter mon histoire, on m'a dit de faire attention, de bien regarder sous ma voiture. Je me disais que les gens étaient quand même un peu paranos ! Mais, par la suite, un curieux incident m'a quand même troublé… » Ce « curieux incident », dont il n'avait jamais voulu parler jusqu'ici, c'est le vol de son ordinateur portable, quelque temps après qu'il eut annoncé à ses proches sa décision de consigner ses souvenirs dans un ouvrage.

« Cela s'est passé à la fin du mois d'avril 2010 au cours d'un week-end, dans mon bureau, à la mairie de Toulouse. J'ai déposé plainte, bien sûr. J'ai évidemment eu de gros doutes immédiatement, j'avais du mal à croire à la thèse du maraudeur. Mes soupçons ont été confortés quelques mois plus tard, en octobre, au moment des vols d'ordinateurs des journalistes du *Monde*, du *Point* et de Mediapart, en pointe dans les affaires Bettencourt et de Karachi. J'ai fait le rapprochement avec mon cambriolage, même si je n'en ai pas parlé, car je ne souhaitais pas qu'on pense que je veuille me faire mousser. Heureusement, il n'y avait rien de très important dans mon ordinateur. Et, de toute façon, mon livre, dont j'avais déjà rédigé une bonne moitié, était manuscrit. »

Derrière ses lunettes rectangulaires, le regard de Jean-Pierre Havrin se fait plus intense. « Et vous savez pourquoi je l'ai écrit à la main ? Parce que la colère irriguait ma plume. »

Gérard Dubois

Vendredi 18 mars 2011, un charmant atelier d'artiste, au bout d'une impasse proche de la porte d'Orléans, à Paris. Ancien conseiller du préfet de police de Paris, évincé pour s'être un peu trop intéressé à la vie privée de Nicolas Sarkozy, Gérard Dubois, 66 ans, nous accueille chez un proche, par mesure de sécurité. Un premier rendez-vous dans une grande brasserie du XVe, trois semaines plus tôt, avait été écourté. Un consommateur, manifestement très intéressé par notre conversation, était bizarrement venu se coller à nous, alors que l'établissement était quasiment vide. « Un type des services », avait assuré Dubois. Parole d'expert.

La rosette en évidence à la boutonnière, les cheveux plaqués en arrière, le sous-préfet Gérard Dubois va enfin pouvoir raconter son « exécution ». Avec, dans le rôle du bourreau, Nicolas Sarkozy. Il a apporté ses archives, dans lesquelles il fouille fébrilement. « J'ai servi de fusible, dit-il. Je suis un lampiste, un fonctionnaire sacrifié sur l'autel de la raison d'État. » Accusé d'avoir propagé des rumeurs sur le couple présidentiel, taxé de chiraquisme aigu, il n'est plus aujourd'hui qu'un simple administrateur civil hors classe, parfaitement seul. Lui qui, douze années durant, avait régné sur le Tout-Paris...

Dès le début de l'entretien, il a posé sur une table deux grosses chemises cartonnées dont on peut imaginer qu'elles recèlent quelques secrets d'État... C'est que, comme conseiller en charge de la communication auprès du préfet de police, de 1993 à 2005, Gérard Dubois a tout su, tout connu. Aujourd'hui, il a perdu de sa superbe, à l'image de ce tee-shirt élimé que l'on distingue sous sa veste. S'il est placé sur écoute, comme il le pense, ceux qui le surveillent doivent être déçus. Congédié sans autre forme de procès, Gérard Dubois est donc d'abord la victime collatérale d'une guerre interne à la droite dont il n'avait sans doute pas soupçonné la violence.

Il exhume une liasse de feuillets noircis d'une écriture maladroite. « J'avais pensé faire un livre pour raconter ma mésaventure, j'ai commencé, mais j'ai finalement renoncé, je ne suis pas certain que cela intéresse les gens. » Et pourtant...

Les ennuis de Gérard Dubois remontent au printemps 2005, lors du retour triomphal de Nicolas Sarkozy au ministère de l'Intérieur, après un passage à Bercy (de mars à novembre 2004), puis six mois où il fut contraint de s'absenter du gouvernement, présidence de l'UMP oblige. L'éviction de Gérard Dubois, figure incontournable de la PP dans l'ombre de Philippe Massoni – préfet de police de Paris de 1993 à 2001 –, fut la première décision du nouveau maître de la place Beauvau. « J'ai payé ma fidélité à Massoni, chiraquien notoire, mais surtout le fait de m'être intéressé à l'"affaire Cécilia", résume-t-il. Me concernant,

Sarkozy a même inventé le "délit de ricanement", pour reprendre le terme employé publiquement par Claude Guéant, au motif que je me serais moqué de ses difficultés conjugales. C'est pire que Poutine, comme réaction. Son attitude avec moi, ce sont les prémices de son comportement futur, une fois président. »

Des années durant, Gérard Dubois fut, pour les journalistes chargés des affaires de police à Paris, le point de passage obligé, l'homme qui distillait avec mesure et délectation les informations, qu'il s'agisse d'un gros fait divers ou – avec plus de réticence – d'un dossier sensible. Celui, aussi, qui faisait à l'occasion sauter les contraventions. Celui, enfin, qui n'aimait rien tant que commenter les dernières rumeurs agitant le microcosme politico-médiatique parisien. Rien de bien méchant, à vrai dire. Un personnage atypique et attachant, pas toujours pris au sérieux par ses interlocuteurs. Un authentique second rôle au service d'un mentor nommé Philippe Massoni. Ce dernier, chiraquien assumé, quitta la PP en 2001 pour rallier l'Élysée et la présidence du Conseil de sécurité intérieure (CSI). Aux yeux des sarkozystes, Massoni était surtout l'un des membres les plus actifs du « cabinet noir » supposé avoir, autour de Dominique de Villepin, monté des « chantiers » contre les adversaires et rivaux de Jacques Chirac, au premier rang desquels figurait Nicolas Sarkozy…

« Massoni était la bête noire de Sarkozy, son obsession même. Et moi, comme j'avais passé huit ans avec lui, j'étais dans le collimateur. Je le revendique, j'ai servi loyalement Dominique de Villepin lorsqu'il était ministre de l'Intérieur, comme j'ai servi Massoni. Mais si j'avais dû quelque chose à Chirac, il m'aurait sauvé. Je ne fais pas partie de ce qu'on appelle le clan des chiraquiens », affirme Dubois, qui rapporte ce que Jean-Paul Proust, successeur de Philippe Massoni à la PP, lui avait confié en 2002, au sortir de l'une de ses premières réunions avec Nicolas Sarkozy, place Beauvau. « La nuit dernière, j'ai fait un songe, aurait raconté Sarkozy, j'étais élu président de la République. Ma première décision était de dissoudre le CSI, et exit Massoni ! » Une fois élu, le chef de l'État exauça son rêve : Philippe Massoni fut prié de quitter son poste dès septembre 2007. Désormais à la retraite, ce dernier n'entend pas polémiquer. Il veut couler des jours paisibles, oublier son ancienne vie. Au téléphone, il assure d'une voix mécanique n'avoir « rien à dire sur le sujet », puisque n'ayant « jamais eu de problèmes avec Nicolas Sarkozy, contrairement à ce que rapporte la rumeur », mais on n'est pas obligé de le croire...

Lors de son premier passage place Beauvau, entre 2002 et 2004, Nicolas Sarkozy, de l'aveu même de Gérard Dubois, « ne [lui] cherche pas de noises ». « Il était dans sa bonne période, il travaillait beaucoup, construisant son image de présidentiable. » Les choses se compliquent à partir du début de l'année 2005. Écarté du gouvernement par Jacques Chirac, qui l'a sommé de choisir entre son portefeuille ministériel et la présidence de l'UMP, Nicolas Sarkozy vit des moments difficiles. La crise conjugale qu'il traverse commence à nourrir les conversations dans les dîners parisiens. Nicolas Sarkozy soupçonne Dominique de Villepin, qui lui avait succédé à l'Intérieur l'année précédente, de souffler sur les braises. De bonnes âmes lui rapportent que le conseiller en communication du préfet de police n'est pas le dernier à se gargariser, auprès de ses amis journalistes, de son infortune sentimentale... Nicolas Sarkozy est d'autant plus exaspéré qu'il n'a pas réussi à imposer à Jacques Chirac son candidat pour succéder à la

PP, en décembre 2004, à Jean-Paul Proust, atteint par la limite d'âge.

« Sarkozy avait promis à Guéant qu'il serait nommé préfet de police de Paris, raconte l'ex-conseiller du préfet Massoni. Il y a eu une lutte féroce pour la succession, on s'est tous dit que Chirac n'allait quand même pas mettre le meilleur affidé de Sarkozy à la tête de la PP, un poste hautement stratégique. Tous les fidèles de Sarkozy, son conseiller Pierre Charon le premier, ont pourtant fait pression sur Chirac pour qu'il nomme Guéant. Je me souviens d'une remise de décoration à Bercy. Sarkozy, alors ministre des Finances, est arrivé très en retard, il revenait de chez Chirac. Quand je l'ai croisé, je lui ai lancé : "Alors, qu'est-ce qu'il a dit pour Claude ?" Il n'a pas répondu. Chirac avait fini par recevoir Guéant, il lui avait proposé le titre de ministre d'État à Monaco, poste qu'il offrit finalement à Proust, à qui il l'avait également promis. Et c'est Pierre Mutz qui a été nommé préfet de police, au nez et à la barbe de Guéant. » Autre élément qui alimente la très mauvaise humeur de Nicolas Sarkozy : l'affaire Clearstream naissante (de faux listings lui attribuent des comptes bancaires en Italie), derrière laquelle il voit encore la main des villepinistes – donc celle de Massoni, bien entendu.

La crise du couple Sarkozy atteint son apogée au printemps 2005, en pleine campagne pour le référendum sur la Constitution européenne, que les Français rejetteront massivement, le 29 mai. Le 22 mai, Nicolas Sarkozy se décommande in extremis alors qu'il était l'invité du journal de 20 heures de TF1, en invoquant un « coup de fatigue ». France Inter se risque à évoquer des « problèmes familiaux », tandis que Brice Hortefeux dénonce une « calomnie ». « Respectez ma famille », répond le président de l'UMP aux journalistes qui le questionnent sur ses éventuelles difficultés conjugales. « C'est quand même curieux : Sarkozy voulait qu'on le laisse tranquille sur sa vie privée alors qu'il n'avait eu de cesse d'en faire l'étalage », persifle Dubois. Au même moment, Cécilia se trouve avec le publicitaire Richard Attias à Pétra, en Jordanie. Le 24 mai, la presse helvétique brise le tabou et parle de la rupture. « Je serai plus tard accusé, à tort, d'avoir informé les journalistes suisses, je m'étais rendu coupable du délit d'intelligence avec l'ennemi ! se souvient Gérard Dubois, qui n'a oublié aucun détail de cette période folle. C'est son conseiller Pierre Charon lui-même qui répandait la rumeur ! À tous les journalistes qui l'appellent, il confirme bien qu'avec Cécilia, c'est la rupture. Mais il menace les journaux s'ils en parlent, et leur vend l'idée que, de toute façon, Cécilia va revenir. La stratégie alors c'est de dire que la plupart des rumeurs concernant Cécilia relèvent de basses manœuvres. Les conseillers de Sarko vont jusqu'à soutenir qu'elle n'a pas été à Pétra, qu'on est en présence d'une nouvelle affaire Markovic, lorsque des ragots scabreux visèrent Mme Pompidou, qu'il y a même des photos de Cécilia nue qui circulent dans les rédactions... L'objectif des proches de Sarkozy est de limiter la casse, en espérant qu'il se réconcilie très vite avec Cécilia. » Le 26 mai, sur France 3, Sarkozy accepte de s'épancher : « Comme des millions de familles, la mienne a connu des difficultés. Ces difficultés, nous sommes en train de les surmonter », déclare-t-il.

« Déjà, depuis quelques mois, Nicolas Sarkozy était parano, se remémore Gérard Dubois. Il se disait sur écoute, et son seul objectif était de renouer avec Cécilia. Il en voulait à Douste-Blazy, qui aurait expédié plein de SMS après avoir vu Cécilia à Pétra. Il accusait aussi Copé d'avoir envoyé des SMS pour se régaler de ses déboires conjugaux. Honnêtement, j'en savais plutôt moins que tous ces gens. Je me rappelle qu'à l'époque, le bruit courait qu'elle était partie avec quelqu'un de Publicis. Et tout le monde en a conclu qu'il s'agissait de Christophe Lambert [alors président de Publicis Conseil], le mari de Marie Sara, la célèbre femme torero. Un jour, Marie Sara, que je connaissais, m'appelle pour un problème de carte de séjour concernant sa nounou, et j'en profite pour lui demander, sur le ton de la plaisanterie, si elle est toujours avec son mari. Elle éclate de rire : c'était une rumeur bidon. »

Bavard, Gérard Dubois révèle : « S'agissant des difficultés entre Cécilia et Sarko, les infos étaient uniquement verbales, les RG se sont bien gardés de faire des rapports écrits. Je peux certifier qu'il n'y a eu aucun "blanc" [note sans en-tête ni signature], même si Mutz a dû s'entretenir verbalement de cela avec le cabinet de Villepin. Il ne faut pas oublier que, quand Cécilia le plaque, Sarko n'est pas à l'Intérieur, ce n'est pas mon ministre de tutelle. Par ailleurs, on n'allait pas non plus se mettre un bandeau sur les yeux et des bouchons dans les oreilles, tout le monde ne parlait que de ça. Et puis, ce n'était pas une rumeur, mais un fait objectif. »

L'échec du référendum va contraindre Jacques Chirac à redistribuer les cartes. Le 2 juin 2005, tandis que Dominique de Villepin vient de s'installer à Matignon, Nicolas Sarkozy retrouve la place Beauvau, avec le titre de ministre d'État.

« Dans son esprit, redevenir ministre de l'Intérieur était une aubaine, relève Gérard Dubois. Pour faire plaisir à Cécilia, qui s'y était beaucoup plu lors de son premier passage, mais surtout pour se protéger, notamment par rapport à Clearstream. Il n'a sans doute jamais été aussi affaibli humainement, et en même temps jamais aussi puissant politiquement, qu'à cette période-là. Je discute à cette époque avec un journaliste de *Marianne*, qui me dit que Sarkozy en veut à la terre entière, en particulier à la préfecture de police de Paris. Lorsqu'il m'explique cela, j'en ai des frissons dans le dos. Le journaliste tente de me tranquilliser en me disant : "Ce n'est pas au cabinet qu'il en veut, mais aux services, qu'il soupçonne de travailler contre lui, comme les RGPP [les renseignements généraux de la préfecture de police de Paris] par exemple." Cela ne m'a pas vraiment rassuré… J'avais compris que Sarkozy était revenu à l'Intérieur pour régler ses comptes. Avant le journaliste, Charon m'avait déjà prévenu : "Si Guéant prend la PP, il virera le cabinet, ce sera la première chose qu'il fera." Mais comme Mutz avait eu le poste, je pensais, à tort, être protégé… »

À propos de Pierre Mutz, Gérard Dubois rapporte une anecdote : « Il y avait une réception à la PP. C'était au moment de la formation du gouvernement Villepin. Je parle à Mutz du retour éventuel de Sarkozy place Beauvau et, là, Mutz fait carrément un doigt d'honneur ! Il ne l'aimait pas et son geste signifiait qu'il était certain que Chirac ne le renommerait pas à ce poste. Et quelques minutes plus tard, voilà un type des RG qui vient lui chuchoter à l'oreille que Chirac a décidé de nommer Sarko à l'Intérieur ! Il fallait voir sa tête… Ensuite, Mutz, tellement heureux d'échapper à la purge, va en échange offrir ma tête à Sarkozy. »

Nicolas Sarkozy s'installe place Beauvau le vendredi 3 juin 2005. Gérard Dubois s'en souvient comme si c'était hier. « Sa première initiative a été de réunir tous les hauts fonctionnaires pour un discours de bienvenue, réunion au cours de laquelle il a fait ostensiblement la gueule à Mutz. Le soir, à 19 heures, Mutz assiste à la réunion informelle organisée autour du ministre de l'Intérieur, avec notamment les directeurs de la police et de la gendarmerie. À l'issue de la réunion, Guéant, directeur du cabinet de Sarkozy, prend Mutz à part et lui dit : "Tu vas signifier à Gérard Dubois qu'il a quarante-huit heures pour faire ses cartons." Guéant avait une raison supplémentaire de m'en vouloir : je représentais Massoni, avec qui il s'est toujours senti en concurrence. »

Dès le lendemain matin, le samedi, Mutz convoque Dubois. « J'avais compris. Il me dit, assez gêné : "Gérard, Guéant m'a demandé ta tête, au nom de Sarkozy. Je suis désolé..." Je lui ai demandé les raisons. Il m'a répondu qu'il n'en savait rien. Il n'avait même pas posé la question... Mutz, c'est un militaire de formation, un ancien d'Aspretto [base militaire située à Ajaccio, où s'entraînent notamment les nageurs de combat de la DGSE], un exécutant », soupire Gérard Dubois, qui confesse un regret : « J'aurais dû appeler l'Élysée, Matignon, réagir quoi... Je me suis laissé exécuter comme ça. Bien entendu, Mutz s'est précipité le lundi matin pour appeler l'Agence France-Presse afin d'entériner mon éviction, la rendre irréversible... »

Entre-temps, le samedi soir, Gérard Dubois aura eu l'occasion de s'expliquer directement avec Nicolas Sarkozy, dans un cadre pour le moins inattendu : le Stade de France, théâtre de la finale de la Coupe de France de football entre Auxerre et Sedan. Passionné de foot, l'ancien conseiller de Philippe Massoni est alors membre à la fois de la commission d'organisation de la Coupe et de la Fédération française de football, et, à ce double titre, invité en tribune d'honneur. « Je savais que Chirac n'irait pas, de crainte d'être sifflé, et que Sarkozy, lui, ne manquerait pas l'occasion d'occuper l'espace. J'étais avec ma femme, parmi les dignitaires. À la mi-temps, je profite d'un moment où le ministre n'est pas occupé pour foncer vers lui, bien que mon épouse m'ait dissuadé de le faire, certaine que cela ne servirait à rien. On m'a dit que j'avais été un peu kamikaze. J'étais tendu. » Gérard Dubois restitue le dialogue.

« Monsieur le ministre, votre directeur de cabinet a dit que j'avais quarante-huit heures pour faire mes cartons. Je voudrais savoir ce que je vous ai fait.

– Mais vous êtes qui ?

– Gérard Dubois, conseiller du préfet de police.

– Quel préfet de police ?

– Mutz, monsieur le ministre.

– Je verrai avec Guéant, mais en tout état de cause, on ne s'adresse pas comme ça à un ministre d'État. »

Le ton du ministre est cassant. La conversation s'arrête là, les gardes du corps deviennent menaçants, l'insolent est prié de déguerpir. L'éviction de Dubois est rendue publique le lundi 6 juin 2005, elle fait du buzz. « Sarkozy veut châtier les auteurs du complot », titre *Le Parisien* du 7 juin. « J'étais anéanti, reprend Dubois. Comme si j'avais fomenté une conspiration… Encore une fois, cette affaire, ce n'était ni une machination politique, ni un ragot. Que je sache, Cécilia s'est finalement bien mariée, en 2008, avec Richard Attias. »

Ainsi qu'il le dit lui-même, le sous-préfet Dubois, en quelques heures, est devenu « la brebis galeuse, le paria ». D'ailleurs, le banni est déclaré immédiatement persona non grata. Et rien ne lui est épargné. « Je me suis rendu à la PP, deux jours après l'annonce de mon départ, pour passer à mon bureau, et, là, comme au Moyen Âge, les hallebardes des gardes se sont dressées devant moi ! Aussi bien au 7 qu'au 9 boulevard du Palais. On m'a physiquement empêché d'entrer, alors que les gardes me connaissaient. J'ai dû appeler Mutz pour qu'il intervienne. C'était si soudain, si brutal, cette éviction. Là, sur le trottoir, je me suis vraiment senti humilié comme jamais, c'était l'horreur. »

Déshonoré, le sous-préfet Dubois va vivre de sales moments. On ne le prend plus au téléphone, certains de ses amis changent de trottoir lorsqu'ils le voient… « Alain Genestar, lui, a eu des mots très gentils pour moi. D'ailleurs, un peu plus tard, pour avoir publié des photos de Cécilia en une de *Paris Match*, il sera lui aussi exécuté. » Avec le recul, il estime qu'à travers lui, « c'était un signal envoyé à tous les fonctionnaires. Et le message est passé. Comme j'ai été condamné et fusillé sur la place publique, plus personne n'osait parler de l'affaire. Les gens craignaient même de prononcer le nom de Cécilia ! Il y avait aussi des mouchards dans les dîners. Certains faisaient des rapports pour Sarko. Par exemple, un homme d'affaires intime d'Hortefeux. Je me souviens fort bien qu'après un dîner, ce type avait rédigé une note à l'intention de Sarkozy, j'en ai été témoin ».

Le choc passé, Gérard Dubois va tenter de réagir. « J'ai commencé à réaliser qu'il fallait que je me défende si je ne voulais pas me faire manger tout cru. On sait que la règle, pour les préfets, c'est qu'on peut les révoquer. Mais moi, j'étais un cas à part, puisque à la fois conseiller du préfet et chef du service de communication, nommé par arrêté interministériel signé des ministères des Finances, de l'Intérieur et de Matignon. Donc j'étais protégé par le statut de la fonction publique. Mon arrêté courait encore jusqu'au mois de juin 2006, normalement j'avais encore un an à faire. On ne pouvait pas mettre fin à mes fonctions comme ça. D'autant que j'avais été remis à la disposition du secrétariat général du ministère de l'Intérieur. Tout cela était parfaitement illégal, une "voie de fait" au sens juridique du terme. Avec le recul, ce n'est guère surprenant : Sarkozy, c'est à la fois la violence d'État et le fait du prince. »

Décidé à se battre, le conseiller mis au ban se tourne vers un célèbre avocat parisien. « Malheureusement, j'ignorais qu'il était ami avec Charon. Et, bien sûr, il m'a recommandé de n'intenter aucune action… » Les réserves de l'avocat étaient compréhensibles. Car, au même moment, la réputation de Gérard Dubois est sérieusement égratignée. « On avait dit à mon avocat que j'avais des casseroles, notamment des histoires de trafic de cartes de séjour pour de jolies Russes ! Ahurissant… On a fait courir les pires rumeurs sur mon compte. Ils ont même entrepris mon ancienne secrétaire, qui travaillait alors à la mairie d'Antony avec Patrick Devedjian, pour trouver la trace de contraventions que j'aurais fait sauter… Elle a dû ressortir les mots que je recevais des journalistes. On a voulu lui faire dire que je me faisais inviter à déjeuner en échange d'interventions. Elle avait sa carte UMP, elle était débriefée par le canal UMP et celui de l'Intérieur. J'ai appris que Guéant avait également demandé à Mutz de ressortir toutes mes interventions en espérant tomber sur quelque chose de répréhensible. Mais Mutz a répondu qu'il n'avait rien trouvé d'intéressant. Ils ont dû être déçus… Je n'en revenais pas : même après mon éviction, ils continuaient à m'emmerder, sans doute parce que je résistais. Mais le combat était inégal. Sarkozy, si on n'a pas les moyens de lui résister, il écrase. Sinon, il s'incline, car c'est un trouillard. »

Gérard Dubois va alors choisir un avocat spécialisé dans le droit administratif, afin de contester son éviction devant le Conseil d'État. Nouvelle désillusion. Quelques jours après l'avoir reçu, l'avocat lui annonce qu'un très gros dossier portant sur un marché public européen vient de lui être proposé par la Direction des libertés publiques et des affaires juridiques (DLPAJ) du ministère de l'Intérieur. Et ce, alors qu'il n'avait jusqu'alors jamais traité le moindre dossier pour ce ministère. Curieuse coïncidence. « Déontologiquement, il y a un conflit d'intérêts », explique l'avocat, embarrassé, à Gérard Dubois. « Évidemment, entre les deux, il a choisi l'affaire proposée par le ministère. Cette proposition est vraiment arrivée providentiellement ! C'est l'astuce qu'ils ont trouvée, et ça a marché. Quand tout l'appareil administratif de l'État se mobilise pour exaucer et même devancer les désirs du prince, c'est à la fois grave et dangereux. J'ai même sollicité plus tard, Me Georges Kiejman, qui défendait Rachida Dati, accusée elle aussi d'avoir colporté des rumeurs sur le couple présidentiel. Mais il n'a pas donné suite. Du coup, j'ai compris et j'ai arrêté les frais. »

S'il ne fait pas bon se heurter à Sarkozy, c'est tout particulièrement dangereux lorsqu'il s'agit de ses affaires de cœur. L'affaire Dati illustre en effet ce jusqu'au-boutisme, celui d'un homme prêt à tout pour éviter la propagation d'indiscrétions portant sur sa vie privée. Ainsi, il va demander en mars 2010 à la Direction centrale du renseignement intérieur (DCRI), le contre-espionnage, dirigé par un homme de confiance, Bernard Squarcini, d'enquêter sur l'origine des pseudo-informations qui courent dans Paris sur ses infortunes conjugales – décidément. La DCRI va alors émettre l'hypothèse d'une implication de l'ex-garde des Sceaux Rachida Dati et de son conseiller en communication, François-David Cravenne. Leurs factures de téléphone sont étudiées et les enquêteurs mettent au jour de nombreux échanges entre eux. Mi-mars, selon *L'Express*, François-David Cravenne sera « convoqué » dans le bureau du ministre de l'Intérieur Brice Hortefeux et recevra l'ordre de ne plus fréquenter Rachida Dati. Autre conséquence, selon l'hebdomadaire, le 14 mars, l'ex-ministre de la Justice apprend le retrait de sa voiture de fonction et de son garde du corps.

En avril, Squarcini confirmera à Mediapart avoir été chargé de mener cette enquête très privée, déclarant : « J'ai été saisi courant mars par le directeur général de la police nationale, Frédéric Péchenard, afin d'essayer de déterminer si les rumeurs visant le couple présidentiel ne cachaient pas une éventuelle tentative de déstabilisation. » Pourtant, Carla Bruni, sur Europe 1, avait démenti toute enquête sur le sujet, tandis que Nicolas Sarkozy parlait, lui, d'un « clapotis ». Rachida Dati, au final, s'en sortira plutôt bien. En bonne courtisane, elle a su attendre les vents meilleurs.

Complètement déboussolé, Gérard Dubois va se mettre au vert quelque temps en Sardaigne, juste après sa disgrâce. Puis, pendant près d'un an, restera cloîtré chez lui. Anéanti. « À la fin de mon arrêté ministériel, en juin 2006, j'étais totalement entre leurs mains », résume-t-il. Le jour même, la puce de son téléphone portable est désactivée. Mieux : sa voiture de fonction, garée près de son domicile, est enlevée sans autre forme de procès par un camion du ministère de l'Intérieur ! « On m'a appelé plus tard pour me dire de venir récupérer les affaires qui étaient restées à l'intérieur. » Il se voit alors proposer des postes manifestement sous-dimensionnés. Finalement, il atterrit à Narbonne, comme sous-préfet, où il restera en poste de septembre 2006 à juin 2010. « Mais même là, les brimades, humiliations et autres vexations ont continué, assure-t-il. Par exemple, on ne me laissait pas faire l'intérim du secrétaire général de la préfecture. Le préfet de Narbonne m'a confié après mon départ que Paris lui avait demandé de me surveiller. Et, quelques jours après que j'ai quitté mon poste, j'ai appris que des enquêteurs de l'Inspection générale de l'administration venaient d'arriver à la préfecture pour vérifier mes factures de restaurant ! »

Depuis, l'administrateur civil hors classe Gérard Dubois se morfond au secrétariat général du ministère de l'Intérieur. « J'exécute des tâches administratives, donc je retourne au ministère, mais très loin du pouvoir, dans les arrière-salles ! Autant dire qu'on ne me confie pas les tâches les plus importantes de la République. On m'occupe », ironise-t-il. S'il essaie de faire bonne figure, Gérard Dubois ne cache pas qu'il « conserve encore une plaie » de sa brutale mise au ban. « La cicatrice est indélébile », glisse-t-il tristement, avant de ranger soigneusement ses dossiers. L'examen de ses archives, constituées pour l'essentiel de coupures de presse jaunies, confirme l'impression initiale : on y chercherait vainement la trace d'un document explosif. Que n'est certainement pas cette photographie, fièrement exhibée, sur laquelle Charles Pasqua pose devant ses collaborateurs, place Beauvau, lors de son installation au ministère de l'Intérieur, en mars 1993, au sein du gouvernement Balladur. Il y a là, notamment, le directeur du cabinet du ministre, Philippe Massoni, et le directeur de cabinet adjoint, Claude Guéant, décidément inséparables. Et au second plan, dans l'ombre de... Guéant, on distingue la silhouette de Gérard Dubois. « Cette photo-là, je la garde, parce que je suis sûr qu'ils ont effacé mon visage sur l'original », lance-t-il.

Il ne plaisante même pas.

Valérie Domain

Mardi 29 mars 2011, Auvers-sur-Oise (Val-d'Oise), un joli pavillon aux volets bleus. Valérie Domain, 45 ans, souriante, offre le thé. Elle avait déjà voulu confier son désarroi, évoquer sa mésaventure, mais qui prêta l'oreille ? Pourtant, elle a perdu un best-seller, un éditeur, et même son boulot, parce qu'elle a osé confesser Cécilia Sarkozy. On aurait dû l'écouter, se révolter. Un vrai scandale à la française. Elle déroule le fil de son histoire. Celle d'une censure en bonne et due forme.

Cet hiver, pour les traditionnels vœux adressés à la presse par Nicolas Sarkozy, l'Élysée a fait parvenir une invitation à Valérie Domain. Elle ne s'y est pas rendue. Elle se sent bien mieux chez elle, dans sa coquette demeure, à Auvers-sur-Oise. Elle a du travail, elle refait à neuf une dépendance. Et puis, le traumatisme n'est pas évacué. Elle a pris des coups, six ans plus tôt. On n'y est pas forcément habitué lorsqu'on fait profession de journaliste dans la presse people haut de gamme. Nicolas Sarkozy est l'homme qui l'a censurée, un jour de novembre 2005, en exigeant de son éditeur qu'il mette au pilon les 25 000 exemplaires déjà imprimés de *Cécilia, entre le cœur et la raison*, l'histoire d'un couple qui se déchire, mais aussi le portrait, en creux, d'un homme colérique, capable, semble-t-il, d'une incroyable violence, au moins verbale. Nicolas raconté par une Cécilia amoureuse d'un autre, cela donne des pages amères, gênantes pour un futur candidat à l'élection présidentielle, blessantes pour n'importe quel homme. Mais rien ne sera jamais porté à la connaissance du public. Et Valérie Domain aura de gros soucis avec son employeur, le groupe Prisma. « Sarkozy a utilisé l'appareil d'État pour me censurer, pensant que rien ne lui résisterait. Et Cécilia m'a trahie dans les grandes largeurs », résume Valérie Domain. Ex-chef des informations à *Gala*, en ce printemps 2011, elle cherche toujours du travail…

À l'époque, en 2005, elle est donc employée par *Gala*. Et publie un livre intitulé *Femmes de, filles de…* (First). Des personnalités narrent leurs relations avec leur conjoint ou leurs parents. Cécilia Sarkozy, rencontrée au sortir de l'hiver, s'y confie. Apparemment, tout va pour le mieux, à l'époque, dans le couple. Nicolas Sarkozy passe du ministère de l'Intérieur à Bercy, règne sur les Hauts-de-Seine, prend l'UMP, il mène une carrière éclair. Cécilia, jusqu'au printemps 2005, est à ses côtés. « Elle avait un bureau au siège du parti, deux secrétaires, elle racontait ses rapports avec Sarko, elle avait envie que l'on parle d'elle, se souvient Valérie Domain. Elle se sentait délaissée, ne s'entendait pas avec les gens de l'UMP, qui se demandaient ce qu'elle fichait là. Je l'ai rencontrée en mars 2005, le livre devant paraître en mai 2005. Elle ne disait alors que des choses formidables sur Sarko, qu'elle avait épousé le 23 octobre 1996. Elle minaudait avec lui au téléphone pendant nos entretiens. C'est une femme très théâtrale, elle balançait la tête vers l'arrière, jouait avec ses cheveux. Notre conversation était du genre : "Qu'est-ce que votre mari préfère chez vous ?" Elle lui avait posé la question au téléphone, devant moi, il lui avait répondu, elle avait ri, puis dit : "Je ne peux pas vous le raconter !" Mon bouquin *Femmes de, filles de…* sort, et dans le même temps, on apprend qu'elle est partie avec Richard Attias… »

Forcément, l'éditeur flaire le bon coup. Vincent Barbare, patron des éditions First, demande à Valérie Domain de recontacter Cécilia Sarkozy. Il y a un autre livre à écrire, une bonne histoire à sortir. Et des exemplaires à vendre, par dizaines de milliers, peut-être par centaines, qui sait ? Valérie Domain appelle donc Cécilia Sarkozy. « Elle était en partance pour New York. Je lui soumets une proposition de livre, de biographie, elle me dit : "Oui, pourquoi pas…" Elle avait aimé ce que j'avais écrit dans l'ouvrage qui venait de sortir. C'est une femme hors réalité : elle quitte Sarko, et elle apprécie un portrait que j'ai fait d'elle disant du bien de Sarko… Elle était dans un tourbillon avec Attias. » Les deux femmes s'échangent des dizaines de SMS. Finissent par se rencontrer à quatre reprises, en août 2005. « Une fois chez elle, dans son appartement parisien, où il y avait une chambre pour leur fils Louis et des chaises façon Starck, et trois fois dans un hôtel. À chaque fois, j'enregistre la conversation. J'ai deux heures quarante d'entretiens, au cours desquels elle pleurait à moitié. "Je veux bien que vous écriviez, disait-elle, mais je ne veux pas que l'on sache que ça vient de moi." Je lui répondais : "Il me faut des guillemets." Et elle rétorquait : "D'accord, mais ne voyez que les gens que je vous indique." Je ne lui obéissais pas, évidemment. Et elle m'envoyait ensuite des textos du genre : "Je ne vous ai pas autorisée à voir telle personne." Cela se passait comme ça… »

Cécilia se livre, peut-être comme jamais. C'est une femme partagée, en souffrance, follement éprise de Richard Attias, mais encore sous la coupe de Nicolas Sarkozy. Elle raconte à Valérie Domain la façon dont ce dernier l'a conquise : « J'ai quitté Jacques Martin [son premier mari] sur l'insistance de Nicolas, j'ai craqué... » Elle pleure, vitupère, demande à Valérie Domain son sentiment sur ses affaires de cœur. « Elle hurlait parfois, comme quand *Le Parisien* a raconté la liaison de Sarko avec une journaliste du *Figaro*, qui, paraît-il, lui tournait autour depuis dix ans. "Il continue à m'appeler tous les jours pour me dire de revenir... Il me fait du chantage avec Louis, il veut m'enlever mon fils...", criait-elle. J'étais hallucinée, le soir, en rentrant chez moi. Elle me confiait tant de choses... comme si j'étais une amie intime. » La rage, la rancœur, le désespoir s'entremêlent dans les propos de Cécilia. D'autant, confie-t-elle à la journaliste, que son mari ne veut pas qu'elle reprenne sa liberté. « Les papiers du divorce sont toujours chez son avocat, il ne veut pas les signer », lui assure Cécilia. Elle lui décrit son fils Louis, seul au ministère, avec son père planté devant la télévision, le soir, un plateau-repas en argent sur les genoux... Richard Attias raconte qu'il est surveillé par les hommes de Sarkozy, il se dit sur écoute, constamment suivi.

Pas de doute, Valérie Domain a de quoi faire un sacré bon bouquin, susceptible de faire événement. Elle s'y attelle. Écrit rapidement. Une bonne histoire, ça n'attend pas. L'éditeur est prêt, lui aussi. Le livre est programmé par First pour être un énorme succès commercial, avec 100 000 exemplaires visés. Minimum. Il est supposé sortir le 24 novembre 2005, avec une vaste campagne promotionnelle à la clé (*Gala*, France 3, RTL...). Il y a de l'argent à gagner, même si l'éditeur est en passe d'être racheté par

Editis, détenu par le groupe Wendel, réputé proche du pouvoir. Se pose alors pour Valérie Domain « la » question. Doit-elle essayer de prendre attache avec Nicolas Sarkozy, pour le rencontrer et obtenir sa version des faits ? Elle décide d'appeler Franck Louvrier, le chargé de communication du chef de l'État. Elle a préalablement averti Cécilia Sarkozy de sa démarche. « Il est au courant pour le livre, il sait, donc c'est à vos risques et périls », lui a rétorqué la jeune femme.

Avec Louvrier, la conversation est brève. D'abord, elle sent comme un blanc dans la discussion. Il est clair que l'Élysée ignore jusqu'où les confidences de Cécilia Sarkozy l'ont portée. Mais la position de Louvrier est toujours la même lorsqu'il est confronté à ce type de demande : « Nicolas Sarkozy ne participe à aucun livre le concernant. » Un principe auquel l'actuel chef de l'État n'a effectivement jamais dérogé. Valérie Domain met la dernière touche à son travail. Adresse le manuscrit de *Cécilia Sarkozy, entre le cœur et la raison* à la principale intéressée, comme elle s'y était engagée. « Le bouquin était prêt. Cécilia a relu des chapitres, puis m'a laissé un message incendiaire : "Ça ne va pas du tout, je n'ai jamais dit ça." Je lui réponds : "Je vous ai enregistrée !" Elle m'a rétorqué : "Excusez-moi, c'est dur de lire ma vie..." En tout cas, 25 000 exemplaires sont imprimés. »

C'est sûr, First tient un best-seller. Les histoires de cœur de Cécilia passionnent la France, et pas seulement les clientes des salons de coiffure. Même l'étranger s'y intéresse. Alors, pensez, un livre dans lequel Cécilia décrit le Sarko intime, avec des passages entiers sur la séparation, la déchirure familiale, les mots blessants... Arrive le 9 novembre 2005. Et cette convocation du P-DG de First, qu'entre-temps Editis a racheté, par Nicolas Sarkozy. « Je n'ai même pas eu le temps d'avoir le manuscrit en main que Vincent Barbare m'appelle : "Sarko veut me voir." Je dis : "Pas bon, ça..." Il me rassure : "Mais si, le bouquin a été relu deux fois par un avocat." Il y va avec le manuscrit. Le livre avait à peine été livré dans certains points de vente que des gens étaient passés le récupérer, manu militari. Donc, Barbare va voir Sarko, le matin du 9 novembre 2005. Cela dure deux heures. Il s'est défendu, d'après ce que l'on m'a dit. Mais il m'a appelée, confus, juste après son rendez-vous : "Je suis désolé, Valérie, nous devons surseoir à la sortie du livre." Je lui ai dit que c'était un lâche, qu'il s'était fait retourner. »

Valérie Domain est effondrée. Le 16 novembre 2005, *Le Canard enchaîné* relate l'histoire. Belle effervescence dans le monde de l'édition. Toute la presse s'empare du dossier. Dans le même temps, First se retourne contre Valérie Domain. « Ils m'ont menacée d'un procès, avec 300 000 euros de dommages et intérêts. Parce que, soi-disant, je n'avais pas pensé à demander l'autorisation écrite de Cécilia Sarkozy ! Bref, tout était de ma faute. J'ai pris aussi un avocat. J'ai vécu alors de ces trucs... Tous les gens qui étaient de mon côté ont retourné leur veste, je me suis sentie très seule. »

D'autant que Cécilia Sarkozy va la trahir. Elle accorde une interview, le 18 novembre 2005, au *Parisien*. « Quand j'ai su que le livre était sur le point de sortir, j'ai appelé Nicolas au secours », affirme-t-elle au quotidien. Assurant « ne pas avoir la moindre idée » de ce qu'a pu faire le ministre de l'Intérieur pour empêcher la parution, elle poursuit : « Je lui ai dit ce qu'il en était et il m'a dit qu'il s'en occupait. C'est tout ce que je sais [...]. Je ne souhaite pas que ma vie privée soit médiatisée. » Dès le 3 décembre, *Le Parisien* publie des extraits du livre censuré. « Les pages se lisent comme le journal intime d'une femme tiraillée entre un amour naissant et le vertige de quitter les rails d'une vie balisée », écrit le quotidien, qui ajoute que la page qui décrit le jour de la séparation, « par un lundi ensoleillé », est « une des plus cruelles du manuscrit ». « Une sorte de constatation évidente aurait conduit Cécilia à annoncer à son mari [...] leur séparation, avant de s'envoler, pour un week-end, à Pétra, en Jordanie, avec son ami [...]. Les deux inséparables sont face à face. Cécilia, volontaire dans son intention de ne rien cacher, termine sa valise face à un mari qui, comme cent en pareille situation, cherche à comprendre. » Toutefois, ajoute le journal, une citation en introduction attribuée à Cécilia Sarkozy donne clairement l'impression que le chagrin d'amour, du côté de son mari, n'aura été que de courte durée. Valérie Domain porte plainte contre X pour vol de documents.

Nicolas Sarkozy est aussi forcé de s'expliquer. Il le fait, le lendemain, à sa manière, crâne, décomplexée, menaçante : il annonce qu'il n'a « pas l'intention de laisser dire et faire n'importe quoi ». Interrogé sur une éventuelle intervention de sa part pour bloquer la parution de l'ouvrage, il assure n'avoir « interdit aucun livre ». Il ajoute : « J'ai dit à ceux qui voulaient publier des livres : "Aucun problème. Vous publiez ce que vous voulez. Mais, en tant que justiciable, j'aurai le droit de porter plainte." » C'est sa manière de fonctionner, il a toujours réagi ainsi, estimant que ses fonctions ne devaient pas l'empêcher de saisir la justice quand il s'estimait lésé, attaqué, diffamé. Il fera de même en tant que président de la République, ce qui lui sera tant reproché.

Chez Prisma, on se raidit également. Valérie Domain va avoir quelques ennuis, et même, selon plusieurs articles de presse, écoper d'un avertissement. Une note interne est diffusée au sein du groupe de presse. Le quotidien gratuit *20 minutes* en donnera la teneur : cette note exige que les livres écrits par les journalistes du groupe « ne comportent aucune orientation ni interprétation politiques », ni ne « mettent en cause un quelconque des partenaires ou annonceurs publicitaires du groupe ». Les synopsis puis les manuscrits devront être soumis à la hiérarchie pour qu'elle accorde – ou pas – l'autorisation de publier. Difficile de ne pas établir une relation directe avec l'ouvrage écrit par Valérie Domain… Les syndicats feront front, et la note sera finalement retirée.

La journaliste ne se laisse pas faire. Elle contre-attaque. Et obtient, après une bataille juridique acharnée, que la société First lui rende ses droits sur l'ouvrage. C'est une époque difficile. Elle se sent traquée. « Il y a eu des pressions de toutes sortes. Un jour, un type m'a contactée, il disait être d'une maison d'édition, je l'ai vu et il m'a dit : "Je voulais vous prévenir, n'allez pas raconter votre histoire à la télé, c'est dangereux." Il m'a fait comprendre que je devais la boucler, me disant même qu'un accident était vite arrivé. J'avais les jetons, j'ai même décommandé une émission avec Fogiel… Dans mon parking, ma voiture a été crochetée, un copain des télécoms m'a dit que j'étais sur écoute… Je me suis dit que tout ça allait trop loin, je n'avais rien vu venir… Je n'avais rien fait de mal, il y avait juste quelques chapitres sur la séparation, Cécilia disait qu'elle n'était plus une femme mais un meuble, que Sarko pouvait être très violent sur le plan verbal… C'était un livre "peoplelitique". J'ai rencontré par la suite la journaliste du *Figaro* avec qui il avait eu une liaison, elle m'a dit que Sarko ne voulait surtout pas rencontrer celle qui avait recueilli des confidences sur lui. Sur le plan professionnel, j'ai failli être virée, j'étais dans un truc inextricable. »

Sa direction, qui a eu Sarkozy au téléphone, lui assure que, si elle continue, elle va finir sous les ponts. On a connu plus sécurisant, sur le plan professionnel. Et puis, Cécilia, pas à un revirement près, envoie un texto à Valérie Domain : « Faites attention, les choses peuvent changer... » Elle annonce tout simplement à la journaliste qu'elle est en train de revenir vers Nicolas Sarkozy. Elle sera à ses côtés pour la campagne présidentielle. Avant de partir, définitivement, une fois son Nicolas à l'Élysée. Valérie Domain cache soigneusement les textos et enregistrements de ses conversations avec Cécilia. Tant d'ennuis pour un à-valoir (le versement attribué par un éditeur à un auteur au moment de la signature du contrat) de 8 000 euros...

Un début de solution va pourtant s'esquisser. C'est Claude Durand, alors patron de Fayard, qui contacte Valérie Domain. Il se propose de publier le récit recueilli par la journaliste, sous la forme d'un roman à clé. Premier tirage prévu à 40 000 exemplaires. Le livre maudit continue d'alimenter tous les fantasmes. Début 2006, *Le Nouvel Observateur* indique ainsi qu'Arnaud Lagardère, ami de Nicolas Sarkozy et patron de Hachette – et donc de Fayard –, va tenter de racheter le manuscrit. Il est même question d'un déjeuner entre Arnaud Lagardère et Claude Durand à ce sujet. Celui-ci fait une mise au point, le 3 février 2006 : « Je ne vois pas comment un très proche collaborateur d'Arnaud Lagardère aurait pu me proposer de racheter les droits de l'ouvrage de Mme Valérie Domain début janvier puisque j'étais à cette date à 7 000 km de Paris et seul à connaître l'existence de ce projet de publication. Ni au petit-déjeuner, ni à déjeuner, ni même à dîner, M. Arnaud Lagardère ne m'a demandé de renoncer à la publication de ce livre. »

L'ouvrage paraît enfin le 8 février 2006, tiré à 100 000 exemplaires, sous le titre *Entre le cœur et la raison*. Cécilia a disparu du titre. Elle apparaît dans le roman sous l'identité transparente de « Célia Michaut-Cordier, épouse d'un homme politique influent ». « Une femme quitte un homme pour un autre. Homme de pouvoir, cet autre la voit à son tour lui échapper pour un troisième. Dès lors, il n'a de cesse de la reconquérir », résume l'argumentaire de vente, évoquant davantage un roman à l'eau de rose que le brûlot annoncé. Le livre est un échec. « Il a été blacklisté, affirme la journaliste, et puis, il n'avait plus rien à voir avec ce qu'il était initialement. » Les romans à clé, ça n'intéresse pas grand monde. Seules les histoires vraies, celles de chair et de fureur, avec des personnages identifiés, excitent l'appétit des lecteurs. On n'y reprendra plus la journaliste. Elle a connu l'extrême agressivité dont est capable le président de la République, les trahisons... Elle n'a pas aimé, non plus, les réactions un brin méprisantes de ses confrères. Journaliste à *Gala*, c'est traiter l'actualité des gens heureux, raconter les têtes couronnées, assister aux cocktails, interviewer des acteurs imbuvables. Surtout pas déclencher des polémiques ni se frotter au pouvoir. Rien à voir avec la grande presse.

Et Valérie Domain a mis les doigts dans la prise. « Personne ne s'est intéressé à la hargne et l'énergie mises pour faire ce travail, j'étais la journaliste people. Et je reste persuadée que Sarkozy a eu tort de ne pas me voir, peut-être aurais-je écouté ses arguments. Au lieu de cela, il est entré dans une démarche violente et intimidatrice. » Valérie Domain commence à trouver le temps long. Il lui tarde de retrouver un travail. Elle est passée par le site gala.fr, puis par aufeminin.com. Pas facile de se réinventer un avenir professionnel après une telle bourrasque. Elle dit avoir des « pistes », espérant que sonne bientôt la fin de sa mise en quarantaine. Sans trop y croire. Elle ne proposera pas de livre à Carla Bruni.

Daniel Bouton

Mercredi 30 mars 2011, un bureau exigu dans les locaux de la société de conseil Eurazéo, au cœur du VIIIe arrondissement de Paris. Daniel Bouton a 61 ans. Il s'avance à petits pas, dans un couloir feutré, l'air ailleurs. Cet homme, qui a régné sur 150 000 employés, semble aujourd'hui loin de tout. Jamais nous n'aurions pensé qu'il se confierait ainsi, sur la bourrasque Kerviel, sur sa relation au pouvoir... Sarkozy a tout fait pour le déstabiliser, jusqu'à obtenir sa tête. Bouton ne s'en est jamais vraiment remis. Paroles d'un ex-homme fort.

Il parle doucement. Au temps de sa splendeur, pour espérer le rencontrer, il fallait passer par des agences de communication, obtenir l'accord de ses conseillers. Il ne faisait pas un mètre sans un aréopage de décideurs à ses côtés. Chacune de ses paroles pouvait faire plonger la Bourse. Il dirigeait la banque la plus rentable d'Europe. On le taxait d'arrogance, on stigmatisait sa froideur, on craignait ses jugements sans appel. Il était très respecté, mais peu aimé. Daniel Bouton, l'ancien patron de la Société Générale, a bien changé. Il a vécu l'affaire Kerviel, et, surtout, il a encouru les foudres de Nicolas Sarkozy. De quoi marquer un homme. Celui-là a appris l'humilité. « J'essaie de ne pas voir de journalistes, ni même d'historiens, histoire d'oublier ça, dit-il. S'agissant de Nicolas Sarkozy, je tire deux constats de ma propre expérience. 1) Il fait preuve d'une impulsivité pour le moins étrange à ce niveau de responsabilité. 2) Plus grave, chez lui, il y a ce qui est mûri, comme son fameux discours de Grenoble, et qui révolte le citoyen que je suis, notamment sur la double peine appliquée aux étrangers. »

Aujourd'hui, Bouton dirige une petite société de conseil, adossée à la banque Rothschild. Il aime toujours autant le golf et l'art lyrique. Simplement, il a plus de temps pour se consacrer à ses passions. Pour autant, et même s'il lui en coûte de s'y replonger, il a en tête chacune de ces journées folles, lors de cette terrible année 2008.

Ce dimanche 20 janvier, l'état-major de la Société Générale découvre les positions faramineuses prises par l'un de ses traders, Jérôme Kerviel. Près de 50 milliards d'euros de risques, des faux mails envoyés pour dissimuler ses agissements, un système de contrôle interne défaillant, le mécanisme infernal est en marche. Au final, la banque aura perdu près de 4,9 milliards d'euros dans l'affaire, malgré un débouclage intensif (la vente dans l'urgence, à perte, des dizaines de milliards de produits financiers achetés en sous-main par Kerviel) opéré en quelques jours dans la plus grande discrétion. La discrétion : le maître mot de cette affaire. Oui, Daniel Bouton n'en démord pas, il lui fallait agir dans le plus grand secret. Une attitude qui a sans doute permis le sauvetage de la banque, mais aussi causé la perte de son initiateur.

Daniel Bouton, lorsqu'il prend connaissance de cette fraude gigantesque, sans précédent, n'a qu'une idée en tête : sauver sa banque. La protéger des vautours du marché, au premier rang desquels on trouve la BNP. Un seul impératif : garder le silence absolu, tant que faire se peut. « Je prends la décision de ne pas avertir les autorités politiques. Je préviens en revanche l'Autorité des marchés financiers (AMF), régulateur boursier, et le gouverneur de la Banque de France, régulateur bancaire. » L'espace d'un instant, Daniel Bouton reprend le ton professoral et le raisonnement cartésien auxquels ses collaborateurs de la « SocGen » étaient habitués : « Je décide de ne pas prévenir Bercy pour deux raisons. La première, qui va énerver Sarkozy, c'est que la capacité d'un cabinet ministériel à tenir confidentielle une information est très limitée, dans tous les cas de courte durée. C'est structurel. Je n'ai même pas l'idée de prévenir le président de la République, et si j'avais averti la ministre de l'Économie, Mme Lagarde, elle aurait passé un coup de fil immédiat, sur le mode : "J'ai reçu un appel de Bouton, la Société Générale encourt 50 milliards d'euros de risques…" Il y avait une probabilité non nulle que huit ou dix personnes soient prévenues dans les deux ou trois heures, ce qui aurait déclenché un mouvement de panique aux conséquences incalculables. Il était impossible que l'homme public reste impavide devant cette information. Donc je ne prends pas ce risque. Seconde raison : si je préviens le ministère, je vais devoir gérer la ministre alors que j'ai autre chose à faire. Et la ministre serait associée d'une façon ou d'une autre à l'issue de l'affaire. Soit c'est une réussite : on n'a perdu que 5 milliards, l'issue a été heureuse certes, mais ça reste compliqué à assumer. Mais il faut aussi imaginer la possibilité que l'on se plante : crise de confiance, retrait des dépôts volatils de très grandes institutions financières... La ministre n'aurait évidemment rien à y gagner. Donc, en ne la prévenant pas, je la protège. Cette histoire, c'est *lose-lose*, perdant-perdant. En fait, j'ai offert au gouvernement français la possibilité de ne pas être mouillé dans ce qui aurait pu être une catastrophe. »

Donc, Daniel Bouton manage la crise, seul. En patron. Évidemment, il est entouré d'hommes de confiance, à qui il délègue la gestion de l'affaire au quotidien. Lui se concentre sur le *big business*. Il faut absolument souscrire une augmentation de capital, seule bouée de sauvetage à portée de vue, trouver les partenaires adéquats, lever des fonds. « Le lundi 21 janvier, je sais déjà que cette affaire va coûter une fortune, et que j'ai besoin de procéder à une augmentation de capital. Dans la soirée, je parviens à joindre JP Morgan et Morgan Stanley, et, le lendemain, les deux banques me donnent leur accord. J'ai donc à gérer mon augmentation de capital, et le débouclage des positions prises par Kerviel. La solution est arrivée en même temps, on est en gestion de crise. J'ai été très impressionné que ces deux grandes banques acceptent le deal, elles ont signé car c'était la Société Générale, avec sa réputation, et Bouton. »

Mais il est un risque que Daniel Bouton n'a pas su anticiper : la réaction de Nicolas Sarkozy. En ce lundi 21 janvier, le président de la République, qui s'apprête à s'envoler pour un déplacement officiel en Inde, n'est au courant de rien. C'est surprenant, mais les langues ne se sont pas déliées. Bouton et Sarkozy ne se connaissent pas. D'ailleurs, ils n'ont pas grand-chose en commun. Le patron de la Société Générale, petit-fils de cantonnier, orphelin de père à 13 ans, a fait Sciences-Po, puis l'ENA, il est inspecteur des finances, a dirigé le cabinet d'Alain

Juppé à Bercy. Un parcours brillant de haut fonctionnaire. Tout ce que n'est pas le président de la République, dont la méfiance, vis-à-vis de ces brillantes mécaniques intellectuelles, purs produits de l'élite de l'administration française, est connue. Ils se sont croisés, au moins à deux reprises. La première fois, en 2004, lors du passage de Nicolas Sarkozy au ministère des Finances. « Je l'ai vu alors qu'il était à Bercy, j'étais président de la Fédération bancaire de France [FBF] et nous avions parlé, sous l'angle de la consommation, des tarifs des chèques et autres impayés. » La seconde, c'était l'année suivante, lorsque Nicolas Sarkozy présidait l'Établissement public d'aménagement de la Défense (EPAD). Daniel Bouton, patron de la Société Générale, est alors le plus gros employeur du quartier d'affaires. « Il avait organisé une réunion assez surréaliste, où il passait son temps à téléphoner à Cécilia, on était en pleine crise conjugale. Puis il était venu voir nos salles de marché, il était resté dans la tour une heure et demie… », se souvient Bouton. Bref, comme il le dit lui-même, Daniel Bouton n'est « pas un expert en Sarkozie ».

Et s'il l'avait été, s'il avait décelé l'agressivité de Nicolas Sarkozy, sa propension à réagir avec excès à toute situation, il n'est pas sûr pour autant que Daniel Bouton aurait procédé différemment. Dès le lundi 21 janvier au soir, il n'ignore pas qu'il va quand même devoir prévenir les autorités politiques. « Quand dois-je communiquer et vis-à-vis de qui ? Dès lundi soir, je sais que je ne peux pas continuer à cacher le truc, je suis censé rendre publics les chiffres de la banque le jeudi suivant. J'essaie donc de joindre Mme Lagarde le mardi soir, elle est en séance de nuit à l'Assemblée nationale, et François Pérol, secrétaire général adjoint de l'Élysée, que j'ai finalement au téléphone le mercredi matin vers 11 heures. Si j'avais voulu prévenir Sarkozy, je serais passé par le secrétariat général de l'Élysée. Mais ce sont eux, Lagarde et Pérol, mes référents. Je leur dis : “Je vous annonce une catastrophe, et sa solution.” En effet, le débouclage des positions est en cours, et j'ai mon augmentation de capital. » Daniel Bouton sent son interlocuteur de l'Élysée un peu vexé d'être informé du désastre financier quatre jours après la découverte des positions inconsidérées prises par Kerviel. Pour Bouton, l'essentiel est ailleurs. Il a évité une crise majeure : une faillite de la Société Générale aurait pu déclencher un séisme bancaire à l'échelle mondiale.

Sarkozy est prévenu, alors qu'il est arrivé en Inde. « Je lui fiche en l'air son déplacement. L'homme politique aura toujours ce genre de réaction égoïste. C'est d'abord : “Il me gâche mon voyage”, et ensuite seulement : “C'est quand même emmerdant qu'une grande banque vive ça.” Moi, je ne dormais plus, j'étais sous tension... » Dans son livre (*La semaine où Jérôme Kerviel a failli faire sauter le système financier mondial*, Les Arènes, 2010), l'ex-directeur de la communication Hugues Le Bret rapporte les propos que lui tint Jean-Pierre Elkabbach, de retour d'Inde où il avait couvert pour Europe 1 le déplacement du chef de l'État : « Nicolas Sarkozy était fou de rage, sa visite était reléguée en milieu des journaux alors que Kerviel faisait la une partout. »

Il faut imaginer l'état physique et psychologique de Daniel Bouton à l'époque, évaluer le degré de stress des membres de l'état-major de la banque ces jours de janvier 2008, les trahisons internes, la peur de tout perdre, la honte aussi. Comment se faire berner par un seul trader, et ce, alors que quarante-six alertes sur son comportement avaient été décelées, comme le prouvera ensuite une enquête interne ? Quelqu'un doit payer. Dans son ouvrage, Le Bret explique que le fait de ne pas avoir prévenu immédiatement Nicolas Sarkozy constitue, pour l'Élysée, « une faute originelle. Un crime de lèse-président. Nous allons apprendre à nos dépens que c'est inacceptable pour un homme élu sept mois auparavant avec 53 % des voix ».

Le 28 janvier, Nicolas Sarkozy lâche une première salve, publiquement : cette affaire, dit-il, « ne peut pas rester sans conséquence s'agissant des responsabilités, y compris au plus haut niveau [...]. Je n'aime pas porter de jugement personnel sur les gens, surtout quand ils sont dans la difficulté, mais on est dans un système où, quand on a une forte rémunération, qui est sans doute légitime, et qu'il y a un fort problème, on ne peut pas s'exonérer des responsabilités ». Les mots qui portent, susceptibles de trouver un écho dans l'électorat populaire, sont soigneusement choisis. « Forte rémunération », cela parle aux gens, surtout quand des sondages viennent conférer à Kerviel une stature bien commode de Robin des Bois de la grande finance. Taper sur les banquiers, ça marche toujours. Entre David Kerviel et Goliath Bouton, l'opinion a choisi son camp, Nicolas Sarkozy l'a bien compris.

La déclaration du chef de l'État sonne le patron de la SocGen. « Je suis à Londres, chez des amis, lorsque je reçois deux SMS. L'un de ma mère, qui me rapporte les propos de Sarkozy me visant alors qu'il est interviewé à la télévision. Et un autre d'une amie, qui m'écrit : "Le nain t'en a encore balancé une." Je me dis que ça tourne à la "Boutonmania". J'étais complètement sidéré. À cette époque, je ne dormais que grâce aux somnifères. Quand on m'apprend la teneur de ses propos, je ne suis pas très surpris, s'agissant de Sarkozy. Il a la même réaction à chaque mauvaise nouvelle : il fait tomber une tête, et voter une nouvelle loi. Il ne peut pas s'en empêcher, il a besoin de trouver un coupable ; tout événement désagréable provient de l'erreur de quelqu'un. Dans ce cas précis, c'est "Bouton doit partir". Sinon, comme à Grenoble, il vire un préfet. Dans la crise financière, il lui fallait un banquier, une tête à couper, c'est une façon de prouver sa compétence. Ce n'est pas réfléchi. Le fait qu'il le pense est une chose. Mais qu'il le dise... En outre, dans le cas précis de la Société Générale, il ne perçoit pas qu'il va créer un mouvement à l'opposé de ce qu'il cherche. »

En effet, le banquier a déjà proposé sa démission à son conseil d'administration. Qui, braqué par l'attitude de l'Élysée, la refuse, en bloc, annonçant qu'il « lui a renouvelé sa confiance ainsi qu'à l'équipe de direction ». Daniel Bouton, pour sa part, renonce à six mois de la part fixe de son salaire, soit tout de même 625 000 euros. Le conseil d'administration n'apprécie pas qu'on lui force la main. Les interventions politiques agacent profondément l'establishment financier. Et puis, qui mieux que Bouton peut résoudre une crise dont il n'est à l'évidence pas personnellement responsable ? Il résume : « Le conseil d'administration a donc cette réaction : il est évident que Bouton doit partir, mais pas maintenant. Kerviel a tué Bouton et son successeur potentiel Jean-Pierre Mustier, c'est une situation imprévue... Le CA se retrouve avec un président de la République qui lui dicte ce qu'il doit faire. Les administrateurs changent de position : on ne va pas donner satisfaction à l'autorité politique. Donc sa réaction va aboutir à l'effet inverse mais je pense en réalité que Sarkozy s'en fout complètement, il cherche à satisfaire l'opinion publique. Que Bouton s'en aille ou pas, il a obtenu ce qu'il voulait, il a une tête de banquier qu'il peut pendre à un crochet, sur son mur... Ma démission allait complètement de soi. Dans la journée du mercredi, je l'avais proposée au comité des nominations. Ils m'ont dit, en substance : "Vous restez, et on verra après." Je ne pouvais rester en tant que président exécutif. Les déclarations de Sarkozy étaient évidemment dangereuses. Dans une augmentation de capital, ce type de commentaire mine la confiance de vos interlocuteurs. »

Le président de la République n'obtient pas ce qu'il souhaite. Et les charges répétées de ses snipers habituels n'ont pas plus d'effet. Daniel Bouton reste en place. Nicolas Sarkozy s'entête : le 26 février 2008, aux lecteurs du *Parisien*, il affirme, alors même qu'aucune question ne lui est posée sur cette affaire, que Daniel Bouton aurait dû assumer la perte de 4,9 milliards d'euros subie par sa banque en démissionnant. « Je ne comprends pas l'affaire de la Société Générale : quand le président d'une entreprise connaît un sinistre de cette ampleur et qu'il n'en tire pas les conclusions, ce n'est pas normal [...]. Je n'ai rien contre Daniel Bouton. Mais on ne peut pas dire : "Je vais être payé 7 millions par an" et quand il y a un problème, dire : "C'est pas moi." Ça, non, je ne l'accepte pas. » Deuxième attaque directe.

« Évidemment, on ne vit pas bien une telle pression, rapporte Bouton. J'ai été directeur de cabinet du ministre du Budget, je connais l'État. Il y a un aspect d'injustice profonde à ce que ces politiques que je connais, que j'ai côtoyés, ne regardent pas plus loin que le bout de leur nez. D'autant que l'on n'avait pas encore atteint le top de la crise financière ! Ils ont un raisonnement purement politicien, et pas institutionnel. On apprendra ensuite, avec l'épisode des stock-options, que cela reste un objectif de se payer physiquement Bouton. Cet impudent qui a osé bafouer l'autorité du président de la République ! C'est mon erreur de ne pas avoir compris que, malgré ma décision de me faire nommer président non exécutif, la machine Élysée allait avoir comme objectif de foutre Bouton à la porte. » Il parle souvent de lui à la troisième personne, mais il ne faut pas – plus ? – y voir de la suffisance, plutôt une façon de se mettre à distance. Prendre du champ. Se protéger.

Le 25 avril 2008, Nicolas Sarkozy lance une énième charge à l'occasion de l'intervention télévisée destinée à célébrer le premier anniversaire de son élection. Sans y avoir été invité, une nouvelle fois, il fusille Daniel Bouton, en direct, devant des millions de téléspectateurs : « Ce qui me gêne, ce n'est pas le salaire de son P-DG, mais quand on a des salaires de ce niveau, et qu'il y a un désastre de ce niveau, si le patron n'est pas responsable, et bien que doit penser le salarié, qui, lui, n'a pas le même salaire ? Je suis pour que le patron soit responsable quand il y a une erreur de cette nature. Eh bien, il faut que les gens en tirent les conclusions. » Au moins, c'est clair. Et pour être sûr que son message a bien été entendu, le président de la République remet le couvert, dès le 19 mai suivant. Profitant du dixième anniversaire de la Fondation de la 2e chance, où il a été invité par son ami milliardaire Vincent Bolloré, il fustige devant un parterre de grands patrons les dérives de l'argent roi. Et ne manque pas d'allumer sa tête de Turc favorite : « Quand le président d'une banque qu'on ne nommera pas connaît le sinistre que l'on sait, qu'il n'en tire pas immédiatement les leçons me scandalise. »

Le patron de la Société Générale encaisse, fait le dos rond. Mais il va commettre une erreur. Alors que sa banque se redresse, qu'elle subit la crise financière mondiale sans trop de dommages, il va encaisser de confortables plus-values liées à ses stock-options. Rien d'illégal. Mais le discours du chef de l'État a laissé des traces, et les banquiers n'ont pas bonne presse. Et puis, franchement, avait-il besoin d'encore plus d'argent ? Daniel Bouton réalise une plus-value de 1,3 million d'euros en moins de quatre mois, malgré la chute du titre en Bourse.

L'information, divulguée le 10 octobre 2008, provoque une onde de choc. Le secrétaire général de la CFDT François Chérèque, interrogé le 24 octobre sur Europe 1, juge « immorales » les plus-values boursières réalisées par Bouton, dont il réclame, avec la section CFDT de la Société Générale, la démission. « L'État vient de prêter environ un 1,7 milliard d'euros à la Société Générale. Pendant ce temps, le président de la Société Générale, déjà célèbre pour son manque de contrôle dans l'affaire Kerviel, vient de gagner 1,3 million d'euros en moins de quatre mois », tonne le syndicaliste. Malgré la chute de 63,47 % de l'action de la Société Générale et ses diverses conséquences, Daniel Bouton reste, selon le mensuel *Capital*, le banquier le mieux payé de France. Ses revenus annuels se seraient élevés en 2007 à 5,24 millions d'euros, dont 3,77 millions issus de plus-values de stock-options.

Le banquier prend de la distance. Il n'est plus que président non exécutif de la banque, Frédéric Oudéa est à la barre. Mais ces satanées stock-options vont provoquer un nouveau scandale, en mars 2009. « J'avais posé cette question : un président non exécutif doit-il être écarté des stock-options ? Or il n'y a pas de doctrine. Le comité des rémunérations de la banque a décidé de faire un plan de stock-options, d'en donner à Oudéa, et un peu moins à Bouton. Je n'avais rien demandé. Là encore, j'ai porté le chapeau. » Cette fois, c'est la ministre des Finances Christine Lagarde qui se charge de relayer la volonté du chef de l'État. La formule est assassine : « Il serait grand temps que Société Générale rime un peu plus avec intérêt général », assène-t-elle. Le chef de l'État n'entend pas laisser passer une si belle occasion. « On ne peut pas solliciter de l'argent public et faire un plan généreux de distribution d'actions et de bonus », attaque Nicolas Sarkozy, pour la cinquième fois, le 20 mars 2009.

Le 22 mars 2009, Daniel Bouton entend le message, las, et renonce à ses stock-options. L'affaire lui pèse de plus en plus. Sa femme, banquière elle aussi, constate les dégâts. S'inquiète. La souffrance, psychologique, est constante. Son mari passe par des phases de déprime aiguë. « Ma femme est intervenue, j'ai fait une petite dépression pendant la crise, confie-t-il. Vous vous sentez responsable du tsunami, des résultats de l'équipe de France de foot... Elle me dit : "Tu ne vas pas tenir, tu y laisses ta santé. Tu arrêtes !" J'ai été bien soigné, et j'ai un cérébral très solide. Le président de Fortis, lui, par exemple, n'en est pas encore sorti... C'est épuisant sous deux aspects : il s'agit d'une période de très grosse quantité de travail, ajoutée à un stress épouvantable. Vous êtes le seul à décider, les autres ne sont que des conseils. Il ne faut pas faire d'erreur dans la gestion de la crise. Je ne me suis pas enfermé dans la cellule de crise : c'est un lieu de paralysie, il faut savoir s'en extraire. Elle se réunissait tous les jours à 18 heures, je voyais le directeur à l'issue. Il faut sortir de la vague qui vous ballotte pour rester le plus froid possible. Sarkozy sait bien faire cela. Je me suis mis à sa disposition dès le huitième jour, c'est lui qui n'a pas souhaité me voir. »

Le 29 avril 2009, Daniel Bouton annonce sa démission, devenue inéluctable, de la Société Générale, cette banque qu'il a contribué à consolider. Il ne touche pas d'indemnités de départ. Financièrement, il n'est pas vraiment à plaindre non plus. Depuis avril 2010, date de son soixantième anniversaire, il perçoit sa retraite annuelle de... 730 000 euros. Comme son contrat de travail le prévoit, il a acquis des droits à pension représentant 58,2 % de sa rémunération 2007 (1,25 million d'euros) exerçables « lorsqu'il fera valoir ses droits à la retraite de la Sécurité sociale ».

Il tente de profiter de sa nouvelle vie. Travaille toujours, mais moins. « Je n'ai été candidat à rien, pas la peine de chercher les baffes ! Il eût été élégant de la part de Sarkozy de me proposer quelque chose, il n'a pas dû y penser », dit-il, pince-sans-rire. Dans la rue, on le salue, on l'aborde. On le félicite, mais oui. « Mon visage est sorti de l'anonymat. Des gens m'interpellent. Neuf fois sur dix, c'est pour me remercier d'avoir sauvé la Société Générale. Sauf une dame de Neuilly, une fois, dans une queue au cinéma du palais des congrès. Elle m'a dit : "Ce que vous avez fait, ce n'est pas bien pour la France." Beaucoup m'ont dit : "Vous avez résisté." Il est vrai qu'il y a une extrême violence chez Sarkozy. J'estime que je dois être jugé sur quelques paramètres : la Société Générale va bien, elle a traversé la crise, les 150 000 employés n'ont pas souffert, les clients sont restés. Avec le recul, je n'agirais pas différemment, y compris s'agissant du moment où j'ai prévenu les autorités politiques. Même si j'en ai subi les conséquences. »

Dans le milieu bancaire, on estime que sa gestion de la crise Kerviel a été une réussite. Même si l'on reconnaît que le pouvoir exorbitant donné aux traders fait peser une menace intolérable sur l'économie mondiale. Sur ce plan, Daniel Bouton est responsable, comme tous les banquiers de la place de Paris. Ni plus, ni moins. Lors du procès de Jérôme Kerviel, finalement condamné en octobre 2010 par le tribunal correctionnel à cinq ans de prison, dont deux avec sursis (décision dont il a fait appel), il a eu des mots forts. Douloureux. Il n'était plus ce patron sûr de lui, il était ce père de famille qui cherche à comprendre le drame qui a failli emporter son foyer. « Je suis triste », a-t-il lâché simplement devant le tribunal. Voilà ce qu'il lui reste de cet épisode si marquant. L'acharnement populiste du président de la République. Et surtout une profonde mélancolie.

Abderrahmane Dahmane

Jeudi 31 mars 2011, un troquet proche de la gare de l'Est, à Paris. À 64 ans, Abderrahmane Dahmane est un éternel pressé. Son téléphone n'arrête pas de sonner. Là, c'est Christine Boutin, l'ex-ministre, qui l'appelle pour monter une manifestation. Il vient de quitter la Sarkozie avec éclats, il a tout envoyé promener. Le débat sur l'islam l'a projeté en « résistance ». Il déballe tout, véhément. Ce sont les mots d'un homme déçu, sur le sentier de la guerre.

Le discours d'Abderrahmane Dahmane porte, ses phrases claquent, les serveurs tendent l'oreille, intrigués, séduits même, semble-t-il. Dans ce café du nord de Paris, « l'Arabe de service du président », comme il se présente lui-même, ne décolère toujours pas. Nicolas Sarkozy l'a considéré, honoré, puis renvoyé. Le chef de l'État l'a d'abord décoré de l'ordre national du Mérite, et encore de la Légion d'honneur, en 2009. Avec des mots dont Abderrahmane Dahmane se souvient encore, avec une émotion non feinte : « Vous n'êtes pas un homme à vous laisser enfermer par des frontières, par des barrières, vous êtes au contraire un homme qui jette des ponts [...]. Oserais-je, enfin, évoquer votre engagement politique à mes côtés, au nom de ces combats qui ont toujours été les vôtres ? Un soutien chaleureux, inconditionnel, aussi constant qu'exigeant. Personnalité courageuse, généreuse et compétente, votre engagement déterminé au service de nos concitoyens justifie amplement que vous soyez nommé au grade de chevalier dans l'ordre de la Légion d'honneur. » En janvier 2011, il l'avait même rappelé comme conseiller à l'intégration à ses côtés, à l'Élysée, où il avait effectué un premier passage entre 2007 et 2009. Mais Dahmane s'est soudainement élevé contre le débat sur la laïcité, voulu par le secrétaire général de l'UMP, Jean-François Copé, avec l'assentiment du président de la République. Et, le 11 mars 2011, paraissait cet arrêté, cinglant : « Il est mis fin aux fonctions de M. Abderrahmane Dahmane, conseiller technique. » Signé Nicolas Sarkozy.

Depuis, c'est donc un homme indigné qui raconte sa mise au ban. Un homme en souffrance, aussi, car rejeté, humilié, par celui qu'il a contribué à faire roi. Il ne nie pas avoir utilisé des mots très forts pour dénoncer ce débat dont il ne voulait pas. Le 10 mars 2011, il a déclaré : « L'UMP de Copé, c'est la peste pour les musulmans. [...] Ce débat [sur la laïcité et l'islam], voulu par Nicolas Sarkozy pour la défense des musulmans, a été dévié parce qu'à l'UMP il y a des gens très proches du Front national. » Il a dans la foulée appelé ses coreligionnaires à « ne pas renouveler leur adhésion » à l'UMP si ce débat n'était pas annulé. En pleine tourmente, difficile pour le pouvoir de laisser un type aussi incontrôlable prospérer en son sein. Mais Dahmane n'a pas compris cette éviction brutale. Parce qu'il a toujours tout dit à Nicolas Sarkozy depuis que ces deux hommes au sang très chaud se sont rencontrés. Mais voilà, pour lui, le président de la République a bien changé : « Il m'a trahi. C'est un divorce à l'italienne, il croit être le chef de son armée de courtisans, que tout le monde doit lui obéir. Maintenant, c'est mon adversaire, il est entouré de gens d'extrême droite, comme Patrick Buisson [conseiller politique de Nicolas Sarkozy]. Il a perdu son cerveau, son ex-épouse Cécilia. Il utilise des amis, et il les jette, regardez David Martinon [ex-porte-parole de Nicolas Sarkozy, exilé comme consul aux États-Unis]. Je ne lui ferai aucun cadeau. Je lui ferai mal et lui montrerai ce qu'est le combat politique et l'amitié. La dignité n'a pas de prix. »

Le combat sera frontal, entre deux chefs de meute. C'est que Dahmane n'est pas n'importe qui. Ses engagements ont traversé ces trente dernières années. Il demeure président du Conseil des démocrates musulmans de France (CDMF). Mine de rien, avec ses relais dans les communautés immigrées, il a contribué à l'élection de Sarkozy en 2007. Leur histoire commune remonte à 1999. À l'époque, Nicolas Sarkozy ne règne que sur Neuilly-sur-Seine, territoire bien trop étroit à son goût. Conseiller principal d'éducation, Dahmane exerce dans cette ville fortunée, et s'ennuie à mourir. Lui, ce qui l'intéresse, c'est la difficulté, le défi. Il se sent bien plus utile au cœur des populations oubliées. Il rencontre donc Nicolas Sarkozy, brièvement, mais part très vite dans les zones sensibles du département des Hauts-de-Seine, à Colombes, Gennevilliers. Il mène aussi un combat plus personnel, pour un islam de paix, et lutte contre le terrorisme et l'intégrisme. Des positions publiques courageuses qui l'amènent à dialoguer avec Jean-Pierre Chevènement, ministre de l'Intérieur de Lionel Jospin. Arrive 2002, la victoire de la droite, et le retour en grâce de Nicolas Sarkozy. Nommé place Beauvau, celui-ci va très vite mesurer l'importance stratégique de son poste. Il peut agir sur la sécurité, certes, mais aussi, en tant que ministre des Cultes, se constituer une réserve de voix parmi les immigrés, en vue de l'élection présidentielle de 2007. Pour cela, il lui faut se créer des relais. Et dénicher les hommes idoines.

« Quand Sarko est arrivé place Beauvau, j'ai continué à travailler avec lui. Mais il a privilégié le dialogue avec les Frères musulmans. Je rencontre Sarko fin 2002 et je lui dis que nous sommes d'accord pour créer une structure représentative des musulmans de France, mais pas avec la présence des Frères musulmans, trop intégristes. Il me dit : "On a besoin d'eux." Il tente de se justifier. On se revoit plus tard, la tension monte, je fais un communiqué où je le traite de "néocolonialiste". Dans aucun pays les Frères musulmans n'étaient considérés comme des partenaires crédibles ! » Une nouvelle réunion est organisée, place Beauvau. Tendue, forcément. Nicolas Sarkozy ne goûte guère qu'on lui résiste, même s'il distingue, au passage, la force de caractère de celui qui s'oppose à sa politique. « Il reçoit au ministère sept personnes, dont moi, et un imam, raconte Dahmane. Il me dit : "Vous m'avez insulté." Je lui réponds : "Non, on est dans un pays démocratique." Il s'emporte : "Vous savez à qui vous parlez ?" Je rétorque : "Vous êtes un citoyen français comme moi." Il s'énerve, s'excite comme d'habitude, et me lance : "Dehors !" L'imam le menace : "Si vous touchez à Dahmane..." Après cet épisode, je me dis que je vais tout faire pour empêcher ce type de nuire. »

Dahmane commence une campagne efficace dans les banlieues pour saper l'image du ministre de l'Intérieur. « Je crée même un site internet, où il y a droit tous les jours ! J'explique que c'est l'ennemi des musulmans de France. » Rencontres, meetings, discours, il utilise toutes les armes dont il dispose. Fondamentalement, Dahmane est un militant. Ses engagements l'ont fait connaître dans toutes les communautés. De 1987 à 1999, il est président-fondateur de la radio associative Radio France Maghreb. En 1993, il participe à la rédaction de la charte des musulmans de France avec le recteur de la Mosquée de Paris Dalil Boubakeur, et devient cofondateur et vice-président du Conseil consultatif des musulmans de France (CCMF) à la Mosquée de Paris. En décembre 1995, toujours avec Boubakeur, il cofonde et préside le Haut Conseil des musulmans de France (HCMF), puis, en 1998, le Conseil supérieur représentatif des musulmans de France (CSRMF). L'homme a de l'entregent, c'est le moins que l'on puisse dire.

Les Renseignements généraux signalent à Nicolas Sarkozy l'activisme de Dahmane, son pouvoir de nuisance. Le ministre de l'Intérieur et futur candidat à la présidence de la République ne peut laisser un tel carnet d'adresses lui échapper. Il somme Claude Guéant, le directeur de son cabinet, d'organiser une nouvelle entrevue avec Dahmane. « Guéant finit par m'appeler et me dit de venir voir Sarko au ministère, relate Dahmane. On est en février 2003, je réponds que ce n'est pas un homme de dialogue, et que je ne veux pas le voir au ministère. Finalement, on transige, et je passe à Beauvau un soir à 20 heures. Il m'accueille à bras ouverts, sur le mode : "Tu dois être mon ami, on a le même caractère, j'ai besoin de toi pour gagner le parti." Il dit aussi, devant Guéant : "Claude, sois le témoin de notre amitié, et je vais donner à Abderrahmane l'ordre national du Mérite." Je réponds : "Je ne veux pas être acheté avec une médaille." Bon, finalement, j'accepte, et Guéant devient le lien entre nous. » Dahmane vient d'être recruté parmi les petits soldats de la Sarkozie. Et il y trouve son compte.

En termes d'honneurs, certes, mais aussi sur le plan professionnel. Il est nommé conseiller place Beauvau, à partir de 2005. Sillonne le pays pour adoucir l'image de Sarkozy dans les populations d'origine étrangère. « J'ai fait sa campagne, travaillé dans les fédérations. Il parlait alors de discrimination positive, d'égalité des chances, il ne voulait pas d'un islam des caves, il fallait que les musulmans aient des lieux pour prier. Un discours qui me parlait. Je commence à organiser des dîners pour lui. On se tutoie. En novembre 2004, il me décore à Bercy, il gagne l'UMP. Je crée avec son accord le Conseil des démocrates musulmans de France, car, ma laïcité, c'est ma liberté. L'amitié était scellée. Je suis devenu chargé de mission à Beauvau, puis, début 2005, il me fait nommer secrétaire national de l'UMP, chargé des relations avec les associations de Français issus de l'immigration. »

Dahmane œuvre maintenant sans relâche pour l'accession de Nicolas Sarkozy à l'Élysée. Il travaille au corps les associations, pénètre les réseaux asiatiques. Il met en place des comités de soutien au candidat en Algérie et au Maroc. À chaque meeting du candidat, il est présent, les organisateurs lui réservent quatre cents sièges pour la population d'origine étrangère. Ça fait joli sur la photo, et puis ça rapporte des voix. Un travail de l'ombre qui porte ses fruits. Certes, Sarkozy dérape de temps à autre, parle un peu trop fort. Comme lorsqu'il emploie des expressions stigmatisantes : « Racaille », « Kärcher »... Alors, la communauté musulmane se rebiffe, la banlieue se raidit. Et le fantassin Dahmane repart au combat, démine le terrain. Il assure aussi que, à l'époque, il n'hésite pas à dire son fait au ministre de l'Intérieur. « Il ne me donne jamais d'ordres, dit-il. Il y a entre nous une confiance totale. Je démarre la machine pour qu'il devienne président de la République. Comment pouvais-je alors mettre en doute sa sincérité ? À chaque fois qu'il faisait une connerie, je le remettais à sa place. Quand il parle de racaille, je lui dis : "Tu sais, Nicolas, n'utilise plus ce mot." Alors que personne n'osait lui dire les choses. Je suis même allé voir Villepin pour aider à la réconciliation. On a fait un déjeuner chez Dalloyau avec Bruno Le Maire [alors directeur du cabinet de Dominique de Villepin] et Claude Guéant. J'ai passé mon temps à faire ce travail de médiation. Des dîners-débats, comme à Colombes, où il était accueilli par les youyous des femmes. Un autre à Chinagora [à Alfortville], dans le Val-de-Marne, avec la communauté asiatique. J'étais respecté par tous ceux qui l'entouraient... »

En 2007, Nicolas Sarkozy atteint enfin son but. La présidence de la République. Il entraîne avec lui ses fidèles, ceux qui ne le trahiront pas. Dahmane fait partie du lot. Conseiller technique, il a un bureau à l'Élysée, dans les soupentes, un téléphone sécurisé, un ordinateur de la présidence. Il continue à œuvrer en sous-main, sans trop apparaître à la lumière des projecteurs. En 2009, il est récompensé de ses bons offices : il est nommé inspecteur général de l'Éducation nationale, au cinquième tour. Une procédure qui permet une nomination à la discrétion de l'exécutif sans condition autre que d'être âgé de plus de 45 ans. Un poste dont il n'aurait jamais pu rêver s'il n'avait bénéficié des faveurs du président de la République. Mais, début 2011, la cote de popularité de Nicolas Sarkozy est en berne, sa réélection se présente mal. Le 14 janvier 2011, le précieux Dahmane est nommé conseiller technique auprès du président de la République, chargé de l'intégration et de la diversité. Il est à nouveau dans la place.

« Le 15 janvier 2011, je reprends le travail à l'Élysée, explique Dahmane. Je réunis des médecins, je propose la création d'un livre blanc. Je vais même à Grenoble pour apaiser les esprits car le discours de Sarko sur la sécurité avait été une catastrophe. Tous mes interlocuteurs me parlent des dérives sur l'identité nationale. Moi, je défendais ce débat. Après tout, Copé et Sarko ont une identité séfarade, moi musulmane, mais, au-dessus de tout ça, il y a l'identité nationale. J'étais aussi favorable au débat sur l'islam, mais avec la mise en place d'une commission. » Il fait le métier. Joue de son charisme naturel, narre, lyrique, son parcours. Utilise son charme, son physique imposant. Fin janvier 2011, il a ainsi ces mots, devant plus de quatre-vingts médecins issus de la diversité : « Nicolas Sarkozy est le seul président qui nous a ouvert les portes. [...] Il a nommé des ministres et des préfets maghrébins ! Il est fils d'immigré, lui aussi. Un jour, il m'a dit : "J'ai tout subi mais j'ai tout arraché !" Suivons ce conseil. Et quand il y a des dérapages à droite, je le lui dis. C'est un ami. Il est hors de question que notre communauté soit stigmatisée ! [...] Il faut faire sauter l'idée que le président n'est pas le bienvenu en banlieue : c'est faux ! » Dahmane utilise ses vieilles recettes, mais le charme est rompu.

Car Nicolas Sarkozy semble ne plus savoir parler à la France, celle qui l'a si bien élu en 2007. Il a perdu le fil de son discours. Droitisé ses positions. Nommé Jean-François Copé à la tête de l'UMP, puis Claude Guéant place Beauvau. Il faut draguer l'électorat de l'extrême droite, rééditer la stratégie gagnante de 2007, en siphonnant les voix du Front national. Parmi sa garde rapprochée, les déclarations des uns et des autres se font, au fil du temps, provocatrices, outrancières, populistes, démagogiques. Hortefeux, Morano, le premier cercle se lâche. Même le très pondéré Claude Guéant en fait des tonnes. La députée Chantal Brunel, ex-porte-parole de l'UMP, parle carrément de mettre les migrants indésirables dans des bateaux. Cela va trop loin. Dahmane ne peut cautionner cette dérive. « Je fais une note à Sarko sur le thème : "Le débat sur l'islam est contre-productif." Il ne me répond pas. Je lui parle encore des dérapages d'Hortefeux et Morano. Toujours pas de réponse. La machine antimusulmane de Copé, chargé du débat sur la laïcité, broyait l'UMP. C'est dans ces conditions que je parle de la "peste des musulmans", et d'une poignée de néonazis présents autour de Sarkozy. Je dis qu'on est comme "les Juifs en 39". Car deux choses m'ont choqué : que Brunel parle de mettre les immigrés dans des bateaux, et qu'on recommande de faire les prières en français. Le silence de Nicolas m'inquiète. Ce n'est pas dans ses habitudes, ça dure depuis trop longtemps. Ils tapent sur nous ? Je tape sur eux. Je voulais secouer la conscience de Copé, sa mère est d'origine algérienne ! »

Le patron de l'UMP exige la tête d'Abderrahmane Dahmane, le président de la République lui donne satisfaction. « J'étais à Nice lorsque je reçois un coup de fil, même pas de Guéant, mais de Christian Frémont, le directeur du cabinet de Nicolas Sarkozy : "Le président met fin à vos fonctions." La réponse fuse : "Je ne regrette rien, et je n'en ai rien à foutre." » La rupture est consommée. Violemment. Définitivement ?

Connaissant l'habileté de Nicolas Sarkozy à retourner les gens, on ne peut exclure qu'il tente, de nouveau, de faire appel à Dahmane, quand les esprits se seront calmés. D'autant que son ex-conseiller lui doit bien des choses :

son salaire d'inspecteur général, ses décorations. Une forme de notoriété, aussi. Accepter cela, c'était s'exposer à être redevable. Mais Dahmane pactise désormais avec les déçus du sarkozysme, les Christine Boutin et autres Jean-Louis Borloo. « Revenir avec lui ? Non, ce serait s'abaisser très bas, assure l'ancien conseiller. Et je prends ma retraite de l'Éducation nationale pour me consacrer à cette nouvelle lutte. » Il a mobilisé ses réseaux. Il parle fort. Et plutôt bien. Il va hanter les banlieues, les cafés, les mosquées…

Ira-t-il au bout de son combat ? C'est un cas particulier. Un homme qui a beaucoup apporté. Il a été anobli, récompensé, adoubé. Il connaît le système de l'intérieur. Pour Nicolas Sarkozy, qu'il a tant aimé servir, il n'en est que plus dangereux.

Didier Porte

Lundi 4 avril 2011, café Le 138, dans le XIIe arrondissement de Paris. Dans une demi-heure, Didier Porte, 53 ans, « remercié », comme Stéphane Guillon, par la direction de France Inter, va mettre en boîte une chronique vidéo. Le comique a la bonne humeur communicative. Normal, c'est son métier. Mais, derrière les éclats de rire, sourd une grande tristesse. Orphelin de la radio publique, il a perdu sa caisse de résonance favorite, pour cause d'irrévérence mal placée…

La foule des grands soirs se serre sur le minuscule trottoir de la rue Blanche, baigné d'un soleil déjà estival. En ce mois d'avril 2011, le Théâtre de Paris fait systématiquement salle comble. Devant une foule conquise d'avance, Stéphane Guillon tourne en ridicule, deux heures durant, sa tête de Turc préférée, Nicolas Sarkozy, avec une méchanceté jubilatoire. À l'autre bout de Paris, dans un petit bar du XIIe arrondissement, Didier Porte enregistre chaque lundi matin une chronique vidéo destinée au site

Mediapart. Devant au mieux quelques dizaines de curieux, il étrille l'ensemble de la classe politique, avec une indéniable prédilection pour le premier cercle de la Sarkozie.

Guillon-Porte. Deux humoristes à la mode, deux trajectoires parallèles, mais deux destins différents, aussi. Mis à la… porte de France Inter sans ménagement au printemps 2010 pour des chroniques jugées choquantes, ils ont en commun d'avoir ulcéré Nicolas Sarkozy. Mais si le premier, comédien de formation, a puisé dans le caprice présidentiel un surcroît de notoriété, le second, ancien journaliste, redoute à l'inverse d'y avoir brisé sa carrière. En somme, Sarkozy a assis le succès de l'un et détruit la vie professionnelle de l'autre.

Quand Stéphane Guillon est demandé par les plus grands théâtres parisiens, Didier Porte laboure la France d'« en bas », du centre culturel de Collinée, dans les Côtes-d'Armor, à la salle des fêtes d'Arpajon (Essonne). « C'est dur pour moi maintenant, reconnaît Porte. Mes chroniques pour les sites internet Mediapart et Arrêt sur images, c'est bien gentil, mais l'audience reste confidentielle, et ça ne fait pas vivre son homme. Je fais des tournées dans des petites salles de province, sans boîte de production : c'est ma femme qui s'occupe de l'organisation. En plus, j'ai quand même 53 ans. Et, ayant disparu de l'antenne, l'an prochain cela risque d'être compliqué pour moi. Les gens vous oublient vite lorsque vous disparaissez des radars. »

Moins connu que Stéphane Guillon, qui a derrière lui une – modeste – carrière d'acteur et qui a surtout bénéficié des années durant de l'exposition enviée de Canal +, Didier Porte ne jalouse pas pour autant son célèbre acolyte. Au contraire. « Notre éviction nous a rapprochés, Stéphane et moi. On s'était un peu brouillés, pour des bêtises, et on s'est réconciliés dans l'adversité. Maintenant, on prend régulièrement des nouvelles l'un de l'autre, on se tient au courant de ce que l'on fait, on s'envoie des mails. »

Comme il le rapporte dans son livre, *Insupportable* (First, 2010), Didier Porte a reçu à son domicile, le 23 juin 2010, une lettre de licenciement signée du patron de France Inter, Philippe Val – Stéphane Guillon fut le destinataire d'une missive identique. « Je souhaite renouveler et faire évoluer l'antenne. La conception d'une nouvelle grille contraint nécessairement la direction à renoncer à certaines émissions ou chroniques », écrivait pudiquement l'ancien directeur de *Charlie Hebdo*. Traduction, en langage moins diplomatique : les deux humoristes sont virés pour « insolence réitérée ». Dans les deux cas, le prétexte est connu. Pour Porte, une chronique, sans doute pas la plus fine qu'il ait commise – ce qu'il admet volontiers –, dans laquelle il faisait dire à Dominique de Villepin : « J'encule Sarkozy, il a pas de couilles, ce connard ! » Pour Guillon, un texte, que l'on peut ne pas trouver drôle, massacrant Éric Besson, décrit en ces termes : « Des yeux de fouine, un menton fuyant, un vrai profil à la Iago, idéal pour trahir. » Après sa sortie dévastatrice et prémonitoire sur Dominique Strauss-Kahn, ravalé au rang d'obsédé sexuel – « l'organe le plus connu du FMI » –, c'en était trop pour certaines chastes oreilles.

Mais c'est bien entendu pour l'ensemble de leur œuvre que les deux fantaisistes, dont les sketches scandalisaient régulièrement le chef de l'État, ont payé. « Sarkozy ne supportait pas le ton insolent de nos chroniques, il nous a fait virer pour ça, confirme Porte. Pour justifier mon licenciement, on m'a dit que j'avais été grossier. Bien évidemment, à aucun moment on ne m'a dit que c'était politique. Officiellement, j'ai été viré à cause d'un "changement de grille". Ça ne trompe personne ! Suite à ce fameux sketch mettant en scène Villepin, je n'ai reçu que quatre ou cinq mails de protestation d'auditeurs, preuve que c'était un prétexte bidon. Ceux qui voulaient se débarrasser de moi ont trouvé là l'incident qu'ils attendaient, sauf qu'ils l'ont mal géré. » Il conclut, visiblement ému : « Ce renvoi, cela a été très violent pour moi, il faut le dire. »

Il est vrai que Didier Porte était une institution à France Inter, où il était entré en 1993. Il en avait été renvoyé une première fois en 1996. « C'était sous Chirac. Au motif que mes papiers étaient soi-disant "inhumains" ! C'est le directeur des programmes, un RPR bon teint, qui me l'avait dit. J'étais à "Rien à cirer" depuis deux ans. Val avait été viré avec moi, mais, à l'époque, il avait trouvé ça très politique ! » persifle Porte.

Réembauché en 1999, il était, depuis, le chroniqueur le plus prolifique de la radio publique, avec six interventions par semaine : une pour « Le Fou du roi », l'émission de Stéphane Bern, et les cinq autres depuis janvier 2008 dans le cadre de la matinale, juste avant le journal de 8 heures.

Auditeur attentif (il trouve sur son bureau chaque matin une revue de presse complète, incluant les principales émissions de radio), Nicolas Sarkozy serait donc directement à l'origine de l'exclusion des deux comiques d'Inter, coupables d'avoir gâché plus d'un petit-déjeuner présidentiel. Les démentis outragés de Jean-Luc Hees, patron de Radio France, arrachent un sourire fatigué à Didier Porte. « C'est tellement évident, soupire-t-il. De toute façon, s'il ne fallait qu'une preuve, je l'ai obtenue, même si personne n'en a jamais parlé. »

La « preuve » dont parle l'ancien trublion du « Fou du roi », c'est en fait un témoignage, livré lors d'une discrète audience devant le conseil des prud'hommes, au mois d'avril 2011. C'est devant cette instance que Didier Porte a assigné son ancien employeur pour « licenciement abusif ». Stéphane Guillon, en utilisant la même procédure, a obtenu en janvier 2011 la condamnation de Radio France : l'entreprise publique a été contrainte de lui verser une indemnité de 212 000 euros. « En tant que salarié foutu dehors, je suis ravi de cette décision. En tant que contribuable, je suis scandalisé », commenta drôlement Guillon.

Journaliste à *Télérama*, Véronique Brocard, dont les papiers font généralement autorité, a accepté de révéler ce qu'elle savait des dessous du renvoi du duo Porte-Guillon. Elle raconte. « Ce que j'ai dit aux prud'hommes, c'est que, dès le printemps 2009, soit un an avant qu'ils se fassent virer, des sources très proches de l'Élysée, très très proches même, m'avaient annoncé leur éviction. » Pour Véronique Brocard, tout commence le 1er avril 2009. Elle a rendez-vous pour une interview avec Jean-Paul Cluzel, P-DG de Radio France et candidat à sa propre succession prévue le mois suivant. Cluzel n'est pas dans les petits papiers de Nicolas Sarkozy. Et celui-ci vient de faire passer une loi lui permettant de désigner les responsables de la télévision et de la radio publiques.

« J'étais à peine entrée dans le bureau de Cluzel que sa secrétaire lui a fait savoir que le secrétaire général de l'Élysée, Claude Guéant, souhaitait lui parler au téléphone. Je me suis éclipsée et, quelques minutes plus tard, Cluzel m'a dit que Guéant venait de lui annoncer son départ et son remplacement par Jean-Luc Hees. » Véronique Brocard passe alors quelques coups de fil, et obtient d'un informateur à l'Élysée une précision importante : à peine installé, Hees nommera Philippe Val à la tête de France Inter. « Val à Inter, au vu de son parcours, ça me semblait fou. Alors je rappelle mes sources proches du Château, qui me confirment le scénario et me donnent même d'autres infos. On m'explique que Hees a une feuille de route très claire. Elle prévoit prioritairement le renvoi des deux humoristes du matin. On m'a aussi donné le nom de deux autres personnes dans le collimateur : l'éditorialiste politique Thomas Legrand et le journaliste chargé de la revue de presse, Frédéric Pommier. Apparemment, ces quatre-là dérangeaient depuis un moment, leurs têtes avaient déjà été demandées, en vain, à Cluzel. »

Véronique Brocard se souvient de l'incrédulité de ses collègues, en ces premiers jours d'avril 2009, lorsqu'elle leur donna le nom de Philippe Val. Pourtant, ses sources étaient fiables : Val fut bien nommé à Inter le mois suivant. Et les deux gêneurs, Porte et Guillon, furent congédiés un an plus tard (Pommier ayant été déchargé de la revue de presse dès juin 2009). Au cours de l'année 2010, la pression se fit de plus en plus forte sur les deux chansonniers. En janvier, Val déplora publiquement que l'« actionnaire », c'est-à-dire l'exécutif, ne soit « pas très bien traité » sur ses ondes. En avril, c'est un proche du chef de l'État, Christian Estrosi, qui se plaignit auprès de Val d'une chronique de Porte. Inéluctable, leur licenciement intervint donc en juin 2010.

Concernant sa disgrâce, Didier Porte pense que l'élément déclencheur remonte à mars 2009 et une chronique pour « Le Fou du roi ». « J'ai fait un papier à l'occasion de la venue du chef de la "cantine" de Sarko, le restaurant du Bristol. J'ai déconné sur la mort d'un grand cuisinier, Bernard Loiseau, qui s'était suicidé quelques années auparavant. Et je dis au type : "La dernière fois qu'on a invité un cuisinier, ça s'est mal terminé : ça a donné de la cervelle grillée à la bourguignonne." » Le scandale est immédiat. « La femme du mort a lancé une fatwa contre moi.

Ensuite, surtout, j'ai eu droit à un papier incendiaire dans *Valeurs actuelles*. Et puis, il y a eu un écho disant que l'Élysée était furieux contre moi dans *Le Figaro*, que l'on peut imaginer bien informé, sur ce plan-là au moins ! »

Si, on l'a compris, Guillon a su faire fructifier son renvoi avec talent, Porte, à l'inverse, en subit donc toujours les conséquences néfastes. « Non seulement on m'a viré, mais je suis devenu persona non grata », observe-t-il. Plusieurs grands médias lui ont laissé entendre qu'ils feraient appel à ses services, avant de renoncer, parfois sans explication. « Ont-ils eu peur de mes chroniques ou de contrarier Sarkozy ? Il y a sans doute un peu des deux. Pareil pour Guillon : une fois viré de France Inter, il n'a pas eu une seule proposition des autres grandes radios, qui auraient normalement dû sauter sur l'occasion... Mais bon, je n'ai aucun regret, de toute façon, j'aurais été lourdé. »

Heureusement, Didier Porte retrouve son enthousiasme dès que la conversation rebondit sur la personnalité du chef de l'État. « Guillon est moins politisé que moi, observe-t-il, mais, tous les deux, on a en commun d'avoir attaqué Sarko sur sa faiblesse psychologique, c'est sans doute ce qui doit le rendre fou. Je suis frappé par la dimension pathologique du personnage, il a la mentalité d'un gamin de 14 ans. Pour moi, en tant qu'humoriste, ça sautait aux yeux dès le début. On a tous connu des gens comme ça au lycée. Moi, je fais 1 m 68 mais j'ai arrêté les talonnettes à 16 ans et demi, lui, il continue d'en mettre à 56 ans, c'est hallucinant ! J'ai toujours trouvé incroyable que l'on confie les rênes du pays à un type manifestement immature. C'est comme quand il a dit que, s'il était si bas dans les sondages, c'était parce qu'il avait un super job et une super femme, et que tout le monde était jaloux de lui !

C'est vraiment du niveau de la cour de récré. Mais son caractère, ce n'est pas une surprise, on le connaît depuis 2002 et ses débuts au ministère de l'Intérieur. »

Didier Porte en est convaincu, malgré les apparences, ses mésaventures « ne sont pas révélatrices de l'époque ». « Il me semble, estime-t-il, que l'on peut dire de plus en plus de choses. Contrairement à ce que l'on pourrait croire, nous sommes dans un cycle favorable s'agissant de la liberté d'expression. Du coup, je considère plus Nicolas Sarkozy comme un accident de l'histoire. C'est d'abord dû à un régime politique qui donne trop de place à un seul type. Avec lui, on a affaire à un petit tyran. Le fait qu'un type comme ça puisse accéder au pouvoir, c'est le contrecoup d'un appauvrissement idéologique. Mais je reste persuadé que la présidence Sarkozy restera un accident, une parenthèse, le personnage est tellement insensé… »

Reste à savoir ce qu'attend Didier Porte de la prochaine présidentielle. La réponse peut paraître évidente : « Il ne faut pas se le cacher : si Sarkozy était réélu, ce serait inquiétant. J'ose espérer que tout sera rentré dans l'ordre en 2012, mais, en même temps… » La phrase reste en suspens. Hilare, Porte reprend : « Il faut le reconnaître, ce type est un sacré bon client ! Comment ferait-on sans lui ? Il a tellement inspiré de sketches… Oui, on a vécu sur la bête pendant longtemps, bien vécu même. Mais la bête a eu ma peau. »

Tous les rois n'aiment pas les bouffons.

Dominique Rossi

Mardi 5 avril 2011, une maisonnette à flanc de maquis, à Letia, en Corse-du-Sud. Chez Dominique Rossi, 62 ans, les visiteurs se succèdent. Parents, voisins, amis… L'ancien coordinateur des forces de sécurité en Corse est populaire dans son village, mais aussi sur toute l'île. Ici, personne n'a accepté son renvoi, en 2008, sous prétexte qu'il n'aurait pas su protéger la villa de Christian Clavier, l'ami du président. Lui non plus. Alors, devant un verre d'Orezza, l'eau minérale « made in Corsica », il parle. Pour la première et, sans doute, la dernière fois.

Le vieux panneau routier est criblé d'impacts de balles, évidemment. Bienvenue à Letia, minuscule village corse, perché à 800 mètres d'altitude, à une heure et demie d'Ajaccio. Vue féerique sur la vallée, ruelles si étroites que deux cyclistes auraient peine à se croiser. Ici, c'est à croire qu'il n'y a que des Rossi. On en compte même deux prénommés Dominique. Truelle à la main, bob sur la tête, l'ex-contrôleur général de la police nationale Dominique

Rossi refait l'allée de sa terrasse. Tranquillement. Sous le chaud soleil d'un printemps radieux. Pour espérer recueillir ses confidences, il a fallu tenter, depuis Paris, de le joindre au téléphone. Sans obtenir de réponse. Puis lui écrire. Sans plus de succès. Et finalement débarquer comme ça, à l'improviste, en comptant sur la traditionnelle hospitalité corse. Cette réputation n'est pas usurpée… Rossi offre à boire. L'eau gazeuse est à bonne température.

Dans un coin de sa maison, il a conservé les centaines de lettres qui lui sont parvenues, à l'été 2008. Des courriers de soutien. « Ça m'a fait chaud au cœur, dit-il de sa petite voix. Toutes sortes de gens, des fonctionnaires, des professions libérales. Même un évêque… » Il ne s'est jamais exprimé sur son éviction, lundi 1er septembre 2008, de son poste de coordinateur des forces de sécurité en Corse. « Une foucade présidentielle », comme il la qualifie aujourd'hui.

Il a pris sa retraite en 2009. Discrètement, comme à son habitude. Depuis, il reçoit les amis, entretient sa passion pour les armes, et arpente le maquis, à la chasse au sanglier ou au perdreau. Drôle de personnage, à la fois mutique et convivial. Corse, quoi. « Pourtant, je n'ai fait que mon devoir, reprend-il. Mais vous savez, j'ai coupé le lien avec ce monde-là, et puis voilà que vous débarquez chez moi… J'avais plutôt envie d'oublier tout ça. » Le reproche affleure. Mais le sentiment d'injustice est plus fort. Cette visite impromptue tombe bien, finalement. Dominique Rossi est mûr pour s'épancher. Alors, il vide son sac. « L'arbitraire me concernant est évident : j'ai été sanctionné alors que je n'ai pas commis la moindre faute. Nicolas Sarkozy a réagi à mon égard intuitu personæ », dit-il, avant d'ajouter, caustique : « Si j'ai bien compris, ma grande faute est de ne pas avoir su que le jardin de la villa de Christian Clavier devait être protégé au même titre que la pelouse de l'Élysée ! » Cette affaire a brisé sa carrière. Une manifestation pacifique, conclue par un envahissement de pelouse bon enfant, a provoqué le coup de sang présidentiel. Il fallait une victime, quelqu'un à qui présenter l'addition, comme toujours, et ce fut Dominique Rossi. Ce même Rossi à qui, pourtant, les autorités avaient demandé de rempiler, à 59 ans, alors qu'il envisageait une retraite paisible...

Avant ce samedi 30 août 2008, où tout bascula, Dominique Rossi coulait pourtant des jours heureux en Corse. La fin de carrière parfaite d'un grand flic réputé pour sa retenue, sa modération. Entré en 1976 dans la police comme simple inspecteur, il a été fait, en janvier 2008, chevalier de la Légion d'honneur. Cette île, il la connaît sur le bout des doigts. Né à Piana, il parle parfaitement la langue corse, manie avec délectation les subtilités insulaires. Ce qui ne l'empêche pas d'effectuer une grande partie de sa carrière en métropole, à l'ex-Direction de la surveillance du territoire (DST). Le contre-espionnage. Rossi y excelle. C'est un homme de l'ombre. La lumière, il la laisse aux autres. En 1999, le voilà de retour sur son île, d'abord comme directeur du cabinet du préfet adjoint à la sécurité, puis, à partir de novembre 2005, comme coordinateur des forces de sécurité. De l'avis général, il fait du bon travail. Le nombre d'attentats est en baisse significative. On lui attribue aussi le démantèlement de la cellule du FLNC-UC, suspectée d'être à l'origine de treize attentats, dont le mitraillage du tribunal d'Ajaccio. Son travail en amont a aussi permis que le Conseil des ministres décentralisé en Corse se déroule sans incident notable, en octobre 2007, ce qui n'était pas gagné d'avance. Enfin, il a su calmer les ardeurs d'une foule nationaliste, lors du jugement des responsables de l'incendie de la collectivité territoriale de Corse, alors que deux audiences s'étaient terminées en pugilat. Bref, un type fiable, le genre de policier de haut rang, estimé pour son savoir-faire, que l'on récompense.

Dominique Rossi a été prévenu, ce 30 août 2008, et il a fait suivre l'information : une manifestation doit se tenir devant la mairie de Porto-Vecchio. Des nationalistes, pour l'essentiel, qui entendent protester contre le plan d'aménagement et de développement durable de la Corse. Ils sont une dizaine, au départ, vers 10 heures, tout au plus une centaine une demi-heure plus tard. Un dispositif léger et mobile de maintien de l'ordre est prévu. « Ils étaient devant la mairie, se souvient Rossi, mais ils sont ensuite partis, par respect pour le maire qui devait se marier ce jour-là ! Après, ils ne savaient plus trop quoi faire, et ils ont décidé d'aller chez Christian Clavier. Dans le coin, les villas de VIP, ça ne manque pas. J'étais au courant de la manifestation, j'ai su qu'ils pensaient se rendre chez une personnalité, histoire de marquer le coup. » Clavier, c'est le client idéal : il est connu, c'est un proche de Nicolas Sarkozy, et sa villa est située dans un lotissement appartenant à Camille de Rocca Serra, député UMP et président de l'assemblée de Corse. Vers 11 h 30, un mot d'ordre circule parmi la poignée de manifestants : « Sortie sud de Porto-Vecchio, après le pont... » Ils se suivent en voiture jusqu'au lotissement de Punta-d'Oro, non loin de la baie de Santa-Giulia. La barrière d'entrée s'ouvre, des manifestants, à peine une vingtaine, se dispersent dans les allées du domaine. « Après avoir cherché l'entrée, ils sont parvenus à pénétrer chez Clavier, raconte Rossi. Ils n'avaient que l'embarras du choix au niveau des propriétés. Ils ont bien joué leur coup. Mais tout de même, il n'y avait que seize personnes ! » Il répète le chiffre, pour être certain que ses interlocuteurs mesurent le ridicule de la situation : « Seize personnes ! Et on ne les a pas perdues de vue, elles étaient suivies par le service d'ordre que j'avais mis en place. » Des gendarmes sont toujours là, à distance respectable, afin d'éviter tout accrochage.

Les seize manifestants pénètrent donc chez l'acteur le plus simplement du monde : par le portillon, resté ouvert, du jardin, qui jouxte une crique. Le groupe prend possession des lieux, dans la bonne humeur. Une scène qui n'aurait pas déparé dans *L'Enquête corse*, dont Christian Clavier est le héros. Ces drôles de « visiteurs » s'installent au bord de la piscine, le personnel de maison leur sert de l'eau fraîche à la demande du comédien, qui est en mer : il a donné ses consignes par téléphone. Il ne veut surtout pas que la situation dégénère. Le contrôleur général Rossi est lui-même tenu au courant du déroulement des opérations. Il choisit de ne pas intervenir. « On peut me reprocher de ne pas avoir fait évacuer les manifestants par la force, mais le maître des lieux, alors sur son bateau, ne l'a pas réclamé. Au contraire, il a demandé à son personnel de servir à boire aux manifestants. Mais surtout, si j'avais fait donner la force publique, cela aurait immanquablement dégénéré. Ce n'était pas une émeute, mais une sorte de happening, avec seize personnes, parfaitement placides qui plus est… En tant que garant de l'ordre public, mon devoir était justement de ne pas envoyer les gendarmes déloger ces personnes. Avec le recul, je ne regrette absolument rien. Si c'était à refaire, je le referais. J'estime toujours qu'il ne fallait pas bouger. Il est anormal d'investir une maison sans y avoir été invité, mais il est anormal aussi de recourir à la force s'il n'y a pas de déprédations. Pour les faire sortir, il y aurait eu de la casse, nécessairement, en faisant donner la troupe… Le maintien de l'ordre, c'est aussi savoir ne pas intervenir. » De fait, il n'y a aucune dégradation. Un coq en plâtre est bien invité à faire trempette dans la piscine, mais il est rapidement repêché. Au bout de quelques minutes, dans une ambiance potache, les manifestants repartent. Fin de l'épisode, que Dominique Rossi pense alors avoir géré avec tact. « Le samedi soir, pour moi, c'est terminé. Les manifestants sont repartis sans faire d'histoire. » Dimanche 31 août, un petit article de *Corse-Matin* relate l'affaire, sans y accorder une grande importance. Le texte est accompagné d'une photo sur laquelle on distingue quelques manifestants, l'allure débonnaire, installés sur la pelouse de la propriété de Clavier. Ils ont réussi leur opération, faire parler d'eux. Mais, côté Élysée, la mécanique s'est mise en marche.

En cette fin d'été 2008, Nicolas Sarkozy se repose dans la propriété de son épouse, Carla Bruni, au cap Nègre, dans le Var, dont le préfet sera muté, en juin 2009, pour ne pas avoir su régler les problèmes de tout-à-l'égout qui empoisonnaient sa belle-famille… Le dimanche 31 août, donc, Pierre Charon, conseiller de Nicolas Sarkozy et très proche de Christian Clavier, apprend de la bouche de l'acteur les événements de la veille. Pas question de laisser passer un tel affront. « Sur le coup, cette manifestation n'avait pas provoqué une grande controverse sur l'île, rappelle Dominique Rossi. Cet incident a dû attirer l'attention localement, et c'est remonté à Charon qui s'est beaucoup agité dans cette affaire. J'ai eu l'impression, s'agissant de Charon, d'avoir affaire à la mouche du coche. » C'est une façon assez juste de résumer l'activité de Pierre Charon.

Finalement écarté de l'Élysée en 2010, Pierre Charon veille jalousement sur les intérêts de son mentor, son ami. Il a su le réconforter quand il était au plus bas, après le départ de Cécilia, il connaît tout l'appareil d'État, fréquente les artistes comme les pontes de la police nationale. C'est lui qui veille sur les chasses présidentielles, à Chambord, où il prend soin de convier les personnages qui comptent dans la République, en toute discrétion. On est ici chez les initiés, le top du top, on y croise Frédéric Péchenard, le patron de la police nationale, mais aussi Yves Bot, l'ancien procureur général de Paris, ou encore Patrick Ouart, l'ex-conseiller de Nicolas Sarkozy en matière judiciaire. Autant dire que Pierre Charon a des relations. Et un solide carnet d'adresses, dans lequel on trouve nombre de journalistes influents. Les messages, il sait les faire passer. C'est un rouage essentiel dans la mécanique sarkozyste. Un homme influent. Bref, il vaut mieux avoir Pierre Charon avec soi. Dominique Rossi va l'apprendre à ses dépens.

« Le dimanche matin, je reçois un premier coup de fil, relate-t-il. J'étais ici, à Letia, tranquille. C'est Charon. Il se présente comme conseiller à l'Élysée. Il me demande ce qui s'est passé. Il ne me fait pas de reproches, ses questions sont purement factuelles. J'étais tout de même un peu surpris que ce soit lui qui m'appelle. Puis je reçois un second appel, cette fois du secrétaire général de l'Élysée, Claude Guéant lui-même. À son tour, il me réclame un exposé précis des faits, que je lui résume. Mais il souhaite un compte rendu exhaustif, par écrit. Alors, après avoir raccroché, j'appelle un collaborateur à Ajaccio et je lui dicte une note. Le temps qu'il la rédige, je file à Ajaccio, où j'arrive une heure plus tard, je signe le rapport et on le transmet à Paris immédiatement, au ministère de l'Intérieur. » Nicolas Sarkozy est mis au courant des déboires de son ami Clavier. Il tempête. Exige une tête. Celle de Rossi s'impose. « Le lundi 1er septembre, je ne m'inquiète de rien, se souvient l'ex-contrôleur général. Jusqu'à

14 heures, lorsque je reçois un coup de fil du directeur du cabinet de Michèle Alliot-Marie, la ministre de l'Intérieur. Là, Michel Delpuech m'annonce que je suis relevé de mes fonctions, comme ça. Apparemment, cela ne l'amusait pas. Je n'ai pas réagi, j'ai juste pris acte. Que vouliez-vous que je dise ? Mon statut ne me permettait pas de me rebiffer, même si c'était totalement injuste. Bien sûr, j'ai été très surpris. Heureusement que j'étais assis lorsque j'ai entendu que j'étais viré... Le lundi après-midi, je décide de ne rien dire, le temps que le nouveau préfet, qui prenait justement ses fonctions ce jour-là, soit installé. Puis je suis rentré chez moi, à mon domicile ajaccien. Je suis revenu à mon bureau une seule fois, le lendemain matin, pour prendre mes affaires. Je les ai mises dans un sac et je suis parti, voilà. »

Une photographie, parue dans *Corse-Matin* mercredi 3 septembre, immortalise l'événement. On y voit un Dominique Rossi, l'air perdu, un sac de voyage à la main, quittant la préfecture, un peu comme un voleur. C'en est fini pour lui. Il sera ensuite muté à l'Inspection générale de la police nationale, ce « cimetière des éléphants peuplé de gens paisibles », comme il le dit joliment. Mais les missions d'inspection purement administratives, les comptages de crayons, très peu pour lui. Il préférera rapidement prendre sa retraite.

Toutefois, l'affaire Clavier-Rossi ne fait que commencer. Car ce qui n'était qu'une petite manifestation de seize personnes va devenir une affaire d'État, par la seule grâce de cette sanction qu'à l'évidence rien ne justifiait. François Bayrou lâche, sur France Inter : « C'est révélateur du régime dans lequel nous sommes, c'est le fait du prince ! » François Hollande, alors premier secrétaire du PS, estime que Rossi a été limogé pour « insuffisance de protection d'un ami du président de la République ». Les syndicats policiers réagissent, soutiennent Rossi. Dans le camp de l'UMP, comme bien souvent, c'est le porte-parole du parti présidentiel, Frédéric Lefebvre, qui monte au créneau, avec une bonne dose de mauvaise foi : « Quand il y a une faute, il y a une sanction », assène-t-il. Camille de Rocca Serra s'offusque, lui, de ne pas avoir été informé de la manifestation des nationalistes. Curieusement, Christian Clavier ne va pas déposer de plainte. Nicolas Sarkozy est en première ligne, accusé de protéger ses amis. L'Élysée laisse filtrer quelques bribes, partielles et fausses, du récit des événements. « Il y a eu zéro dégât, explique Dominique Rossi. On a raconté n'importe quoi, que les manifestants avaient tout saccagé, uriné dans la piscine, déféqué dans les chambres, etc. Tout cela était faux. » Il faut bien essayer de justifier une décision inique.

Nicolas Sarkozy tente de se protéger en rejetant toute responsabilité personnelle. De Damas, en Syrie, il dit ainsi, sans convaincre grand monde : « Je n'ai pas eu besoin d'intervenir parce que j'ai un ministre de l'Intérieur qui fait son travail, assure-t-il. Le fait d'être mon ami ne doit pas faire qu'on a moins de droits. » Mercredi 3 septembre, en Conseil des ministres, l'affaire Rossi s'invite dans les discussions. Luc Chatel, porte-parole du gouvernement, rapporte que le président de la République a déclaré qu'il soutenait « pleinement » la décision de sanctionner le patron des forces de sécurité en Corse, soulignant que « lorsqu'on est préfet, on assume ses responsabilités ». Luc Chatel insiste : « Nos forces de l'ordre avaient été dépêchées sur place à Porto-Vecchio, mais elles avaient reçu instruction de ne pas intervenir et de ne pas dresser de procès-verbal. Or il s'agit véritablement d'une atteinte à la vie privée qui s'est produite », et « il n'y a pas eu de réaction de la part des pouvoirs publics ». Toujours selon Luc Chatel, le chef de l'État a également « indiqué que le fait d'être président de l'assemblée de Corse ou ami du président de la République ne devait pas entraîner le fait d'avoir moins de droits que les autres citoyens ». Les éléments de langage sont parfaitement recrachés. Michèle Alliot-Marie qualifie de son côté l'occupation de la propriété de Christian Clavier de « violation » du droit de propriété. « Je suis en charge de la protection des Français, et de leurs biens, à ce titre, je suis en charge de choisir la personne qu'il faut, à l'endroit où il faut et au moment où il faut. C'est simplement ce qui s'est passé », déclare MAM à la presse à l'issue du Conseil des ministres. Quant aux dégâts censés avoir été commis, la ministre de l'Intérieur confirme en creux qu'ils sont inexistants. Elle en est réduite à plaider qu'il s'agissait de « la dégradation des droits de la République [...]. Il y a un droit de propriété, on ne pénètre pas chez les gens sans une autorisation, on ne s'installe pas chez eux, on ne fait pas pression sur les gens [...]. C'est la liberté individuelle qui est en cause, ce sont les principes de la République qui sont en cause, et je ne transigerai jamais sur les principes de l'État ». La ministre, grandiloquente, estime que « la violation d'un droit reconnu par la Constitution, qui est le droit de propriété, c'est effectivement quelque chose de grave et auquel personne ne peut se soustraire ».

Voilà Dominique Rossi bien seul, dans cette République où rien ne semble devoir résister à Nicolas Sarkozy. Motif de consolation, à Ajaccio, il ne peut plus faire un pas dans la rue sans être accosté, félicité, encouragé. Il est devenu une espèce de héros local, lui qui cultive tant la discrétion. « En fait, les occupants de la maison de Clavier ont réussi un coup symbolique au-delà de leurs espérances, grâce à l'incroyable médiatisation qui a été donnée par le pouvoir à cette histoire. Tout cela, c'est une atteinte à mon honneur. J'ai été relevé de mes fonctions pour avoir bien fait mon travail. Encore, si le propriétaire avait appelé et réclamé l'usage de la force publique, je ne dis pas, la situation aurait été différente. Mais là, même pas, cette occupation s'est déroulée dans une ambiance pacifique, à la bonne franquette. C'est vraiment l'Élysée qui a envenimé les choses. Clavier, à mon sens, a été victime de l'affaire comme moi, car son image a été affectée sur ce coup. Il n'a rien gagné dans l'opération. »

Et pourtant, Dominique Rossi connaissait bien Nicolas Sarkozy. Il a eu le temps de faire les comptes, depuis qu'il s'est éloigné du pouvoir. Il affirme l'avoir rencontré à vingt-sept reprises exactement. « J'avais un a priori très favorable pour le ministre de l'Intérieur, notamment Sarkozy I, entre 2002 et 2004. Mais il a toujours eu des méthodes expéditives. » Il reprend : « Moi, tout cela m'a atteint dans mon amour-propre, c'est vrai. Mais je m'en suis remis au bout de quarante-huit heures. Par contre, l'entourage souffre dans ces cas-là. » Il n'en dira pas plus, par pudeur. Les nuits blanches furent nombreuses pour ses proches, en pleine tourmente. Lui assure qu'il a toujours dormi « du sommeil du juste ». Il se dit serein, sûr de son bon droit. Il clame qu'il a tourné la page. Mais il a tout de même conservé toutes ces lettres de soutien, comme autant de marques d'affection. On ne sort pas indemne d'une éviction aussi cruelle, illégitime. On souffre, forcément. Mais on ne le dit pas, on le cache. « Que pouvais-je faire ? Je n'allais pas "challenger" le chef de l'État. Alors je suis parti en retraite anticipée. On rentre au bercail et après, au diable ! Il y a une violence chez Nicolas Sarkozy, et la haute administration le vit mal. Y compris dans mon affaire : des gens ont dû marcher, se conformer aux ordres du chef de l'État alors qu'ils n'étaient pas d'accord avec cette sanction injuste. Comme dit le proverbe, selon que vous serez puissant ou misérable... »

Il se tient toujours au courant de l'actualité, lit *Le Monde* et *Corse-Matin*, note avec une évidente satisfaction la faible popularité de Nicolas Sarkozy. « Ces foucades, c'est un trait de caractère de Sarkozy. Ce n'est pas la marque d'un chef d'État, à mon sens. S'il avait attendu un ou deux mois, il m'aurait déplacé discrètement, sans tambour ni trompette... » L'impatience présidentielle, encore et toujours. Dominique Rossi en a été l'une des victimes les plus médiatiques. Il s'en serait bien passé. Mais il a du temps devant lui, désormais. Là, sur sa nouvelle terrasse surplombant le maquis, il confie sa certitude de jours heureux à venir, de crépuscules magnifiques.

Jacques Dupuydauby

Jeudi 7 avril 2011, avenue Mozart à Paris, un appartement digne d'un ambassadeur, dans le XVIe arrondissement. Tableaux et sculptures sont disposés avec goût. L'industriel Jacques Dupuydauby, 65 ans, a poussé la climatisation à fond, la faute à des radiateurs défectueux impossibles à éteindre. Il ne parle pas, il tonne. En conflit avec Vincent Bolloré pour l'exploitation des ports africains, il assure que ses ennuis judiciaires sont dus à son passif personnel avec Nicolas Sarkozy. Tout part, dit-il, d'un déjeuner, il y a bien longtemps, avec le futur chef de l'État français, et d'une demande particulièrement compromettante…

La fumée est tellement épaisse que l'on peine par instants à distinguer les traits de son visage. Les volutes dégagées par son imposant cigare dissimulent la massive silhouette de Jacques Dupuydauby. Depuis quelques années, il a appris à jouer les passe-muraille, à se faire oublier. Cet homme à la bouille ronde et au tempérament jovial, catholique pratiquant, reçoit dans un appartement cossu, à côté du Trocadéro, où il séjourne quelques jours par mois. Il profite généralement de ses courts passages à Paris pour rendre une discrète visite à Michèle Alliot-Marie, dont il est un intime. La plupart du temps, il vit à Séville, où sont basées ses affaires. « En m'associant le plus discrètement possible, en sous-main, afin que les gens qui bossent avec moi n'aient pas d'ennuis, dit-il, en disposant ses trois téléphones portables sur la table basse. Je sais que je suis totalement blacklisté. »

Jacques Dupuydauby a fait fortune dans l'immobilier, avant de se heurter de plein fouet, en Afrique, à l'un des meilleurs amis de Nicolas Sarkozy, l'industriel Vincent Bolloré. Entre ces deux fauves, deux hommes prêts à tout pour gagner, guignant les mêmes marchés portuaires, le combat a été acharné. Déloyal, estime Jacques Dupuydauby, sous le coup d'un mandat d'arrêt émis au Togo. Et pourtant, lui-même n'est pas un enfant de chœur. Les basses manœuvres, il connaît.

Il a dû renoncer à de gros contrats, faire face à de multiples poursuites judiciaires, et, pour finir, s'exiler en Espagne. Tous ces malheurs, cela ne fait aucun doute dans son esprit, il les doit à cet homme qu'il veut voir à terre : Nicolas Sarkozy. « Je n'éprouve pas de haine personnelle à l'encontre de Sarko, seulement du mépris », dit-il. Il précise : « Je me considère comme une victime collatérale, pas une victime directe. Étant celui qui empêchait son compère de ramasser de l'argent en Afrique, il fallait m'éliminer. »

Mais Jacques Dupuydauby n'est pas mort. Juste blessé – il n'en est que plus dangereux. D'ailleurs, dans son esprit, l'heure de la revanche approche. L'heure des comptes, surtout. Il entend régler personnellement celui du chef de l'État. À sa manière. Abrupte, intrépide, excessive. « L'une des raisons pour lesquelles il a tant appuyé Bolloré contre moi, c'est qu'il sait que je suis l'une des rares personnes à avoir vu son vrai visage. Il sait que je sais », lâche l'homme d'affaires à propos de Nicolas Sarkozy.

D'un ton presque badin, il ajoute : « J'ai perdu tous mes amis, je suis devenu infréquentable », avant d'évoquer le « nombre incroyable de gens qui [lui] ont conseillé de faire la paix avec Sarko et son copain Bolloré. Pourtant, à mes yeux et en conscience, c'est lui [Nicolas Sarkozy] qui est infréquentable, philosophiquement et éthiquement. L'éthique personnelle, la morale tout simplement, m'empêchent de me prêter à toute forme de réconciliation avec ces gens-là ».

Ancien bras droit de Francis Bouygues (il fut vice-président du groupe éponyme), Jacques Dupuydauby a décidé de se créer une trajectoire, en 1999, en fondant en Espagne Progosa Logistic International, un groupe spécialisé dans la conception, la réalisation, l'entretien et l'exploitation des infrastructures portuaires, dans une quinzaine de pays d'Afrique. À l'époque, il s'associe à Vincent Bolloré, lui-même omniprésent de l'autre côté de la Méditerranée : il y pèse 1,4 milliard d'euros de chiffre d'affaires, et compte environ 20 000 salariés répartis dans une quarantaine de pays. Mais les relations entre les deux partenaires se détériorent dès le début des années 2000 : Dupuydauby est accusé d'avoir fait rapatrier les actifs – appartenant à l'industriel breton – d'entreprises togolaises dans des sociétés de droit luxembourgeois à son nom. Pour Bolloré, il s'agit d'un détournement de fonds pur et simple. C'est le début d'une guerre sans merci entre les deux hommes. Depuis près de dix ans, les ex-associés multiplient les procédures judiciaires, notamment sur le continent noir, qui prospèrent en faveur de l'un ou de l'autre au gré de la « qualité » des relations qu'ils entretiennent avec les autorités locales. Tandis que Jacques Dupuydauby est donc poursuivi par la justice togolaise, Vincent Bolloré est cité dans une enquête ouverte au Cameroun pour « favoritisme et corruption »... Pour le moment, Bolloré s'est mieux sorti que son ancien allié de cette guérilla, où les coups bas sont la règle.

Peut-être parce que, derrière la rivalité commerciale, se dessine un antagonisme politique très franco-français. Vincent Bolloré ne cache pas les liens très forts l'unissant à Nicolas Sarkozy, qu'il invita sur son yacht de luxe, juste après son accession à l'Élysée. Jacques Dupuydauby, lui, est réputé proche des réseaux chiraquiens, ce que conteste cet homme qui se définit comme « gaulliste par essence, pas politiquement. Pour moi, il y a deux catégories de gens : les pétainistes et les autres. J'ai été élevé dans cet esprit. Je ne suis pas un homme de gauche, mais pas un homme de droite non plus ». Il le martèle : « J'ai été étiqueté chiraquien un peu abusivement. Je n'ai jamais soutenu financièrement Jacques Chirac. En revanche, j'ai eu pour collaborateurs plusieurs de ses proches : Michel Dupuch, Rémy Chardon et Brigitte Girardin. » Chiraquien du premier cercle, sans doute pas, mais antisarkozyste, plutôt deux fois qu'une, et il le revendique. « En 2007, confie-t-il, je suis allé jusqu'à voter Royal, votant ainsi pour la première fois socialiste, et ce, pour tenter de lui barrer la route. Je l'ai vraiment fait sans enthousiasme ! »

Cette détestation pour l'actuel hôte de l'Élysée, Jacques Dupuydauby dit l'éprouver depuis leur première rencontre, voilà près de trente ans, au cours de laquelle il aurait donc vu le « vrai » Sarkozy, en étant le témoin – et l'acteur – d'une scène compromettante. Une scène qu'il n'avait jamais rapportée jusqu'alors, et dont aucun témoin ne peut confirmer la véracité. Mais Dupuydauby assure que tous les détails sont restés gravés dans sa mémoire. Comme pour marquer la solennité du moment, l'homme d'affaires écrase son cigare dans le cendrier et s'avance sur le bord de son fauteuil en cuir. À propos de Nicolas Sarkozy, il dit, en guise de préambule : « C'est un homme qui n'oublie jamais rien. Mais moi non plus. »

Puis il déballe ses souvenirs.

« Ma première rencontre avec cet individu remonte à 1983, peu après son élection surprise à la mairie de Neuilly-sur-Seine. » À cette époque, Dupuydauby était vice-président de la SCAC, un groupe de fret dont le siège était situé à Puteaux, dans la circonscription législative de Neuilly-sur-Seine (Hauts-de-Seine). « Un jour, une secrétaire me téléphone pour me dire que M. le maire souhaite me rencontrer. J'ai dit OK, je n'avais aucune raison de refuser. » L'homme d'affaires dit avoir proposé au jeune maire de Neuilly de venir déjeuner au siège de l'entreprise, dans la salle à manger de direction. Nicolas Sarkozy, alors âgé de 28 ans, accepte l'invitation. « Le jour dit, il se présente et, là, d'emblée, le contact n'est pas passé entre nous. Mais bon, on a quand même déjeuné ensemble. Au début du repas, j'ai tenté de lui parler des choses qui me passionnent : le gaullisme bien sûr, la situation économique. Mais j'ai vite renoncé, j'ai bien vu qu'il n'en avait rien à faire. “Je ne suis pas venu pour ça”, m'a-t-il dit. En fait, il voulait parler argent. Il m'a d'entrée entrepris sur la prochaine élection législative, avec une obsession : comment la financer. Il voulait savoir si j'étais prêt à payer. »

À l'époque, le financement de la vie politique n'était pas encadré. L'opacité était de mise, on flirtait avec la légalité à tout instant. « Je lui ai répondu que, pour moi, ce n'était pas un problème de personnes, que je soutiendrai le candidat ou la candidate gaulliste. Et je lui ai rappelé que la candidate sortante, Florence d'Harcourt, risquait d'être réinvestie. » Florence d'Harcourt fut effectivement réélue en 1986, mais céda la circonscription à Nicolas Sarkozy lors des législatives de 1988. Il affirme : « Quand j'ai prononcé son nom, Sarkozy a lâché : "Ah, cette conne..." C'est alors qu'il a enchaîné avec cette phrase : "Maintenant, parlons de la suite de ma carrière." Et là, il a commencé à me décrire, avec un aplomb invraisemblable pour un type de son âge, ce qu'il pensait que serait son parcours politique. Il m'a dit qu'une fois élu député, il serait secrétaire d'État, puis ministre. Ensuite, bien sûr, il viserait Matignon. Et enfin, pourquoi pas l'Élysée ! Je n'en revenais pas, j'étais soufflé. »

Jacques Dupuydauby marque une pause forcée. Le temps de répondre, en espagnol, sur l'un de ses téléphones portables. Il n'ignore pas que ses révélations risquent de lui valoir de nouvelles mésaventures, mais il se dit prêt à tout assumer. Il reconstitue la suite de sa conversation avec l'ancien maire de Neuilly.

« Après m'avoir déroulé son projet de carrière, il m'a dit : "Vous le savez, pour une carrière politique d'envergure, il faut de l'argent, beaucoup d'argent." Il a enchaîné par cette phrase que je n'oublierai jamais : "Il y a deux catégories de personnes : celles qui vont m'aider, qui seront mes amies, et celles qui ne vont pas m'aider, qui seront mes ennemies." Il a poursuivi : "J'ai un cabinet d'avocats. Prenez-moi comme avocat-conseil et tous les mois je vous enverrai une facture." Je lui ai répondu : "Mais notre société a déjà des avocats, vous ferez quoi ?" Il a souri et m'a lancé : "Allons, vous comprenez bien ce que je veux dire, non ?" Bien sûr que j'avais compris. Il voulait une convention d'honoraires pour des prestations fictives. »

D'un geste du bras, Jacques Dupuydauby mime Nicolas Sarkozy : « Il a sorti un papier de sa poche : il avait préparé un projet de contrat ! J'ai été stupide, j'aurais dû le garder. Mais j'ai été tellement choqué que je ne l'ai pas pris. Il y avait un montant mensuel inscrit dessus, c'était très élevé. Mais en même temps très malin : il savait bien que, pour une boîte aussi énorme que la SCAC (on avait plus de cinq cents filiales en France et à l'étranger, notamment en Afrique), qui devait bien dépenser 500 000 francs en avocats chaque mois, ce serait passé comme une lettre à la poste. C'était très crédible, d'autant plus que nous n'avions pas d'avocat coordonnateur. Je lui ai dit que je ne mangeais pas de ce pain-là, que quand je payais des avocats, c'était pour qu'ils travaillent. Il l'a très mal pris, le repas s'est fini là-dessus. Avant de partir, il m'a lâché : "Je m'en souviendrai." Il a tenu parole, effectivement, il s'en est souvenu ! Ce déjeuner m'a coûté cher, il m'a même pourri la vie ! Je n'ai rien oublié de cette conversation, j'avais tout noté après son départ. C'est une habitude chez moi, je note tout. Et je conserve mes notes… » Quand il le faut, Jacques Dupuydauby sait aussi faire dans l'implicite.

Ce n'est que sa parole, il lui manquera toujours des preuves, mais il assume ses dires. Il allume un nouveau cigare et reprend sa charge contre Nicolas Sarkozy, sans nuances : « Sans ce déjeuner et ce contact physique avec lui, mon antisarkozysme n'aurait pas été ce qu'il est. Ce déjeuner, c'est comme une petite graine qui a été semée. À partir de cet incident, j'ai senti sa petite main partout, chaque fois que j'ai eu des ennuis. »

Ses premiers pépins remontent à la période 1993-1995, sous le gouvernement Balladur, dans lequel Nicolas Sarkozy était ministre du Budget. « J'ai eu un contrôle fiscal sur mes biens personnels, sur ma propriété en Sologne. Le redressement annoncé portait au départ sur plusieurs millions de francs. Comme Josselin de Rohan, qui lui aussi a eu droit à son petit contrôle fiscal, tous les gaullistes qui n'étaient pas derrière Balladur y sont passés. Et comme j'étais réputé proche des chiraquiens... » Un peu plus que « réputé », semble-t-il. Il concède que, « dans les années 90 », il invitait « beaucoup de chiraquiens » dans sa demeure solognote. « J'organisais prétendument un complot anti-balladurien, d'où le contrôle fiscal. Je ne dis pas que Nicolas Sarkozy m'a personnellement dénoncé, je n'en ai pas la preuve. Mais il était ministre du Budget, non ? »

Les soucis de Jacques Dupuydauby ne se sont pas arrêtés là. « Le contrôle fiscal ne suffisait pas encore : il a été suivi d'une dénonciation à la justice, qui a vérifié toutes mes sociétés, notamment mes activités en tant que vice-président puis conseiller chez Francis Bouygues, s'exclame-t-il. Il fallait trouver quelque chose contre moi. » Mis en examen et envoyé derrière les barreaux par un juge, l'homme d'affaires touche le fond. « J'ai été placé en détention provisoire quarante-cinq jours, alors que j'étais innocent ! D'ailleurs, j'ai été ensuite totalement blanchi. Il m'a fallu quand même sept ans pour obtenir une indemnisation de l'État, qui a reconnu son erreur. Même le fisc a dû rabaisser ses prétentions. J'ai chargé un avocat d'aller devant le tribunal administratif contester la décision de redressement, le genre de démarche que l'administration fiscale n'aime pas. Du coup, j'ai été convoqué par le directeur général des impôts du Loiret qui m'a dit qu'il était prêt à transiger. Il est descendu jusqu'à 15 000 francs ! Voilà, j'ai été traîné dans la boue, mis en prison pour 15 000 francs d'impôts non déclarés, tout ça à cause du contrôle fiscal initial. Dix ans après, Nicolas Sarkozy avait tenu sa promesse. »

Et, à l'en croire, les mesures de rétorsion n'auraient jamais cessé depuis. « Il m'a poursuivi de sa vindicte les années suivantes, jusqu'aujourd'hui. Cette fois, dans mes activités en Afrique. J'ai été confronté à son grand copain, Bolloré, que j'ai trouvé sans arrêt sur mon chemin. »

Sur ce thème, Jacques Dupuydauby est prolixe. Il est vrai que les scuds ont volé bas. Des deux côtés. En 2006, des cadres du groupe Bolloré, dénoncés par Progosa, sont arrêtés au Togo, accusés sans preuve d'avoir voulu corrompre des magistrats. L'année précédente, c'est Bolloré qui avait commandé à une société d'intelligence économique (Geos) une mission de renseignement sur son rival. Elle fut exécutée par un ancien gendarme, Patrick Baptendier, qui a raconté dans un livre (*Allez-y, on vous couvre !*, Panama, 2008) comment il avait, avec la bénédiction des services français, espionné l'entourage de Jacques Dupuydauby. « Le groupe Bolloré cherchait, en jetant l'opprobre sur Perrier [un collaborateur de Jacques Dupuydauby], à discréditer Progosa, installée sur son territoire de chasse, l'Afrique de l'Ouest », écrit Patrick Baptendier. « Lorsque j'ai été espionné par Baptendier, j'ai même écrit à Sarkozy, qui ne m'a pas répondu. Et pourtant, la lettre avait été remise à Guéant », se souvient Jacques Dupuydauby, qui brandit une copie de la fameuse missive, en date du 7 juin 2008, dans laquelle il se plaignait des méthodes de Vincent Bolloré, accusé d'utiliser l'ex-Direction de la surveillance du territoire (DST) pour le déstabiliser.

Lors d'une audition devant la juge parisienne Stéphanie Forax, en décembre 2009, Patrick Baptendier (poursuivi pour avoir collecté illégalement des informations confidentielles) a fait sur ce point des confidences explosives. L'ancien gendarme a assuré sur procès-verbal que son agent traitant au sein du service de contre-espionnage français (aujourd'hui DCRI), un certain François H., lui avait spontanément fourni, en 2005 – « sans que je lui demande quoi que ce soit » –, des informations sur « les amis » de Jacques Dupuydauby, « à savoir Mme Alliot-Marie, Renaud Muselier et Alain de Pouzilhac, ancien directeur de Havas ». Et d'ajouter, au cas où la magistrate n'aurait pas compris : « Je dois également vous dire que Monsieur H. m'a dit "qu'il fallait y aller" sur Dupuydauby, qu'il y aurait Sarkozy en 2007, que le clan des chiraquiens tomberait. »

On revient à l'Afrique, là où s'est cristallisée la haine. Jacques Dupuydauby évoque d'abord le Togo, et le port de Lomé, qu'il assure avoir « totalement redressé alors que Bolloré était (son) actionnaire minoritaire à 15 % ». Changement de décor après la mort, en février 2005, de l'inamovible président Eyadéma Gnassingbé, auquel succède son fils, Faure Gnassingbé. « Fin 2007, Faure Gnassingbé m'explique, très embarrassé, qu'il a rencontré Sarkozy à Lisbonne, qui lui aurait dit qu'il fallait me retirer la concession du port et la donner à Bolloré, sinon il empêcherait sa réélection. Faure Gnassingbé n'a eu d'autre choix que de s'exécuter. »

D'après Dupuydauby, le même processus s'est déroulé en Guinée, où l'une de ses sociétés, la GETMA, détenait le port de Conakry. « Comme au Togo, l'armée a été jusqu'à encercler nos bureaux pour faire place nette, assure-t-il. Tout cela s'est produit via les réseaux sarkozystes, une véritable diplomatie parallèle. »

Progosa a également perdu la gestion de ports au Gabon, au Cameroun et au Congo-Brazzaville. Une infortune imputable, selon lui, aux bonnes relations entretenues par Nicolas Sarkozy avec certains chefs d'État africains. « Voilà comment fonctionne la Sarkafrique ! », s'esclaffe Jacques Dupuydauby, satisfait de son bon mot. Mais très vite, il se calme, et repense aux ennuis en cascade qui se sont abattus sur lui ces dernières années. « Tout cela ne m'a pas surpris. Avant l'élection de Sarkozy, en 2007, un important collaborateur de Bolloré a confié à l'un de mes conseils : "Dupuydauby, qu'il ne se fasse aucune illusion, dès que Sarko sera au pouvoir, on le foutra en taule." » Du coup, il évite le plus possible de venir en France, où il ne se sent pas en sécurité. « J'ai souvent la crainte, dès que je mets les pieds dans l'Hexagone, que les flics débarquent sous je ne sais quel prétexte. Tout cela est très dur à vivre, il faut avoir des convictions chevillées au corps pour résister. » Il se dit « certain d'être sous surveillance, au minimum sur écoute ». Même à Séville, où il passe le plus clair de son temps, il estime ne pas être totalement à l'abri.

« J'ai des avocats en Espagne qui ont été obligés d'arrêter de travailler pour moi depuis 2007, car ils ne voulaient pas apparaître comme des ennemis du président français. J'avais aussi un associé espagnol très puissant. Il a dû rompre ses accords avec moi pour sauver son propre business. » Il conclut sur cette image-choc : « J'ai eu l'impression ces quatre dernières années d'être comme ces lépreux dans la Rome antique qui traversaient la ville avec une clochette, et les gens s'écartaient sur leur passage. »

Le patron de Progosa ajoute encore : « Ce qui me choque, c'est certains de mes amis ministres, soi-disant gaullistes, qui m'ont dit pis que pendre de Sarkozy dès 2007, mais qui sont restés au gouvernement car la soupe est bonne. Ils ont cautionné ce personnage. Mon amie Michèle Alliot-Marie, une femme intègre que j'aime beaucoup, a été une caution morale pour lui, je le regrette. »

Jacques Dupuydauby a perçu, à partir du début de l'année 2011, comme un changement de climat. Les enquêtes d'opinion, catastrophiques pour Nicolas Sarkozy, conjuguées à l'imminence de l'échéance présidentielle, n'y sont pas pour rien. « Je commence à retrouver des amis, car le vent tourne ! lance-t-il. Tout le monde va se découvrir antisarkozyste en 2012. Ils le trahiront tous, je le plains. »

Aux dernières nouvelles, Jacques Dupuydauby cherchait un éditeur. Il a eu l'idée d'écrire un livre, dans lequel il entend démontrer que Nicolas Sarkozy est le fossoyeur du gaullisme dont il se réclame pourtant. Jacques Dupuydauby a déjà trouvé le titre : *L'Imposteur.* « Apprends-moi à pardonner à ceux qui ont péché contre moi », dit la Bible. Jacques Dupuydauby reste un fervent catholique. Mais il ne tendra jamais l'autre joue.

RENAUD VAN RUYMBEKE

Lundi 2 mai 2011, un petit café du VIIe arrondissement, à Paris. Renaud Van Ruymbeke, 59 ans, est extrêmement concentré, presque tendu. Depuis un an, il fuit les journalistes. Il rature, souligne, noircit les feuillets sur lesquels sont reportées ses propres déclarations, issues d'un entretien accordé quelques semaines auparavant. Ciblé par Nicolas Sarkozy depuis l'affaire Clearstream, le juge ne veut surtout pas prêter le flanc à la moindre critique : pas question de ferrailler publiquement avec le chef de l'État. Mais il n'entend pas non plus que l'on piétine sa réputation.

Nicolas Sarkozy le déteste. Plus que tout autre. Une véritable haine. Le juge Renaud Van Rymbeke symbolise tout ce qu'il exècre. À ses yeux, il personnifie jusqu'à la caricature la fonction de juge d'instruction, ce magistrat prêt à tout, dans son esprit, pour se payer des politiques. Et, c'est vrai, tout oppose les deux hommes. Le premier, extraverti, fan de Johnny Hallyday, ami des stars du show-biz, amateur de vêtements de marque, baignant dans le culte de l'argent. Le second, casanier, passionné de musique classique et adepte des plaisirs simples, pudique, allergique aux m'as-tu-vu. L'un, qui a introduit le bling-bling dans la vie politique française, passe ses vacances sur des yachts de luxe, quand l'autre, réfractaire au téléphone portable, les consacre à faire pousser les tomates du jardin qui ceinture son petit pavillon, dans la banlieue rennaise…

Renaud Van Ruymbeke n'aime pas beaucoup non plus le chef de l'État, mais il refuse de se placer sur ce terrain-là. « Je ne suis en guerre avec quiconque, ni Nicolas Sarkozy ni personne d'autre », dit-il avec gravité. Pas question de s'opposer ouvertement au président de la République, et d'alimenter les soupçons à son encontre. Il est dans une posture délicate : il instruit le volet financier de l'affaire de Karachi, susceptible d'impliquer Nicolas Sarkozy, et se trouve dans le même temps – ceci explique sans doute cela – sous le coup d'une procédure disciplinaire voulue par l'Élysée. On pourrait le suspecter d'utiliser la procédure judiciaire pour régler ses comptes. Surtout maintenant qu'il a pu établir que le financement de la campagne d'Édouard Balladur en 1995, dont Nicolas Sarkozy était le porte-parole, avait été maquillé.

Du coup, depuis que la présidence du tribunal lui a confié, en septembre 2010, cette enquête hyper-sensible, le juge évite les journalistes, filtre les appels à son bureau, se sent épié, redoute un piège. S'il s'exprime enfin, c'est pour affirmer sa position, ne pas laisser prospérer les interprétations fantaisistes, les accusations gratuites.

Renaud Van Ruymbeke n'ignore pas qu'il doit à Nicolas Sarkozy une fin de carrière en queue de poisson. L'un des magistrats les plus emblématiques de sa génération, accusé d'avoir péché par imprudence, ou naïveté, dans ce qui est devenu l'affaire Clearstream, a bien involontairement offert à cette occasion à Nicolas Sarkozy des munitions pour l'abattre, ternir sa réputation. Le chef de l'État ne s'en est pas privé. Lui dit, avec un détachement un peu forcé : « J'ai instruit avec sérénité les dossiers sensibles qui m'ont été confiés, et qui mettaient parfois en cause des politiques au pouvoir. Même si ma carrière en a pâti. Je ne regrette rien. »

De toute façon, le pouvoir ne le lâchera plus. À peine était-il en passe, fin 2010, d'explorer le versant le plus explosif de l'affaire de Karachi, jugée si embarrassante à l'Élysée, que la Chancellerie décidait de lancer, ou plus exactement de relancer, le Conseil supérieur de la magistrature (CSM) à ses trousses, dans le cadre du dossier Clearstream. « La procédure disciplinaire ranimée devant le CSM par le ministre de la Justice, pour moi, c'est une attaque de plus, mais je la vis très sereinement, cela devient une habitude, relativise le magistrat. Des attaques, rappelle-t-il, ça fait plus de trente ans que j'en subis. À chaque fois que je traite un dossier sensible. Et cela ne m'a jamais empêché de travailler. Au moment de l'affaire Boulin [mis en cause par ses investigations, Robert Boulin, ministre du Travail de Valéry Giscard d'Estaing se suicida en octobre 1979], j'avais déjà été l'objet d'une enquête du CSM, qui m'avait blanchi. La relance de ces poursuites constitue à mes yeux une nouvelle tentative de déstabilisation. Je ne suis pas surpris. C'est une constante dans mon parcours, je me suis toujours heurté au pouvoir : Ramatuelle sous Giscard, Urba sous Mitterrand, etc. »

Être ciblé personnellement par le président de la République n'est tout de même pas banal pour un magistrat. Il martèle : « Cela ne change pas ma ligne de conduite, même si cela donne un écho supérieur aux attaques. Tout cela m'est égal et je n'en tiens pas compte. Je dois continuer à faire mon travail en gardant en tête en permanence cette idée : l'égalité devant la loi. »

Entre Renaud Van Ruymbeke et Nicolas Sarkozy, tout a commencé sur un malentendu. C'était en 1999. Les deux hommes sont conviés à un colloque organisé, à Bordeaux, par l'École nationale de la magistrature (ENM). Avant le débat, un grand déjeuner est organisé dans une brasserie du centre-ville. Les organisateurs, pensant bien faire, installent les deux hommes côte à côte. Malheureuse initiative. Van Ruymbeke, un homme réservé qui fuit les mondanités, abhorre côtoyer les politiques. Comment, lui, ce spécialiste des enquêtes politico-financières, pourrait-il frayer avec ceux sur lesquels il peut être amené à enquêter ?

Sarkozy, au contraire, a le contact facile. En 1999, il est en pleine constitution de sa galaxie, dans les milieux judiciaire, policier, médiatique ou économique. Un réseau sur lequel il va s'appuyer pour conquérir le pouvoir – puis tenter de le conserver. Se trouver à la table de l'un des plus célèbres magistrats de France est une aubaine. Mais, au cours du repas, le juge, volontairement, bat froid son interlocuteur, qui déploie en vain son habituel arsenal de séduction : sourires complices, blagues, confidences... Le clash intervient au dessert, lorsque Nicolas Sarkozy, dans une tentative désespérée, évoque une passion commune aux deux hommes, le football. Pressentant que le maire de Neuilly va le convier à aller voir un match avec lui, le juge lâche, cinglant : « J'aimais le football avant qu'il n'y ait toutes ces histoires d'argent qui ont fini par tout pourrir. »

Affreusement vexé, Nicolas Sarkozy comprend alors qu'il ne tirera rien de ce magistrat décidément buté. Que l'on puisse résister à son charme lui est tout simplement insupportable. Il le vit comme un affront. Lui qui se faisait déjà une piètre image des magistrats… Dans son ouvrage *Libre*, paru en 2001 (Robert Laffont), ne dit-il pas à leur propos qu'« il est faible de dire qu'ils ont souvent une vision caricaturale de la politique » ? C'est dans ce même livre que Nicolas Sarkozy donna sa version de l'incident, loin d'être anecdotique à ses yeux. Évoquant la sortie de Van Ruymbeke à propos de l'évolution du football, voici ce qu'il en disait : « Sa repartie me stupéfia proprement […]. Je lui répondis qu'une telle aversion pour les "histoires d'argent" était singulière pour un homme qui, à l'époque, était candidat à un poste de premier juge d'instruction au pôle financier à Paris, où les histoires d'argent se trouvent justement être le quotidien. » Traumatisé par la remarque somme toute anodine du juge, le futur chef de l'État rapporta encore dans son ouvrage un autre propos que lui aurait tenu le magistrat : « L'abus de biens sociaux est à l'homme politique ce que la petite culotte est au violeur. » « Outre le goût douteux de la remarque, je lui fis remarquer que le propos était insultant et la comparaison profondément blessante ! » concluait Nicolas Sarkozy. Sauf que Renaud Van Ruymbeke se dit certain de n'avoir jamais prononcé cette phrase…

Au cours du débat organisé à la suite du déjeuner, la tension est vive entre les deux hommes, Nicolas Sarkozy décochant plusieurs flèches à destination du juge, à la grande stupéfaction du public, composé d'apprentis magistrats. Dans le livre *Le Justicier* (de Dorothée Moisan), qui explore les rapports exécrables qu'entretient Nicolas Sarkozy avec la justice, l'un des participants à cette fameuse journée, le magistrat Jean de Maillard, confirme que la rupture entre les deux hommes « est venue du fait qu'il [Nicolas Sarkozy] n'a pas réussi à séduire Renaud. Au contraire, ça a viré à l'hostilité définitive ».

Lorsqu'on l'interroge aujourd'hui sur cet épisode, Renaud Van Ruymbeke fait dans la litote. « Nicolas Sarkozy et moi avons exprimé des points de vue différents lors de ce débat, déclare-t-il. Nous n'avons pas tenu le même discours. Quand je suis sorti de cette conférence, je ne me suis aucunement senti en conflit avec lui. Il semble en avoir fait une affaire personnelle, ce n'est pas mon cas. C'est vrai que, au cours du repas qui a précédé la conférence, j'ai manifesté une distance à son égard, mais ce n'était évidemment pas dirigé contre lui. Je marque toujours une distance vis-à-vis des politiques, quels qu'ils soient. À mon sens, un juge ne doit pas agir autrement. Il l'a mal pris, manifestement. En ce qui me concerne, je n'ai conservé aucun ressentiment à son égard à l'issue du repas et de la conférence. Je n'ai jamais polémiqué avec Nicolas Sarkozy, ni avec qui que ce soit. Moi, je fais mon travail, sans parti pris aucun, point à la ligne. »

L'actuel hôte de l'Élysée est persuadé du contraire. Il en veut pour preuve l'affaire Clearstream. L'histoire est connue : en avril 2004, Renaud Van Ruymbeke, qui tente en vain d'identifier les destinataires finaux des commissions astronomiques versées en marge de la vente de frégates à Taiwan, en 1991, est mis sur une piste prometteuse par le numéro trois d'EADS, Jean-Louis Gergorin, via l'avocat parisien Thibault de Montbrial. Gergorin lui adresse sous pli anonyme des fichiers – qui se révéleront avoir été trafiqués – émanant de la chambre de compensation luxembourgeoise Clearstream. Ces documents, accompagnés de courriers de dénonciation, sont censés établir que des dizaines de personnalités, parmi lesquelles quatre ministres ou anciens ministres, dont Nicolas Sarkozy, disposent d'avoirs occultes à l'étranger. Les accusations ayant été rapidement jetées sur la place publique, les conseils d'Alain Madelin, Jean-Pierre Chevènement et Dominique Strauss-Kahn, mis en cause, se mettent très rapidement en rapport avec le juge, pour protester de leur bonne foi. Unique ministre en exercice (il détient alors le portefeuille de l'Économie et des Finances), Sarkozy est aussi le seul à n'entreprendre aucune démarche.

Désireux de mettre cette histoire au clair, « VR », comme le surnomment ses collègues du palais de justice de Paris, expédie dès l'été 2004 plusieurs commissions rogatoires internationales (CRI). Toutes concluront à la fausseté des informations communiquées au magistrat. La CRI concernant Nicolas Sarkozy, accusé d'avoir ouvert des comptes à la Banca Popolare di Sondrio sous les patronymes De Nagy-Bocsa, rentrera d'Italie pour être versée au dossier en novembre 2005 seulement. Un délai anormalement long, estime Nicolas Sarkozy – même si le magistrat français n'y est strictement pour rien. Dans son livre *Témoignage* (XO, 2006), Sarkozy ironisera : « Heureusement que le juge Van Ruymbeke a la réputation d'être compétent. Qu'est-ce que cela aurait été sinon ? » Il ajoutera que le magistrat « n'y avait pas été avec le dos de la cuillère, j'étais ni plus ni moins suspecté d'avoir touché des rétrocommissions sur la vente, en 1991, des frégates de Taiwan. Cela n'avait aucun sens puisque j'étais devenu ministre en 1993, deux années après la signature du contrat ». Une façon de ridiculiser le juge, Nicolas Sarkozy faisant mine d'oublier au passage qu'il avait, en qualité de ministre du Budget dans le gouvernement Balladur (1993-1995), signé en 1993 un avenant au mirifique (plus de 2 milliards d'euros) contrat des frégates.

Fin 2005, Nicolas Sarkozy est donc officiellement blanchi des accusations lancées contre lui. À cette date, il était de toute façon déjà acquis que toute cette histoire relevait d'une manipulation grossière. M. Sarkozy attendra le 31 janvier 2006 pour se constituer partie civile dans la procédure pour « dénonciation calomnieuse » lancée dès septembre 2004. Entre-temps, il y a eu l'audition de trop. Au mois de décembre 2005, Renaud Van Ruymbeke a décidé de convoquer Jacques Heyer. Inconnu du grand public, cet homme d'affaires suisse est suspecté de longue date d'avoir géré des fonds occultes au profit de personnalités de la droite française. Or un magistrat de haut rang a confié à cette époque au juge que Heyer entretiendrait des liens privilégiés avec Nicolas Sarkozy. L'audition de Heyer n'apprendra rien à Renaud Van Ruymbeke, mais Nicolas Sarkozy en tirera la conclusion définitive que, décidément, ce magistrat ne s'épargnerait aucune démarche pour le mettre en cause. « Van Ruymbeke me cherche », confie-t-il à cette époque, furibard, à son entourage. Depuis cette date, l'hostilité a viré à l'exécration.

« Je ne comprends pas les attaques de Nicolas Sarkozy, elles n'ont aucun fondement. S'il pense que j'ai cherché à le déstabiliser, il se trompe. J'ai fait mon travail exactement comme je devais le faire, proteste aujourd'hui le magistrat. Je rappelle que, dans l'affaire Clearstream, objet semble-t-il de son courroux, c'est moi qui ai apporté la preuve, dans le cadre de l'enquête sur les frégates de Taiwan, que son compte, comme d'autres, n'existait pas, ce qui lui a ensuite permis de se constituer partie civile dans le dossier de dénonciation calomnieuse. » Sur ce sujet, le juge est intarissable, au risque de paraître obsessionnel. Clearstream le poursuit comme un cauchemar récurrent. Lors du procès en appel, en mai 2011, il a concédé ceci : « J'ai été naïf. » Il ne rate jamais une occasion de se justifier, de plaider sa bonne foi. Il brandit son intégrité comme un étendard, lui qui, un jour, exigea de payer un PV que des gendarmes, l'ayant reconnu, lui proposaient de faire sauter ! Son parcours plaide pour lui, mais Renaud Van Ruymbeke ne supporte pas que certains continuent d'exploiter cette affaire pour mettre en cause ses qualités professionnelles. Le pouvoir sarkozyste l'a bien compris, appuyant avec cruauté sur le point sensible à la moindre occasion.

Les deux juges en charge de l'affaire Clearstream, en révélant les dessous de la manipulation, vont, au printemps 2006, apporter à Sarkozy la tête de Van Ruymbeke sur un plateau. Leur enquête révèle en effet que VR connaissait parfaitement, depuis le départ, l'identité du corbeau, à savoir Jean-Louis Gergorin, ce qu'il s'était bien gardé de dire à quiconque, en vertu de l'engagement moral qu'il avait pris avec celui qu'il tenait pour un informateur fiable. Les proches de Nicolas Sarkozy soufflent sur les braises. Philippe Courroye, encore juge d'instruction et déjà intime du futur chef de l'État, accable son collègue dans les médias. Pris dans la tempête, Renaud Van Ruymbeke est déstabilisé.

Trop heureux de l'aubaine, celui qui est redevenu ministre de l'Intérieur « pour se protéger » pense tenir l'occasion d'en finir avec le magistrat. Il charge le garde des Sceaux, Pascal Clément, de s'en occuper. Le ministre de la Justice, qui pèse d'un poids dérisoire dans le gouvernement Villepin, ne peut résister au président de l'UMP. Il s'exécute, annule un voyage à Moscou et saisit en urgence d'une enquête l'Inspection générale des services judiciaires (IGSJ). Surtout, il sanctionne d'office le magistrat en ajournant sine die sa promotion (il devait être nommé président de chambre à la cour d'appel de Paris). Nicolas Sarkozy jubile. Il tient sa revanche. Ou plutôt sa vengeance. Pourtant, en septembre 2006, le premier président de la cour d'appel de Paris, Renaud Chazal de Mauriac, jette un froid : en dépit des recommandations de la Chancellerie, le supérieur de VR se refuse à saisir le Conseil supérieur de la magistrature (CSM). Dans son rapport, le haut magistrat estime qu'il ne lui « semble pas possible de considérer comme un manquement à la déontologie le fait d'avoir rencontré un témoin, M. Gergorin, en dehors des locaux judiciaires et sans être assisté d'un greffier ». Il ajoute que le juge a au contraire fait « preuve d'une grande prudence » et d'« un incontestable professionnalisme ». Contrarié, Nicolas Sarkozy fait rapidement savoir qu'il est hors de question que le juge s'en tire à si bon compte. Il déclare au 20 heures de TF1, en octobre 2006, qu'il a été mis en cause dans le dossier Clearstream « sur la base du mensonge d'un corbeau qui s'était allié avec un juge ». Une pique assassine.

Le ministre de la Justice sait ce qu'il lui reste à faire. En février 2007, passant outre aux conclusions du premier président de la cour d'appel, il renvoie VR devant l'instance disciplinaire compétente pour juger les magistrats, le CSM. Le Conseil supérieur de la magistrature va prudemment attendre que l'élection présidentielle soit passée – on ne sait jamais – avant de rendre, en novembre 2007, sa décision. Ou plutôt sa non-décision. En effet, le CSM préfère surseoir à statuer : il se dit incapable de se prononcer tant que la procédure Clearstream ne sera pas allée à son terme. En clair, la promotion du magistrat Renaud Van Ruymbeke est, au minimum, gelée pour des années. Une sanction qui ne dit pas son nom. Et une épée de Damoclès suspendue au-dessus de la tête du magistrat. Cela peut toujours servir.

D'ailleurs, cela va servir.

Cette fois, Nicolas Sarkozy, devenu chef de l'État, peut triompher. Marginalisé au palais de justice de Paris, Renaud Van Ruymbeke, désireux depuis des années de quitter l'instruction, doit se résoudre à reprendre le chemin du pôle financier, où certains de ses collègues le regardent désormais de travers. Sa légendaire moustache blanchit à vue d'œil. Démoralisé, lui qui carbure à l'adrénaline, il constate que la présidence du tribunal ne lui confie plus de dossiers sensibles.

Mais, à trop mépriser la magistrature, Nicolas Sarkozy a fini par sous-estimer sa capacité de rébellion – il est vrai traditionnellement assez faible. Un vent de fronde souffle avec une vigueur particulière dans les rangs des juges du siège – statutairement indépendants – qui multiplient à partir de 2009 les gestes de défi à l'égard du locataire de l'Élysée. Résultat : lorsque, à la fin du mois d'août 2010, le parquet de Paris ne peut faire autrement qu'ouvrir une instruction sur les arrière-plans financiers de l'attentat de Karachi, une affaire susceptible de menacer Nicolas Sarkozy, la présidence du tribunal confie l'enquête à Renaud Van Ruymbeke. Ce dernier va pouvoir explorer les dessous du contrat Agosta (la vente de sous-marins au Pakistan, signée en 1994 par le gouvernement Balladur). Pour le juge, ce dossier à manier comme de la nitroglycérine est une aubaine, une occasion inespérée de se remettre en selle. Et de régler ses comptes avec son persécuteur ? L'accusation, en forme de procès d'intention, le scandalise. On ne manque évidemment pas de la colporter au Château, où la désignation de VR a été vécue comme une provocation. Nicolas Sarkozy ne peut pourtant s'en prendre qu'à lui-même : après tout, s'il n'avait pas pesé de tout son poids, en 2006, pour geler la promotion du magistrat, ce dernier aurait quitté l'instruction depuis longtemps...

Pire pour l'Élysée : Renaud Van Ruymbeke va obtenir, à la fin de l'année 2010, l'élargissement de l'enquête, jusque-là soigneusement limitée par le parquet aux délits mineurs d'« entrave » et de « faux témoignage », à des faits d'« abus de biens sociaux », c'est-à-dire en fait d'éventuelles rétrocommissions en marge des ventes d'armes qui auraient pu alimenter le camp balladurien, dans la perspective de la présidentielle de 1995. À l'époque, Nicolas Sarkozy était ministre du Budget et porte-parole de la campagne d'Édouard Balladur. En coulisse, un intense bras de fer a opposé le juge au parquet. Pour obtenir l'autorisation d'étendre son enquête, VR a logiquement demandé le feu vert du ministère public, à savoir un réquisitoire supplétif. Comme aux échecs, le procureur de Paris, Jean-Claude Marin, redoutable technicien du droit, a d'abord pris le temps de la réflexion, avant de choisir finalement d'ouvrir une procédure distincte. Donc de déclencher une enquête spécifique sur le volet le plus délicat de l'affaire : les rétrocommissions.

Qui dit nouvelle enquête dit éventuellement… nouveau juge. Renaud Van Ruymbeke, à ce moment-là, est convaincu qu'il va être dépossédé de l'aspect central du dossier. Il va être sauvé par l'intervention décisive du remuant Olivier Morice, avocat de plusieurs familles des victimes de l'attentat de Karachi, parties civiles dans l'enquête. Me Morice va faire parvenir en urgence, dans la soirée du 13 décembre 2010, à la présidente du tribunal Chantal Arens, qui a la responsabilité de désigner les magistrats instructeurs, une lettre au ton comminatoire. « Les parties civiles ne sont pas dupes de la volonté de "saucissonnage judiciaire" du parquet, tonne Me Morice, qui menace : Si l'objectif recherché est de voir désignés d'autres juges que le juge Van Ruymbeke, pour se retrouver dans une situation de conflits de juges avec la volonté non dissimulée de le dessaisir sachant que, d'après les propos tenus par le président de la République Nicolas Sarkozy, le juge Van Ruymbeke ne manque pas de lui déplaire (propos du 20 novembre tenus à Lisbonne devant des journalistes), les parties civiles ne resteront ni inertes, ni silencieuses... » Me Morice fait ici allusion à un énième dérapage du chef de l'État devant des journalistes, en marge d'un sommet de l'OTAN. Ulcéré d'être questionné sur l'affaire de Karachi, il salua ces derniers d'un surréaliste : « Amis pédophiles, à demain ! », après s'en être pris une nouvelle fois à sa bête noire, dans une sortie tout en sous-entendus : « Pendant deux ans, on m'a poursuivi pour l'affaire Clearstream au Luxembourg. Tiens, c'était Van Ruymbeke aussi ; tiens, c'était le même ; alors, c'est curieux, tiens... »

Mise sur la place publique par la presse, la missive d'Olivier Morice va produire l'effet escompté. Embarrassée, la présidence du tribunal va se résoudre à codésigner, pour enquêter sur les éventuelles rétrocommissions, Roger Le Loire et... Renaud Van Ruymbeke. Histoire de sauver la face, la présidence du TGI nomme VR juge numéro deux seulement, mais peu importe : c'est bien lui qui est en charge de l'aspect de l'affaire le plus embarrassant pour le pouvoir. La manœuvre visant à écarter VR a échoué. Nicolas Sarkozy n'a pas fini d'enrager. Ni de s'inquiéter.

À la même période, se nouait dans l'ombre une autre intrigue, qui sera mise au jour le 23 mars 2011 seulement, dans les colonnes du *Monde*. Renaud Van Ruymbeke découvre avec stupeur ce jour-là que la procédure disciplinaire le visant (elle avait été, on s'en souvient, bloquée au CSM dans l'attente d'une décision définitive dans l'affaire

Clearstream) a été relancée dans la plus grande discrétion au début du mois de décembre 2010. « Le ministère de la Justice a reçu [les] documents de la cour d'appel en novembre 2010, et a transmis les 58 tomes du dossier au CSM le 3 décembre. Cela a permis la reprise de la procédure disciplinaire », indiquera à l'Agence France-Presse la Chancellerie pour se justifier. L'argument ne trompe personne. Pourquoi réactiver cette procédure alors que le procès en appel, qui s'est tenu en mai 2011, n'avait même pas encore eu lieu ? Et s'il y avait urgence, alors pourquoi ne pas avoir agi dès le prononcé du jugement de première instance, en janvier 2010 ? Pourquoi, encore, ranimer cette histoire précisément au moment où le magistrat orientait ses investigations dans l'affaire de Karachi sur la piste des rétrocommissions ?

« Dans mon parcours professionnel, j'ai toujours subi des attaques émanant de personnalités politiques, rappelle le magistrat. Mais elles ne m'ont jamais empêché de faire mon travail sereinement, ni de mener mes investigations à leur terme. Ces attaques personnelles correspondent à une pratique, un comportement, que l'on peut déplorer mais que l'on retrouve dans les affaires politico-financières les plus sensibles. On veut empêcher le juge qui dérange de faire son travail, c'est un grand classique. Par exemple, dans l'affaire de Ramatuelle [mettant notamment en cause Robert Boulin], j'ai subi des attaques violentes dont j'ai pu prouver qu'elles étaient dénuées de fondement. D'ailleurs, cette affaire s'est terminée par un procès et une condamnation. Ensuite, j'ai subi des attaques personnelles dans l'affaire du financement du Parti socialiste, puis encore dans l'enquête sur le Parti républicain ! Or cela ne m'a jamais empêché de faire mon travail. »

S'il feint aujourd'hui l'indifférence, Renaud Van Ruymbeke est plus affecté qu'il ne le dit par les attaques personnelles dont il a été la cible à plusieurs reprises déjà. Y compris celles émanant de Nicolas Sarkozy. « La difficulté pour un juge lorsqu'il est attaqué, c'est qu'il ne peut pas répondre, explique-t-il. Je me souviens d'avoir énormément souffert au moment de la découverte des lettres posthumes de Robert Boulin me mettant en cause. Mais je ne pouvais pas répondre, car il était mort. J'ai été vraiment touché, et cela m'a en quelque sorte vacciné pour la suite. J'ai appris depuis à relativiser beaucoup de choses. Du coup, même si ce n'est jamais agréable, lorsque j'ai ensuite à nouveau été attaqué, j'ai pu mettre de la distance. Il faut bien comprendre qu'un juge qui répond sort de sa neutralité. Il peut y avoir des attaques menées précisément dans ce but : on tente de déstabiliser le juge, on le provoque, il répond, et on a un excellent prétexte pour le faire dessaisir. Donc, la seule solution consiste à prendre du recul. Quand les chiens aboient, la caravane passe ! »

Mais, parfois, les chiens aboient si fort que la caravane s'arrête. Même statutairement indépendants comme les juges d'instruction, les magistrats restent soumis, d'une manière ou d'une autre, aux caprices des politiciens, qui ont une fâcheuse tendance à considérer la justice comme leur chose. « Un certain nombre d'hommes politiques, sans doute parce qu'ils se sont sentis longtemps protégés, n'acceptent pas ces enquêtes dites "politico-financières", confirme Renaud Van Ruymbeke. Notre histoire est riche de scandales étouffés (Panama, Stavisky...). Nombre d'entre eux se sont sentis longtemps intouchables. C'est regrettable, car ils devraient savoir que personne n'est au-dessus des lois, surtout pas ceux qui les votent ou les font appliquer. » Voilà typiquement le genre de propos moralisateurs qui agacent tant Nicolas Sarkozy. Décidément, les deux hommes sont irréconciliables, ou plutôt inconciliables.

En fait, le chef de l'État s'est trompé sur son compte : Renaud Van Ruymbeke n'est pas antisarkozyste. C'est l'anti-Sarkozy.

Patrick Poivre d'Arvor

Mercredi 11 mai 2011, Café de Flore, boulevard Saint-Germain à Paris. Il débarque en scooter, avec une bonne demi-heure de retard. Sa voix est toujours caressante, son visage bronzé sans aucune ride ou presque, le charme agit encore. Patrick Poivre d'Arvor, 64 ans, vous regarde dans les yeux, explique qu'il n'a pas tellement envie d'être cité. Trop d'ennuis à venir, il a assez souffert. On l'a accusé de plagiat, pour son dernier bouquin, et il n'est pas loin d'y voir la main de l'Élysée. En tout cas, s'il est sûr d'une chose, c'est que son éviction du 20 heures de TF1, il la doit bien à Nicolas Sarkozy...

Il faut revoir les images pour comprendre. Ce 20 juin 2007, Patrick Poivre d'Arvor interroge Nicolas Sarkozy en direct de l'Élysée. Celui-ci, à peine élu, vient de participer à son premier G8, il a tenu une conférence de presse où ses propos, décousus, lui ont valu bien des quolibets. Des journalistes belges l'ont même accusé d'avoir forcé sur la bouteille, lui qui se targue de ne jamais boire une goutte d'alcool. Là, le chef de l'État est chez lui, en bonne compagnie, face à une Claire Chazal tout sourire. Et voilà Poivre d'Arvor, parfaitement décontracté, qui décrit, au détour d'une question, un Nicolas Sarkozy « un peu excité, comme un petit garçon qui est en train d'entrer dans la cour des grands ». Crispation immédiate du chef de l'État. Livide, stupéfait par une telle insolence à laquelle les intervieweurs de la télé ne l'ont pas habitué, il grince : « C'est très aimable de présenter les choses comme ça, monsieur Poivre d'Arvor. » Désarçonné, le nouveau chef de l'État en perd même son sens de la repartie. Cherchant une réplique qui lui permettrait de reprendre l'avantage sur son interlocuteur, il ne trouve rien de mieux à dire que : « Petit garçon, franchement, à 52 ans… Monsieur Poivre d'Arvor, c'est parce que vous avez quelques mois de plus que moi que vous me voyez si jeune. » Et PPDA, tellement désireux de prouver son indépendance d'esprit, qui en rajoute : « Vous qui êtes fébrile… » Il aura beau envoyer un petit mot en forme d'excuse, quelques jours plus tard, le mal est fait. Il a tourné en ridicule le président de la République. Plus qu'une faute, un sacrilège. Il ne s'en doute pas encore, mais, en deux phrases, la plus grande star du PAF vient de se mettre Nicolas Sarkozy à dos. Et donc de ruiner sa carrière.

Ce bref échange, devant 12 millions de téléspectateurs, scelle en effet la disgrâce du présentateur préféré des Français. Le commencement d'un long processus. Quelques jours plus tard, PPDA croise Martin Bouygues, le patron de TF1, à l'occasion d'une cérémonie à Bordeaux. « Tu n'es pas près de le réinviter…, lâche l'industriel, intime du chef de l'État. – Tu l'as eu au téléphone ? s'enquiert le journaliste. – Non, mais je le connais très bien, je sais comment il réagit », répond, sibyllin, le chef d'entreprise. Effectivement.

Les mois passent. En juillet 2008, le journaliste apprend qu'il est remplacé par Laurence Ferrari. Cruel clap de fin sur une aventure de vingt-huit ans. Le pape des JT, 34 % de part d'audience à la fin de son règne, doit céder son trône, contraint et forcé. « J'ai souffert, bien sûr, j'ai été naïf, dit-il simplement. Ce fut violent, brutal, on m'enlevait une partie de moi-même. » Et même s'il ne veut pas s'exprimer plus avant, PPDA, qui aurait tant aimé couvrir la campagne présidentielle de 2012, a quand même ces quelques mots, à propos de Nicolas Sarkozy : « Il aura peu d'amis, à son départ, il a humilié trop de gens... »

Ils se connaissent si bien. PPDA habite Neuilly-sur-Seine, le fief électoral de Sarkozy. Ils se tutoient. S'apprécient. Ou plutôt, s'appréciaient. Quand la fille de PPDA s'est suicidée, en janvier 1995, Sarkozy fut l'un des premiers à venir réconforter le journaliste. En observateur privilégié des mœurs politiques, le présentateur, cinq présidentielles au compteur, a été le témoin de la foudroyante ascension du maire de Neuilly, sa soif du pouvoir, sa stratégie si efficace : se rapprocher des magnats des médias, et des grands patrons en général... L'argent, c'est le pouvoir. Et réciproquement. Pouvait-il imaginer que, à peine parvenu au sommet de l'État, Sarkozy baisserait le pouce et le condamnerait ? Cet homme qui, juste après la fameuse interview du 20 juin 2007, lui avait dit : « J'aime venir chez toi, tu me bouscules, ça m'oblige à être bon. »

PPDA a mené sa petite enquête. Ainsi, un récit de son éviction lui aurait été rapporté par Patrick Buisson, conseiller spécial du président de la République. Un homme très contesté, beaucoup lui reprochant de ne jamais avoir rompu avec son passé d'extrême droite. Buisson dirige depuis octobre 2007 la chaîne Histoire – qui dépend du groupe TF1 –, où PPDA a effectué quelques piges. Les deux hommes se voient, à la rentrée de septembre 2008. Le conseiller lui parle de Robert Namias, directeur général adjoint chargé de l'information de TF1, qui passe pour être chiraquien et dont les sarkozystes réclament la tête depuis un an. PPDA a toujours refusé de savonner la planche de Namias, qu'il considère comme un bon professionnel. La conversation vient sur le renvoi de PPDA, deux mois plus tôt. Buisson révèle qu'en juin, soit un mois avant la mise à l'écart du présentateur, il avait été chargé par Nonce Paolini, nouveau patron de TF1, d'aller voir Nicolas Sarkozy pour l'informer des changements à venir. « Voilà ce qui est prévu : comme vous l'avez souhaité, PPDA sera remplacé par Laurence Ferrari et Robert Namias par Jean-Claude Dassier », aurait annoncé Buisson au chef de l'État.

Cécilia Sarkozy a également confirmé à Poivre d'Arvor, après son éviction, que son ex-époux n'y était pas pour rien. « C'est tout lui, ça…», glissera-t-elle au journaliste. Tout comme l'industriel François Pinault, que le chef de l'État aurait prévenu de son intention de se débarrasser du présentateur, trois mois avant qu'il ne soit effectivement débarqué. Les témoignages concordent.

Donc, pour Poivre d'Arvor, il n'y a pas le moindre doute. Le chef de l'État lui a fait payer toute une série de petites vexations dont l'épisode du « petit garçon » aura été le point d'orgue. Poivre aurait bien aimé que la presse investigue sur son départ précipité, au lieu de s'en tenir à l'écume des choses. Qui ignore les liens étroits entre Nicolas Sarkozy et Martin Bouygues, donc, mais aussi avec Vincent Bolloré (Direct 8), sans compter la mainmise du chef de l'État sur les chaînes publiques, évidemment, et ses relations privilégiées avec les responsables de tant d'autres médias ? Avec une prédilection assez manifeste pour la télé, un univers qui le fascine depuis toujours. Le chef de l'État est un vrai téléphage, il ne s'en est jamais caché. Il adore annoncer à l'avance les nominations, choisir les animateurs de ses émissions préférées, ressusciter les vieux programmes qu'il aimait tant, jeune. Difficile de résister à son influence. PPDA a tenté de le faire.

Pendant la campagne présidentielle de 2007, le journaliste, par ailleurs directeur de l'information à TF1, a fait son boulot, quoi qu'on en dise. Avec, en tête, une obsession : surtout, ne pas prêter le flanc, ne pas s'exposer à des critiques sur le mode « TF1, chaîne du pouvoir ». Ainsi, il réunit sa rédaction, avant le scrutin, et lance à ses troupes : « Ça va être difficile, car notre propriétaire est le meilleur ami de Nicolas Sarkozy... » Martin Bouygues, à qui le propos est rapporté, n'apprécie pas. Comme il déplore que PPDA ait fixé lui-même la date de son retrait des plateaux : 2012. Sachant, expliquera le journaliste dans son livre *À demain !* (Fayard, 2008), « que le terme serait difficile à tenir, politiquement parlant, compte tenu de la proximité du futur président de la République avec l'ensemble des patrons de presse et de l'audiovisuel ». Poivre d'Arvor trouve aussi le moyen de s'opposer à la venue de Nicolas Beytout pour remplacer Robert Namias. Il est fidèle à son TF1 de la grande époque, quand Patrick Le Lay, Étienne Mougeotte et compagnie dirigeaient la plus belle chaîne européenne. Il a pu compter sur le soutien de la chaîne dans les moments difficiles, par exemple lors de la vraie-fausse interview de Fidel Castro en 1991 ou à l'heure de l'affaire Botton : condamné pour recel d'abus de biens sociaux en 1996, il sera simplement suspendu d'antenne pendant trois mois. Il a aussi encouragé la création d'une société des rédacteurs.

Drôle de personnage, en vérité, que ce PPDA, marionnette irremplaçable des « Guignols de l'info », tout à la fois fier d'être incontournable, depuis près de trente ans, dans les allées du pouvoir, et tellement soucieux, aussi, de son indépendance. Le personnel politique le tutoie, le flatte : être invité au 20 heures de TF1, c'est le top. Il accepte ce manège, mais dit conserver ses principes. Il refuse, ainsi, de couvrir « l'actualité heureuse » du couple présidentiel, invite peu de ministres sur son plateau, ponctue ses interviews de quelques piques…

L'entourage de Nicolas Sarkozy l'a même suspecté, lors de la campagne 2007, de « royalisme ». Ainsi, lors du journal télévisé du 23 novembre 2006, Sarkozy lance au présentateur, à propos d'un entretien réalisé quelques jours auparavant avec la candidate socialiste : « J'ai regardé le journal où vous l'avez interviewée… Enfin, interviewée, c'est un grand mot… » Pour faire bonne mesure, il glissera cinq minutes plus tard, tout en sous-entendus : « Monsieur Poivre d'Arvor, vous êtes redoutable quand vous m'interviewez. » Jusqu'au débat avec des Français, « J'ai une question à vous poser », organisé par TF1, où Sarkozy estime que ses intervieweurs sont bien plus agressifs que ceux choisis pour Ségolène Royal. Donc, PPDA cumule. Trop connu, trop puissant, trop influent, trop insolent. Bref, insupportable. Et incontrôlable.

Le 8 juin 2008, il apprend à la lecture d'un « confidentiel » dans la presse qu'il est menacé par Laurence Ferrari, plus jeune, si jolie, talentueuse, et que l'on dit très appréciée du chef de l'État. Celui-ci ne s'en est d'ailleurs pas caché, parlant parfois d'elle en des termes très personnels et assez crus. « Du sang neuf, du sang choisi », dira d'elle PPDA dans son livre. Un déjeuner frugal avec Nonce Paolini lui permet d'obtenir une confirmation embarrassée : il est bien débarqué. Sans véritable motif, « au nom du changement », s'entend-il dire. Tous les syndicats de la chaîne le soutiennent. Rien n'y fait. Mardi 10 juin, le porte-parole de l'UMP, l'inénarrable Dominique Paillé, interrogé sur l'affaire PPDA et une éventuelle intervention élyséenne, dément : « Nicolas Sarkozy a d'autres chats à fouetter... Les rumeurs qu'on essaie de distiller sont infondées. » La direction de TF1 propose à Poivre un job de directeur général adjoint en charge de l'information, poste qu'il occupe déjà depuis... vingt ans ! Il décide de partir, et de contre-attaquer, sur le plan judiciaire.

Le 10 juillet 2008, PPDA présente son dernier journal, explose tous les records avec 49 % d'audience, fait ses adieux à 9,6 millions de téléspectateurs, dans son style, théâtral, littéraire, tellement français, même s'il cite du Shakespeare : « Ce qui ne peut être évité, il faut l'embrasser. » Une réception, une salve d'applaudissements, et PPDA quitte la tour de TF1. Sept mille journaux télévisés sous le bras. « Le directeur général de TF1 a souhaité me voir devancer l'appel. Sans doute parce qu'on le lui avait demandé avec insistance », rappelle-t-il dans son ouvrage. Toutes les figures du paysage politique lui envoient un message ou lui passent un coup de fil pour le réconforter, de Ségolène Royal à François Fillon en passant par Dominique de Villepin, François Bayrou, Martine Aubry ou Jean-François Copé... Tous, sauf Nicolas Sarkozy.

Deux mois plus tard, il revoit le chef de l'État à l'Élysée. L'entrevue a lieu à la demande du journaliste, il veut entendre Nicolas Sarkozy lui expliquer pourquoi il a voulu sa tête. « Je n'y suis pour rien », lui assure le chef de l'État. Poivre n'en croit pas un mot, évidemment. Il fait observer à Nicolas Sarkozy qu'il a été le seul à ne pas l'avoir appelé, à l'heure de sa petite mort télévisuelle. « J'aurais été comme l'assassin qui revient sur les lieux de son crime... », se défend le président.

« Je t'ai vu sur Canal + au "Grand Journal", t'as pas pu t'empêcher de reparler du petit garçon », lui reproche ensuite le chef de l'État, avant de lui demander... s'il peut faire quelque chose pour lui. Du Sarkozy tout craché. Mais le journaliste, blessé dans son orgueil, refuse toute aide présidentielle, il n'est pas venu pour ça. Et puis, il n'est pas dupe. Nombre de ses projets télévisuels tombent à l'eau, les uns après les autres, et il pense savoir à qui il le doit. « Ne m'empêche pas de travailler, c'est tout », rétorque ainsi PPDA. Au cours de la discussion, comme souvent, Nicolas Sarkozy critique, ou plutôt éreinte, à tour de bras. Parle d'Harry Roselmack, autre remplaçant de PPDA, comme d'un « grand Noir, con comme une valise sans poignée » – l'une des expressions favorites de son prédécesseur Jacques Chirac.

PPDA connaît par cœur ses saillies, souvent triviales. L'a entendu parler de cette « couille molle » de Malek Boutih, par exemple, qui a refusé de rejoindre le gouvernement tricoté par Sarkozy. De « Fatima » Amara, dont le président écorche le prénom car il la connaît à peine. De Brice Hortefeux et Patrick Devedjian, des hommes de confiance qu'il affuble de qualificatifs peu flatteurs...

En 2009, PPDA, resté très populaire même s'il vivote désormais à la télévision, sur France 5 ou Arte, reçoit un coup de téléphone inattendu. C'est Nicolas Sarkozy au bout du fil. Le chef de l'État lui propose la place de numéro deux, à Paris, derrière Chantal Jouanno, sur la liste conduite par Valérie Pécresse aux élections régionales. Poivre d'Arvor refuse. L'UMP, l'Île-de-France, très peu pour lui. « Je m'en fous, mets-toi sur n'importe quelle liste », lui lance le président, qui lui fait aussi miroiter la présidence de France Télévisions, et même une place au gouvernement, dans le cadre d'un futur remaniement : David Douillet en ferait partie, pourquoi pas lui, l'ex-star du JT ? L'ancien judoka, après une longue attente, sera finalement récompensé en juin 2011 par un poste de secrétaire d'État.

Pas PPDA, évidemment. Il n'a plus de nouvelles de Sarkozy, mais toujours des projets. Il prépare un film sur l'écrivain Pierre Loti. Depuis son départ de TF1, il n'a pas regardé un seul journal télévisé. Trop dur. Ce qui ne l'empêche pas de surveiller les courbes de l'Audimat, et de constater avec une certaine délectation la baisse des chiffres d'audience du journal de Laurence Ferrari, comparés aux siens. Il a en tête cette phrase de Sarkozy à son sujet, qu'on lui a gentiment rapporté : « S'il n'a pas compris, on va lui briser les reins. » Il a compris. Il estime même, un brin parano, que la récente polémique le visant – il a été accusé par une enquête de *L'Express* d'avoir eu recours au plagiat pour sa biographie d'Ernest Hemingway – a été fortement téléguidée par l'Élysée. Et puis, après tout, il est bien content d'avoir évité de cautionner les grands débats participatifs animés, autour de Nicolas Sarkozy, par Jean-Pierre Pernaut, autre journaliste-star de TF1. Le chantre de la province profonde chère au chef de l'État, dont il est le présentateur préféré. Celui qui, pour annoncer les révélations de l'ex-comptable des Bettencourt sur un éventuel financement illicite de la campagne de Nicolas Sarkozy, évoqua dans son JT, le 6 juillet 2010, de « nouvelles rumeurs, une nouvelle fois lancées par un site internet »...

Alors, finalement, cette éviction… C'est peut-être une bonne chose, au fond. Poivre positive. Certes, on lui a pris son jouet, une grande part de sa vie. Mais il y a gagné une certaine liberté. Et un statut, finalement plutôt valorisant, de martyr du sarkozysme.

Patrick Devedjian

Vendredi 20 mai 2011, conseil général des Hauts-de-Seine, Nanterre. Patrick Devedjian, 67 ans, nous reçoit dans son vaste bureau présidentiel. Il a le sourire apaisé d'un homme politique sûr de lui, en fin de carrière. Il l'a emporté sur un Nicolas Sarkozy qui ne voulait plus de lui. On l'avait rencontré une première fois, jeudi 3 mars, à quinze jours des élections cantonales. Il pensait alors que tout était perdu. Que ce département du 92, objet de toutes les convoitises, allait lui échapper. De paria à héros, en quelques mois, Devedjian a appris l'art de la survie. Et perdu un ami, Nicolas Sarkozy.

Ce lundi 28 mars 2011, au palais de l'Élysée, l'hypocrisie est à son comble. Il est 18 h 30 et Nicolas Sarkozy reçoit un Patrick Devedjian tout requinqué. La veille, il a été réélu dans son canton, à Bourg-la-Reine, avec 51,22 % des suffrages. Sa rivale, Isabelle Balkany, la protégée du clan Sarkozy, a chuté lourdement, dans son fief de Levallois-Perret. Jean Sarkozy, président du groupe UMP au conseil général, s'est rallié dans la journée à Patrick Devedjian. Il faut désormais composer avec l'ex-banni. Alors Devedjian raconte la scène, avec une évidente gourmandise. Il restitue les paroles présidentielles proférées à l'Élysée, il s'en souvient mot pour mot : « T'es le meilleur, Jean et moi, nous te soutenons. On ne va tout de même pas mettre un demi-paralytique à la tête du conseil général. Comment il s'appelle, déjà, le trépané ? » Sarkozy s'adresse à son fils, il se touche la tête, mime une opération du cerveau. Le « trépané » dont il est aimablement question, c'est Alain-Bernard Boulanger, le maire de Villeneuve-la-Garenne, un sarkozyste pur jus qui a connu quelques ennuis de santé. Les Sarkozy père et fils ont longtemps envisagé d'en faire un président de transition, un type qui chaufferait le fauteuil pour le rejeton. Mais Devedjian a déjoué tous leurs plans. Il a terrassé l'adversité. « Nicolas Sarkozy a été désavoué par le corps électoral, dit-il. Poursuivre dans l'hostilité contre moi, après ce jugement populaire, c'eût été moyen… Et puis, ce département est le sien, avec 1,5 million d'électeurs. À quelques mois de l'élection présidentielle, l'enjeu électoral n'est pas négligeable… » Autant d'éléments qui expliquent la volte-face présidentielle.

À la même heure, ou presque, l'ultra-sarkozyste préfet Patrick Strzoda fait ses adieux aux élus des Hauts-de-Seine. Tous les maires et nouveaux conseillers généraux sont présents. Dans trois jours, on va voter pour élire le successeur de Patrick Devedjian. Ils ont tous reçu pour consigne de désigner Alain-Bernard Boulanger. Aussi sont-ils surpris lorsqu'une alerte de l'Agence France-Presse tombe sur leurs téléphones mobiles. Le site internet du *Figaro* annonce que Jean Sarkozy va soutenir Patrick Devedjian. Émoi. Stupeur. Et cette désagréable sensation de n'être que des pions entre les mains des Sarkozy. Le jeudi 31 mars, Devedjian est élu, avec 27 voix sur 45. Jean Sarkozy devient vice-président de l'assemblée, il perd son poste de responsable du groupe UMP. Un triomphe pour Devedjian.

Et une tristesse, aussi. « La victoire est toujours ambiguë, explique-t-il. La défaite est un mensonge, la victoire aussi, et cela, vous le savez dès que vous avez gagné. » Que ressent-il, à cet instant ? Le goût amer d'une amitié finissante. « Sarkozy ne connaît que le rapport de force. Depuis qu'il est président de la République, mon amitié ancienne avec lui n'a jamais compté par rapport à son appréciation de son intérêt politique, même quand il a tort… »

À l'Élysée, ce 28 mars, la discussion se termine péniblement. « Je veux qu'on redevienne amis comme avant… », conclut Sarkozy. Silence. Devedjian laisse dire. Il sait que tout cela n'est qu'une vaste fumisterie. On lui a rapporté les mots agressifs et blessants du président à son endroit. En 2002, tout frais ministre de l'Intérieur, au sortir d'un déjeuner, n'avait-il pas eu, déjà, devant des journalistes, cette phrase méprisante à propos de Devedjian : « Celui-là, il me doit tout… » Depuis son élection, en 2007, les remarques acerbes se sont accumulées. Devedjian en a souffert. « Cela vous blesse, nécessairement. Il n'a jamais eu un mot désobligeant à mon égard avant d'être président. Ce n'est plus une amitié, juste une histoire. Mais je ne renie rien… » La politique, ou l'art de la solitude. Et pourtant, il connaît la musique. De victime du sarkozysme, il est subitement devenu cette jolie pièce que l'on expose en vitrine, les soirs de défaite électorale. Mais il n'a rien oublié. Et se doute que sa réhabilitation risque d'être éphémère. La confiance est rompue. Leur relation complice est morte.

Patrick Devedjian est arrivé au conseil général en 2004, dans les pas de son mentor, Nicolas Sarkozy, alors ministre de l'Intérieur. Les Hauts-de-Seine, c'est la chasse gardée du clan, un royaume dont on ne cède pas les clés comme ça. Isabelle et Patrick Balkany, les suzerains de Levallois-Perret, font partie du décor, comme Jean Sarkozy, d'ailleurs, le fils préféré, qui fait ses classes politiques à Neuilly-sur-Seine. Nicolas Sarkozy délègue. Énormément. « Sarko a mis en place son administration, se rappelle Devedjian. Il est venu avec Chantal Jouanno, Rachida Dati, Claude Guéant. Les Balkany me reprochent aujourd'hui de ne pas avoir assez de relations avec mes élus, mais il y en avait encore moins à l'époque. Il était assez peu présent, il était ministre de l'Intérieur. Même les commissions permanentes et les séances, il les déléguait, au moins en partie. Il n'a jamais tenu une séance entière, moi, je n'en ai pas raté une seule, même pour une pause pipi ! Je les tiens toutes, et jusqu'au bout. »

Devedjian observe. Prend note. S'imprègne. Il aimerait bien récupérer le pactole, un jour. Si Nicolas Sarkozy est élu président, tous les espoirs lui sont permis. « Sarkozy et moi, nous sommes tous les deux enfants d'immigrés, ça nous a rapprochés, au début. Mon père, comme le sien, n'était pas français. Sarkozy a souffert d'être un enfant pauvre dans une ville de riches, je le revois vendre des glaces pour se faire un peu d'argent. Ça vous marque un homme… » Même s'il sait à quoi s'en tenir quant aux promesses du patron, Devedjian ne nourrissait qu'un seul rêve : devenir garde des Sceaux, lui, l'avocat, fils d'un immigré arménien. En 2007, Sarkozy est élu président de la République. Mais c'est Rachida Dati qui rejoint la place Vendôme. « Il m'avait promis dix fois que je serai garde des Sceaux… Pour se justifier, il m'a expliqué que nommer

Rachida Dati, c'était faire accepter aux beurs que la justice, c'était aussi pour eux. J'avais trouvé cette explication convaincante. Et puis, quand j'ai appris qu'il avait aussi proposé le poste à Hubert Védrine [ancien ministre socialiste des Affaires étrangères de Lionel Jospin], je me suis dit qu'il s'était quand même bien foutu de moi ! »

Les premiers doutes datent de cette époque. Le 18 mai 2007, Patrick Devedjian ne fait donc pas partie du gouvernement de François Fillon et il confie son agacement quant à l'ouverture prônée par Nicolas Sarkozy en déclarant : « Je suis pour un gouvernement d'ouverture, y compris aux sarkozystes, c'est tout dire. » Il se console en succédant à Nicolas Sarkozy à la présidence du conseil général des Hauts-de-Seine le 1er juin 2007. Le voici en terrain miné. Il est élu d'Antony, et mesure combien le couple Balkany a de l'influence. Il ne se doute pas quel enfer ils vont lui faire vivre.

« Les Balkany et moi, on se connaît depuis toujours, et depuis toujours c'est compliqué entre nous, raconte Devedjian. Isabelle est directe, son mari est plus tordu. On n'est pas du tout pareils. C'est-à-dire ? Eh bien, on voit bien comment ils sont, quoi ! Je ne les aime pas. Mais ça n'empêche pas l'objectivité. Ce sont des gens très entreprenants, très soucieux de publicité, de démonstrations, très extravertis, ostentatoires même. Ils aiment faire étalage de leurs richesses, ils sont cyniques, opportunistes, démagogues, ils ont une relation décomplexée avec l'argent... » Devedjian en rajoute : « Ils n'ont pas le souci de la maîtrise de la dépense publique. Isabelle dit toujours qu'il est scandaleux que le département n'ait pas assez d'emprunts, que l'on peut toujours dépenser davantage. Levallois est l'une des villes les plus endettées de France, mais eux ils trouvent cela normal. Le rapport de la Cour des comptes sur Levallois est accablant, il pointe l'existence de poupées gigognes, l'endettement de tout le système. Ce ne sont pas de bons gestionnaires, mais ils ont le sens de la communication. » Un dernier coup de griffe pour la femme du maire de Levallois : « Isabelle disait que Cécilia était sa sœur, maintenant Carla est sa meilleure amie, c'est curieux, non ? »

Les Balkany ne doutent de rien. Jamais. En 2007, Isabelle Balkany tente même de gagner la présidence du conseil général, contre Patrick Devedjian, arguant du soutien de Nicolas Sarkozy. La campagne est sanglante. « En 2007, quand elle s'est présentée contre moi, elle a prétendu qu'elle était la candidate de Sarko, mais celui-ci n'a rien dit. Le jour de la désignation, elle a demandé le report de la séance en ces termes : "Je demande que le vote soit reporté, Nicolas n'a pas eu le temps de dire que j'étais sa candidate..." Leur relation est ancienne et si proche... », soupire Devedjian. À quoi tient-elle, cette relation ?

La proximité géographique, d'abord. Levallois-Perret et Neuilly-sur-Seine sont deux communes voisines. Sociale, aussi. Levallois, longtemps ville ouvrière, s'est embourgeoisée, sous les coups de boutoir des bulldozers qui, dans les années 1980, après l'élection de Patrick Balkany, ont chassé les populations défavorisées, notamment les immigrés... Et puis, Balkany et Sarkozy sont tous les deux les enfants de Charles Pasqua. Ils partagent les mêmes origines hongroises, également. Une amitié indestructible les unit, qui remonte au temps où Patrick Balkany emmenait Nicolas Sarkozy en vacances à Saint-Tropez. En habiles courtisans, les Balkany savent tout de lui et le font savoir, sans jamais en abuser. Un atout évident. « Sarko protège les Balkany, ça c'est certain, tranche Patrick Devedjian. En 2008, il a insisté lourdement, très lourdement, pour que je garde Isabelle comme vice-présidente. Il m'a fait une scène, alors qu'elle m'attaquait en permanence, raison pour laquelle je l'avais écartée. J'avais succédé à Sarko pour l'achèvement de son mandat, et je me suis fait réélire en 2008. En 2007, Balkany s'était présentée contre moi dans une primaire. Je l'avais exclue de l'exécutif. Elle était sortie de la salle et avait appelé immédiatement Sarko pour se plaindre. Ça n'a pas raté : quelques minutes plus tard, il m'a téléphoné au cours de la réunion : "Tu ne peux pas faire ça, c'est moi qui t'ai fait élire, c'est une trahison." Il était hors de lui, c'était très violent. Donc, je n'avais pas eu le choix, et je l'avais reprise dans l'exécutif. »

Les Hauts-de-Seine, c'est, après Paris, le département le plus médiatique de France, le plus riche aussi. Pour y tenir son rang, il faut savoir jouer du canif. Ne surtout rien lâcher. Tous les coups sont permis. Impliqués dans divers scandales, les Balkany s'en tirent à chaque fois. Ils bénéficient du soutien présidentiel, constant. On insiste encore : pourquoi ? Le couple terrible détiendrait-il quelques lourds secrets ? « Oui, la réponse est dans la question », s'amuse Devedjian, qui préfère ne pas s'aventurer plus loin. Il s'est forgé une réputation, depuis qu'il préside le conseil général. Celle d'un M. Propre, qui a même parlé, en juillet 2008, dans un entretien à *L'Express*, de « nettoyer les écuries d'Augias » du département. Une petite phrase que « le clan des Hongrois » ne lui a pas pardonnée. « Le climat est plus que malsain, tranche Devedjian. Serais-je détenteur de secrets potentiels ? Les affaires ici remontent à bien plus loin que Sarko. Je suis persuadé que, durant les trois ans où il a été président [du conseil général], il a mis le couvercle sur la marmite, qu'il a utilisé ça pour sa campagne, mais qu'il n'y a rien d'autre. En revanche, s'agissant de Pasqua et Balkany... Il y a la fameuse SEM Coopération, avec des affaires très opaques en Afrique. J'ai fermé la boutique et dissous la SEM, la politique de coopération est transparente désormais. Pasqua n'a pas aimé, les Balkany non plus. » On le sonde sur les fréquents allers-retours de Patrick Balkany entre l'Hexagone et le continent noir, qui posent question. Il fixe un instant le plafond, puis lâche, dans un grand éclat de rire : « Balkany est proche de l'Afrique ? Oui. Balkany, c'est l'Afrique... et le fric ! »

Les séjours réguliers de Patrick Balkany en Afrique font jaser. Au grand dam du Quai d'Orsay, il tutoie les chefs d'État africains, engrange des relations, transmet des consignes. Fait des affaires. Il est dans le petit cercle de ceux qui fréquentent les arrière-salles, empruntent les chemins détournés. La face obscure de la politique étrangère de la République. Preuve que la Françafrique n'est pas morte.

Isabelle Balkany est aux côtés de son époux, constamment. Ils sont incontournables. Ils jouent de leur influence, et n'ont de cesse de critiquer Devedjian. « Mes relations avec Sarko se sont dégradées du fait des intrigues du fils [Jean Sarkozy] et des Balkany. Je sens chez eux une animosité, une obsession. Une fois, Sarko m'a dit : "Tu as été un très bon ministre, mais dans le 92, en revanche..." C'est pour ça que j'avais parlé de "nettoyer les écuries". C'était ma réponse aux attaques politiques d'Isabelle Balkany, aux manœuvres du fils, aux reproches du père. Et puis, au début, tous les quinze jours, j'avais des perquisitions de la PJ ! Isabelle a un fort pouvoir de nuisance auprès de Sarko. Elle a fait virer le directeur général des services de Nicolas Sarkozy sous prétexte qu'il avait déposé plainte dans l'affaire des collèges, susceptible de l'impliquer... »

D'un côté, il y a donc un Devedjian qui fâche les amis du président et se construit une posture d'incorruptible sur le dos de son prédécesseur, de l'autre, un Sarkozy qui n'aime guère que l'on s'éloigne de lui, que l'on critique, même en creux, son bilan, et, surtout, que l'on mette son nez dans certaines affaires. Peu à peu, les liens se distendent. Les coups de fil s'espacent. Devedjian est bien nommé ministre de la Relance, en 2008, mais la confiance n'est plus ce qu'elle était. D'autant qu'un petit nouveau en politique vient semer le trouble. Il s'appelle Jean Sarkozy, il n'arrive pas à finir ses études en droit. Surtout, il veut faire comme papa. Gagner. Isabelle Balkany lui a quasiment donné le biberon. Elle a barre sur lui. « Nos rapports se sont encore compliqués avec l'arrivée de Jean, elle l'a accaparé, confirme Devedjian. Elle l'a instrumentalisé, et lui en avait parfaitement conscience. Elle a mis son expérience à son service. Au début, elle s'est dit que si elle n'arrivait pas à me battre, lui, le fils du président, pourrait y parvenir. Elle l'a utilisé à cette fin. Ce sont les Balkany qui l'ont poussé vers l'Établissement public d'aménagement de la Défense (EPAD). Les Balkany en ont toujours rêvé, de l'EPAD, avec toutes les tours à construire… Et ils ont monté le coup pour la présidence du groupe. »

Mais l'EPAD échappe finalement à Jean Sarkozy, fin 2009, alors qu'il en guigne la présidence. Trop jeune, trop vorace. L'affaire fait scandale et écorne passablement l'image des Sarkozy père et fils. Patrick Devedjian, qui se serait bien vu rester à la tête de l'EPAD, savoure cette défaite du camp opposé. Il n'avait pas apprécié qu'on le pousse dehors. Déjà, un an plus tôt, il avait dû se plier aux exigences de Sarkozy. C'est l'histoire connue de l'élection, en 2008, du président du groupe UMP du conseil général, déjà l'occasion d'une passe d'armes. Et d'un désaveu pour lui. À l'époque, Devedjian souhaite que le maire Nouveau Centre de Meudon, Hervé Marseille, devienne le patron du groupe majoritaire au conseil général. Cris d'orfraie des Balkany, qui protestent auprès de Sarkozy. L'UMP est majoritaire, pas question de laisser un centriste prendre du pouvoir. Ils téléguident Jean Sarkozy, le propulsent, tandis qu'Hervé Marseille est invité par l'Élysée à prendre du recul. Il en sera récompensé, d'ailleurs. Par un poste rémunéré au Conseil économique et social. Et par la présidence du groupe, trois ans plus tard, en mars 2011.

Mais, en cette année 2008, c'est Jean Sarkozy qui prend la tête du groupe majoritaire. Voilà un rival de plus dans la place. « Les Balkany ont réussi leur opération, car Jean a été élu. Il s'est déclaré candidat par fax ! Jean, ils l'utilisent. Il a compris que les Balkany sentaient le soufre, mais il est prisonnier de ses liens avec eux et il essaie de ne pas le montrer. Je les vois arriver gros comme des camions. Les Balkany sont d'abord dominés par l'ambition, l'animosité aussi. »

Devedjian, qui a pris des coups également en tant que secrétaire général de l'UMP (de septembre 2007 à juin 2008), voit se créer, face à lui, une coalition d'intérêts partagés. L'Élysée suit l'affaire de près. « Nicolas sait tout ce qui se passe dans le 92 par l'intermédiaire de son fils, il lui raconte sa version des faits, généralement influencée par les Balkany, donc biaisée. » Jusqu'aux autorités administratives, qui sont sommées de veiller à ce que les amis du président ne manquent de rien. Très vite, le préfet Pierre de Bousquet de Florian, suspect aux yeux de Sarkozy depuis l'affaire Clearstream, est débarqué, dix-huit mois après son arrivée à Nanterre. Au profit d'un sarkozyste pur et dur. « Quand le nouveau préfet est arrivé, révèle Devedjian, il a été convoqué chez Sarko, qui lui a donné sa feuille de route en ces termes : “1) Il faut veiller aux intérêts de mon fils. 2) Beaucoup de gens dans le 92 vont dire qu’ils sont copains avec moi, mais je n’ai qu’un ami dans ce département, c’est Balkany.” Il connaît tous les conseillers généraux de la majorité, il en a décoré les trois quarts, ils n’osent pas lui résister. »

Chaque élection est l’occasion d’une nouvelle escarmouche. L’ennemi est un frère d’armes, c’est Devedjian. Ainsi, en octobre 2010, Jean Sarkozy est réélu délégué de l’UMP à Neuilly-sur-Seine. Sans difficulté. Mais il a le sentiment que Devedjian a voulu compliquer sa réélection. Ou alors il tente de miner un peu plus les relations entre Sarkozy et Devedjian. Quoi qu’il en soit, l’affaire se passe mal. « Il a dit à son père que des candidats se présentaient contre lui, et que j’avais téléguidé l’opération. Cela n’avait aucun sens ! Si j’avais monté l’opération, elle n’aurait pas été aussi foireuse. Nicolas m’a fait une violente sortie à ce propos, il m’a engueulé, durement. Je me suis défendu mais il ne m’a pas cru. »

Du coup, le président du conseil général va payer ses audaces supposées. Un mois plus tard, il faut élire le patron de la puissante fédération UMP des Hauts-de-Seine. Chacun compte ses troupes. Il ne devrait pas y avoir de surprise. Devedjian est confiant. Le lundi 15 novembre 2010, il est pourtant battu par le député et maire de Chaville, Jean-Jacques Guillet. 319 voix contre 180. C’est cinglant. Devedjian se lâche, le vendredi suivant, dans une interview au *Monde*, et accuse l’Élysée d’avoir creusé sa tombe. Avec le recul, il maintient que Sarkozy a tout fait pour le faire trébucher. « Cette histoire a été montée de toutes pièces par l’Élysée. Un mois avant, Sarko me voit et me dit : “Tu vas avoir une surprise, tu ne t’entends pas bien avec ta majorité…” Certains sont venus me dire après l'élection : "J'ai été obligé de voter contre toi, j'ai eu des instructions." Ainsi Pierre-Christophe Baguet, à Boulogne, m'avait toujours dit qu'il voterait pour moi. Il déjeune avec Jean Sarkozy, qui lui demande de voter contre moi. Baguet me raconte le déjeuner. Le lendemain, à 11 heures du soir, Baguet m'appelle et me laisse un message, que j'ai conservé : "Si tu ne dors pas, rappelle-moi." Je le rappelle. Il m'explique que le président vient de lui téléphoner, qu'il lui a demandé comme un service de voter pour Guillet. "Je suis emmerdé...", me dit-il. Il n'a pas tenu le coup, l'un de ses militants est même venu me voir en larmes, en me disant que Baguet lui avait donné l'ordre de voter contre moi. J'ai vu le président un mois après. Il m'a dit : "C'est dégueulasse ce que tu as fait, ton article dans *Le Monde*. – Non, c'est dégueulasse ce que toi tu as fait. – C'est faux, c'est Baguet qui m'a téléphoné...", m'a répondu Sarko. Comme si Baguet allait décrocher son téléphone et appeler l'Élysée... »

Comment, dans ces conditions, imaginer cette incroyable victoire personnelle aux élections cantonales de mars 2011 ? Patrick Devedjian sentait l'acharnement dans le camp d'en face, la volonté de le couler définitivement, lui qui, visionnaire, avait dit, au soir de l'élection de Nicolas Sarkozy en 2007 : « On gagne un président, on perd un ami. » Il a fait face. Il avait prévenu : « Je me battrai. » Il ne s'est jamais vu dans la peau d'un courtisan. Il a toujours su ce qu'il souhaitait, le bonheur en famille, avec ses quatre enfants, et puis, s'agissant des honneurs républicains, il a eu sa dose, même si l'on n'est jamais vraiment rassasié, en politique. « Sarkozy ne fait pas de quartier, mais je suis têtu. Il m'avait dit que si je laissais la place à Jean, je serais ministre jusqu'à la fin de ma vie ! Tant pis. Les coups tordus, ils en sont capables, mais ils peuvent toujours venir me chercher. Et puis, je n'ai pas le concept de carrière... »

Dans son vaste bureau, il souffre tout de même de la situation, de sa solitude. « Affectivement, être dans le collimateur de Sarko m'a touché, j'ai toujours soutenu Nicolas, mais il a tellement changé. » Il n'envisage pas de rendre les armes. « J'ai toujours été son ami loyal, mais pas son domestique. Je ne le serai jamais. » Il a cette phrase, qui laisse deviner l'attachement conservé à celui qu'il admire encore, malgré tout : « J'étais l'ami proche de Sarko pendant trente ans, je ne vais pas non plus piétiner ça. »

Il fait bien. Rares sont ceux qui ont encaissé les coups de Sarkozy et de son clan, et qui en ont réchappé. Devedjian a 67 ans. Il a su renverser la situation. Du moins provisoirement, il ne se fait aucune illusion sur ce point. Et Jean Sarkozy peut bien attendre encore un peu. Voilà donc le fiston vice-président du conseil général, il n'a plus qu'un échelon à gravir. Il a trahi ceux qui l'avaient soutenu. De la bonne graine d'homme politique. Il lui suffit de patienter, jusqu'à ce que Devedjian ne soit de nouveau plus en cour.

Dominique de Villepin

Lundi 6 juin 2011, rue Fortuny, dans le XVIIe chic, à Paris. L'heure est venue de boucler la boucle. Rendez-vous avec la cible numéro un, l'ennemi historique. Dominique de Villepin, 57 ans, nous reçoit à son cabinet d'avocat. Il a souhaité relire ses déclarations avant parution. Il s'était lâché, lors d'une première rencontre, quelques jours plus tôt. Mais il veut encore se ménager un avenir politique, même si le chef de l'État a pris soin de rétrécir son horizon. « Si je laisse ça, il va être fou, Sarkozy, vous ne le connaissez pas... », s'emporte-t-il, comme effrayé de ses propres audaces. Alors il biffe, corrige, annote. Mais le propos reste à l'image de son auteur : parfois allusif, souvent brillant, toujours cruel.

Il a beaucoup de défauts, mais pas celui-là. Villepin n'est pas de ceux qui se couchent devant le pouvoir présidentiel. Il a encore le courage de ses opinions. Et il en dit suffisamment pour décrypter ses rapports avec le chef de l'État, et surtout apporter une conclusion éclairante à cette enquête, en témoin de choix de l'ascension de Nicolas Sarkozy – et de ses dommages collatéraux. Il fait partie de ses victimes. Quoi qu'il en dise. La simple éventualité d'être associé à ce terme, qui charrie l'idée de défaite, le met hors de lui. Qu'importe qu'il soit mort debout, les armes à la main...

L'histoire et l'état de leurs relations, on les connaît. C'est plutôt son analyse qui nous intéresse. Recoupe-t-elle le récit de ces « grands témoins » dont les confidences ont nourri cet ouvrage ? Même si l'ancien Premier ministre, orgueilleux assumé, semble contrarié à l'idée de figurer dans la galerie des laissés-pour-compte, des bannis des honneurs et des strapontins, il est intarissable. Témoin subjectif, oui, à charge même ; mais observateur privilégié, aussi.

Cible préférée de la Sarkozie, promis au fameux « croc de boucher », Dominique de Villepin a le sentiment qu'il n'aura jamais fini de payer le prix de sa rivalité avec l'hôte de l'Élysée. L'avoir marginalisé ne suffit pas à ceux qui, au Château, veulent lui faire rendre gorge. On lui pique ses alliés politiques, on assèche ses maigres réseaux, on le bloque dans ses activités d'avocat... Pis, on se gausse publiquement de ses ambitions présidentielles pour, au discrédit, ajouter l'humiliation. L'affaire Clearstream est passée par là, bien sûr, mais la haine remonte à plus loin.

Dominique de Villepin est bien né, il a la particule idoine, lui, celle d'une noblesse très française. Il est fils de sénateur, il a fréquenté les belles ambassades, en diplomate flamboyant et séducteur. Svelte, élancé, le visage parfaitement hâlé, son physique d'éternel jeune premier fait se pâmer, après tant d'autres, les militantes de son petit parti, République solidaire – son « groupuscule », raillent les sarkozystes. Ses envolées lyriques sont fameuses, sa culture insolente. Et puis, il est resté indéfectiblement chiraquien, bien sûr. Bref, il est tout ce que Nicolas Sarkozy n'est pas – et tout ce qu'il aurait voulu être, sans doute.

Cette jalousie, Villepin l'a toujours ressentie chez Sarkozy. Et pourtant, il l'a aidé à remonter en selle, en 2002, plaidant pour la réhabilitation du paria de la Chiraquie, propulsé ministre de l'Intérieur. Il a murmuré à l'oreille de Chirac. Il a contribué à sa résurrection, après sa longue traversée du désert, lorsque « le traître » s'était égaré avec les balladuriens, essuyant, après la défaite de son favori, en 1995, les lazzis et même les crachats des militants du RPR…

Dominique de Villepin se souvient tellement bien de tout cela. Il le dit, avec un détachement empreint de férocité : « Il y a une règle aussi vieille que l'humanité qui veut que, quand vous tendez la main à quelqu'un, celui-ci sera tenté par la suite de la mordre. C'est tellement vrai que Nicolas Sarkozy n'a cessé de défendre l'idée d'une ascension personnelle, construite dans la solitude, envers et contre tous. Le mythe d'un acharnement chiraquien s'est révélé fort utile… » Plutôt que de posture sarkozyste, il faudrait donc parler d'imposture. La *success story* ne serait qu'un leurre, le concept du *self made man* vendu par les communicants de l'ancien maire de Neuilly, une escroquerie intellectuelle. À son propos, il dit aussi que, à partir de 2002, « il a compris qu'on n'était pas pareils », avant d'ajouter ces quelques phrases : « Il n'a jamais pu fonder une relation sur la réciprocité, ni dealer avec moi. Ce n'est pas ma culture, je suis un serviteur de l'État. Il voyait bien que je n'étais pas un homme à lui, pas instrumentalisable, pas maîtrisable, pas dans la connivence. »

Il en revient encore à la théorie de la victimisation, qui lui est chère. « Nicolas Sarkozy tire une formidable énergie de sa capacité à être tour à tour et en même temps combattant et victime », souligne cet amoureux de la poésie française, paraphrasant sans le savoir Baudelaire, qui notait dans ses *Journaux intimes* qu'« il serait peut-être doux d'être alternativement victime et bourreau ». Le président de la République serait donc à la fois la victime et l'agresseur – ce qui revient bien sûr, dans l'esprit de Villepin, à le rabaisser doublement. Sarkozy serait passé maître dans l'art de se dissimuler, de retourner les situations. Un transformiste de la politique, là où Villepin agirait dans la transparence. Trop simple, bien sûr.

Ils se connaissent si bien. Partagent tant de secrets. Villepin n'en fait pas mystère et le confie volontiers. Les « affaires », c'est comme les icebergs, on n'en voit que la partie émergée. « Vous ne savez rien… », dit-il, mystérieux, lorsqu'on lui parle des grands scandales politiques, dans une formulation pleine de sous-entendus comme il les affectionne. On le presse d'en dire un peu plus, il secoue la tête négativement. Il rappelle que, il y a peu, certaines déclarations incendiaires, dans le cadre d'un livre sur l'affaire de Karachi (*Le Contrat*, Stock, 2010), lui ont valu pas mal de désagréments, notamment des convocations chez les juges, au cours desquelles il avait, plutôt crânement, assumé ses propos. Dans le livre, il stigmatisait les « cabinets parallèles » qui auraient œuvré en faveur d'Édouard Balladur, entre 1993 et 1995, dénonçait un « réseau Hortefeux-Sarkozy », susceptible de s'être activé en marge de contrats d'armement. À propos du chef de l'État, il disait encore : « Il y a tant d'affaires dont chacun sait qu'elles ont été montées de toutes pièces par Sarkozy… »

Les fonds de placard de la République, Dominique de Villepin connaît. Des coups pendables, il en a commis quelques-uns. Comme Nicolas Sarkozy. Ils ont au moins ça en commun. Il proteste : « Entre 1993 et 1995, j'étais dans le rôle du fonctionnaire. J'ai préservé la résistance chiraquienne. » Il revient vite à Nicolas Sarkozy, évoque, dans les mêmes termes que l'homme d'affaires Jacques Dupuydauby, un homme aux deux visages. « J'ai un privilège, celui de connaître les différentes facettes du personnage Nicolas Sarkozy. Et il sait que je sais », dit-il encore dans un grand sourire, pas fâché de dépeindre le chef de l'État en Dorian Gray de la vie politique française, séducteur à l'extérieur, hideux à l'intérieur...

« Je l'ai connu triomphant entre 1993 et 1995, au fond du puits après 1995... Sarkozy avait des idées, une énergie, des réseaux. J'ai vite compris que j'avais affaire à quelqu'un de singulier », reprend-il. Depuis qu'ils se sont rencontrés, les deux hommes n'ont eu de cesse de se jauger, de se défier, comme deux grands fauves contraints de se partager le même territoire. Un Sarkozy en résistance contre la terre entière, énervé de nature, finira par croître à l'ombre de Jacques Chirac. Et donc de Dominique de Villepin. Combien de déjeuners, de dîners, d'apartés, ces deux-là ont-ils vécus en commun, sans vraiment tout se dire, se prêtant mutuellement d'inavouables arrière-pensées, chacun voyant l'autre comme un comploteur avisé ?

Et puis, un jour, Sarkozy a pris le dessus. Villepin, emporté par le boulet Clearstream, privé du bouclier présidentiel, orphelin d'un Chirac affaibli physiquement, déjà dépassé. L'ancien Premier ministre décrit un Sarkozy complexé, aux grandes souffrances intimes issues de son enfance, entouré de nervis, contraint de se dénicher des souffre-douleur comme autant de marchepieds susceptibles de lui permettre de se hisser plus haut, toujours plus haut. « Dans son univers, à l'exception de Claude Guéant, il n'y a que des subalternes, assène l'ex-locataire de Matignon. Il faut l'entendre parler de ses amis, avec qui, c'est le moins que l'on puisse dire, il n'est pas tendre. L'entendre parler des autres, c'est à désespérer d'être sarkozyste. Dans les difficultés qu'il a rencontrées, j'ai souvent servi de bouc émissaire idéal. Il a pris ombrage de ma gestion de la crise irakienne, d'autant que, à l'époque, la dimension internationale lui semblait inaccessible. Par ailleurs, j'avais, tout comme Alain Juppé, un lien d'affection avec Jacques Chirac que lui n'avait pas. Je sais qu'il en souffrait… »

Un Sarkozy rongé par la désaffection des siens, en quête éperdue d'une admiration sincère, et surtout de reconnaissance. Un enfant frustré métamorphosé en politicien cynique puis en président rancunier. Un homme ayant construit sa vie en demandant des comptes, comme pour mieux échapper à ses propres tourments. Voilà le chef de l'État, tel que décrit par Villepin. Un type, à l'en croire, d'une banale cruauté, qui aurait besoin de laminer les autres pour exister. « Avec lui, il faut un coupable, toujours, un responsable, lâche Villepin. Il anoblit ainsi la douleur. J'ai compris après coup que c'était pour moitié une tactique et pour moitié de l'autoconviction. Dans chaque épreuve, il lui fallait un coupable. Il n'a pas hésité à tendre le doigt vers moi, qu'il s'agisse de difficultés rencontrées dans sa vie personnelle ou autres… »

Il fait allusion à la publicité donnée à « l'affaire Cécilia », derrière laquelle Nicolas Sarkozy aurait vu sa main. Et puis, surtout, à Clearstream bien sûr. Clearstream, l'affrontement final. Villepin, accusé d'avoir fomenté un complot contre Sarkozy, d'avoir glissé le nom du ministre de l'Intérieur, en 2004, dans des listings trafiqués énumérant de soi-disant possesseurs de comptes bancaires à l'étranger. Son rôle, dans l'affaire, reste flou, ambigu. Mais il a été relaxé en première instance. Innocenté par la justice : quel camouflet pour le président ! Ce dernier n'aura pourtant pas ménagé sa peine pour le faire condamner... Oui, le clan Sarkozy a tout fait pour le discréditer, alimentant de rumeurs les dîners parisiens, faisant fuiter les éléments à charge issus du dossier judiciaire alors à l'instruction... On en revient à notre premier témoin, David Sénat. L'ancien conseiller de Michèle Alliot-Marie place Vendôme se rappelle comment des collaborateurs de MAM « récupéraient les procès-verbaux mettant en cause Villepin auprès de la Direction des affaires criminelles et des grâces de la Chancellerie, ou via le cabinet de la ministre directement. PV qui se retrouvaient, peu de temps après, dans la presse ». Sur ce point, Villepin a le bon goût de ne pas en rajouter. Les fuites savamment orientées n'étaient pas rares du temps où, secrétaire général de l'Élysée, il fallait éloigner le président Chirac du spectre des « affaires ».

De là à construire un dossier de toutes pièces... Car Villepin n'en démord pas. Si l'affaire Clearstream se résume à une formidable manipulation, elle a été initiée... par son rival : « D'abord, il y a l'aspect tactique, puisqu'il a été vraisemblablement informé très tôt [de l'existence des listings truqués], tant par les dirigeants du groupe Lagardère que par la haute hiérarchie judiciaire et policière. Ensuite, il a réussi à se convaincre que j'étais derrière cette histoire. » Villepin précise encore sa pensée : « L'idée du complot est passionnante chez lui, car il arrive à être puissant et victime à la fois. Chez lui, il y a donc l'idée de revanche, mais une revanche à l'américaine, spectaculaire, quitte à écraser l'autre, quitte à ce que ça saigne.

Peu de compassion, peu d'indulgence, jusqu'à prendre le risque d'humilier l'autre. Il met dans tout cela son énergie et sa passion. »

Le traitement qui lui a été infligé, Villepin ne le pardonnera jamais à Sarkozy. Sans doute faut-il voir dans cette exécration le moteur de sa candidature annoncée à la prochaine présidentielle, que, à défaut de pouvoir gagner, il espère faire perdre à son rival. Mais il ne souhaite pas se livrer à une analyse plus approfondie, plus personnelle du personnage. Dommage. Loin des micros, les carnets de notes bien rangés, il en dresse pourtant un portrait intime extraordinaire. On y retrouve un Sarkozy complexé, quitté par sa femme, obnubilé par le pouvoir, secret et rageur, énergique et déprimé. « Il y a quelque chose de théâtral chez lui, alternant une certaine violence dramatique et une certaine séduction, en dépit de ses efforts pour se contenir et se retenir », lâche tout de même Villepin. Faussement compatissant, il ajoute : « En fait, sa démarche est psychologiquement intéressante, car elle me paraît ignorer la souffrance de l'autre et ne retenir que la sienne. Il passe sa vie à dire qu'on lui a tout fait, combien il a souffert. » Très humain, au fond.

Trop, peut-être, pour cette fonction présidentielle qui réclame tant de hauteur. D'où ce besoin de s'entourer de vrais cadors, de personnalités qui le contraignent à la mesure, à cette grandeur qu'il rêve d'atteindre. « Lors des derniers entretiens que nous avons eus, je l'ai vu soucieux d'être à la hauteur de la fonction présidentielle, souligne Villepin. Il a besoin de s'entourer de gens comme Alain Juppé, qui ont le sens du service de l'État. S'entourer de gens de cette qualité en permanence vous oblige… »

Le chef de l'État peut-il changer pour autant ? Quitter sa défroque de revanchard agité pour atteindre l'ascèse présidentielle ? Pas sûr. On ne change pas à 56 ans. À en croire Dominique de Villepin, il faut toujours « une solide dose d'inconscience pour faire de la politique face à Nicolas Sarkozy, ou ne rien avoir à perdre. Sa passion du pouvoir suscite la crainte autour de lui »… Une périphrase, bien sûr. Les mots initiaux étaient bien plus brutaux. On jurerait que cette peur, l'ancien Premier ministre, quoi qu'il en dise, la ressent, lui aussi.

D'ailleurs, il a longtemps hésité, en bras de chemise, dans le confort de son bureau, avant d'autoriser les auteurs à reproduire l'une de ses saillies les plus cinglantes. Elle lui semblait trop dure. Peut-être même tragique. Dangereuse. C'est un jugement sans appel, une condamnation définitive. Le coup de grâce. Mais Villepin aime le grand théâtre, les métaphores littéraires. Surtout, il lui a paru que ces quelques mots résumaient, au fond, une réalité dont il fait partie, avec quelques autres blacklistés.

Cette phrase, ou plutôt cette sentence, la voici donc : « Tous les adversaires de Nicolas Sarkozy sont voués au bûcher. »

Table

Pour l'éditeur, le principe est d'utiliser des papiers composés de fibres naturelles, renouvelables, recyclables et fabriquées à partir de bois issus de forêts qui adoptent un système d'aménagement durable.

En outre, l'éditeur attend de ses fournisseurs de papier qu'ils s'inscrivent dans une démarche de certification environnementale reconnue.

Cet ouvrage a été composé par
NORD COMPO, Villeneuve d'Ascq

Impression réalisée par
CPI BRODARD ET TAUPIN
La Flèche

pour le compte des Éditions Stock
31, rue de Fleurus, 75006 Paris
en septembre 2011

Imprimé en France
Dépôt légal : septembre 2011
N° d'édition : 03 – N° d'impression : 66200
54-07-7933/2